絶対後悔しない!

豪雨・地震に強い住まい選び

NPO法人 日本耐震防災事業団理事長
小口悦央[監修]

河出書房新社

はじめに

本書が対象としているのは次の人です。

●いまから建売住宅やマンションを買おうとしている人
●注文住宅を建てようとしている人
●すでに持ち家があり、建物の劣化が気になっている人

本書を読むことで、次のようなメリットがあります。

●リスクの高い住まいを見抜けるようになる
●災害に強い家の建て方がわかる
●リスクを補う、防災リフォームのポイントがわかる

そして、結果として、生涯安心して暮らせる住まいを手に入れることができます。

２０１１年の東日本大震災では、東北地方から関東地方にかけての広大な地域に、甚大な被害をもたらしました。その後も２０１６年の熊本地震、２０１８年には大阪北部や北海道の胆振地方など、各地で大きな地震が発生しています。そして、そのたびに、道路やガス、水道、電気などのライフラインが破壊されるだけでなく、多くの家が倒壊・半壊し、人々の日常生活を奪ってきました。

こうした過去の大地震を教訓にさまざまな技術が開発され、住宅の耐震性能は飛躍的に向上してきました。しかし残念ながら、いまなお、**耐震化されていない住宅に住んでいる人がたくさんいます。また耐震化済みの建物でも、経年劣化が進んで雨水などが浸入すれば、必ずしも安全とはいえない状況も生まれてきます。建物自体は強固でも、地盤や立地に問題を抱えている**住宅もあります。

水害対策もとても十分だとはいえません。そもそも、雨の降り方が大きく変わってきたのは近年のことです。

２０１４年の７月から８月にかけての豪雨では、京都や広島で多くの方が亡くなりました。２０１５年には鬼怒川が氾濫し、２０１９年には台風19号で千葉県を中心に広い地域で被害が出たのは記憶に新しいところです。これらの背景には、地球温暖化の問題があり、今後、水害リスクはより高まっていくと見られています。

水害対策が特に難しいのは「海や川から離れていれば大丈夫」とはいえない点です。たとえ高台に位置していても、周囲よりほんの少し低くなっていれば、水が集まってきて浸水してしまう可能性が出てきます。

これまで住まいの購入や家づくりに当たって重要視されてきたのは主に、立地の利便性や間取りの使いやすさ、デザイン性などでしたが、**自然災害のリスクが高まる中、住まいの安全性を第一に考える**必要が出てきています。ここに本書の意義があります。建物の知識を身につけて、災害リスクを正しく把握しないと、安全な住まい選びや的確な防災リフォームは行えません。

人生１００年時代ともいわれていますが、長く生きれば、地震や水害に遭う確率もおのずと高まります。**生涯住む家だからこそ、防災対策を講じることに損はありません。**本書がみなさんの住まいと暮らし、そして人生を守る一助となれば幸いです。

NPO法人日本耐震防災事業団理事長　小口悦央

絶対後悔しない！　豪雨・地震に強い住まいの選び方　目次

CONTENTS

第3章　地震に弱い建物の見抜き方

第4章　水害に弱い建物の見抜き方

Q&A　地震・水害・防災リフォームの素朴な疑問

第5章　地震・水害に強い住まいにする防災リフォーム

第6章　火災・地震保険のしくみを知っておこう

第1章

人生100年時代の災害に強い住まい選び

生涯住める家

生活のリスク

災害で住まいを失うと、生活再建の道のりは険しい

経済的な負担がのしかかる現実

日本は自然災害の多い国です。まず地震が多い（18ページ）。これは誰もが認めるところでしょう。そして近年、水害による被害も増加しています（24ページ）。台風だけでなく、限られた地域で短時間に大量の雨が降ったり、同じ地域に長時間雨が降り続けたりすることが増えていて、多くの被害が発生しています。

災害により住宅が全壊するなど、生活基盤に著しい被害を受けた場合には、公的支援として被災者生活再建支援金が全壊で最大３００万円、共助として義援金（金額はケース・バイ・ケース）などが支給されますが、それだけでは生活再建にはまったく足りません（左図）。半壊や一部損壊で済んでも、居住に適さないケースもあります。

住宅ローンの返済中に被害に遭っても、返済は免除されません。また年金暮らしに入ってから住まいを建て直したり、購入し直したりできるのは、預貯金にゆとりのある一部の世帯に限られるでしょう。

「災害に強い家にする」という選択

ここ数十年の間に大災害が発生する確率は極めて高いと予測されています。過去の周期を考えると、大地震がいつ起きても不思議ではありませんし、水害と関係の深い地球温暖化や都市の構造的な問題も即時に解決できるものではありません。

だからこそ、人生の安心を担保するうえで、「災害に強い家選び」あるいは「災害に備えた家の改修」はためらう必要のない、最優先課題なのです。

Check! 公的・共助で受け取れる金額だけでは生活・住宅の再建は難しい

■東日本大震災で全壊被害に遭った住宅の再建（新築）費用

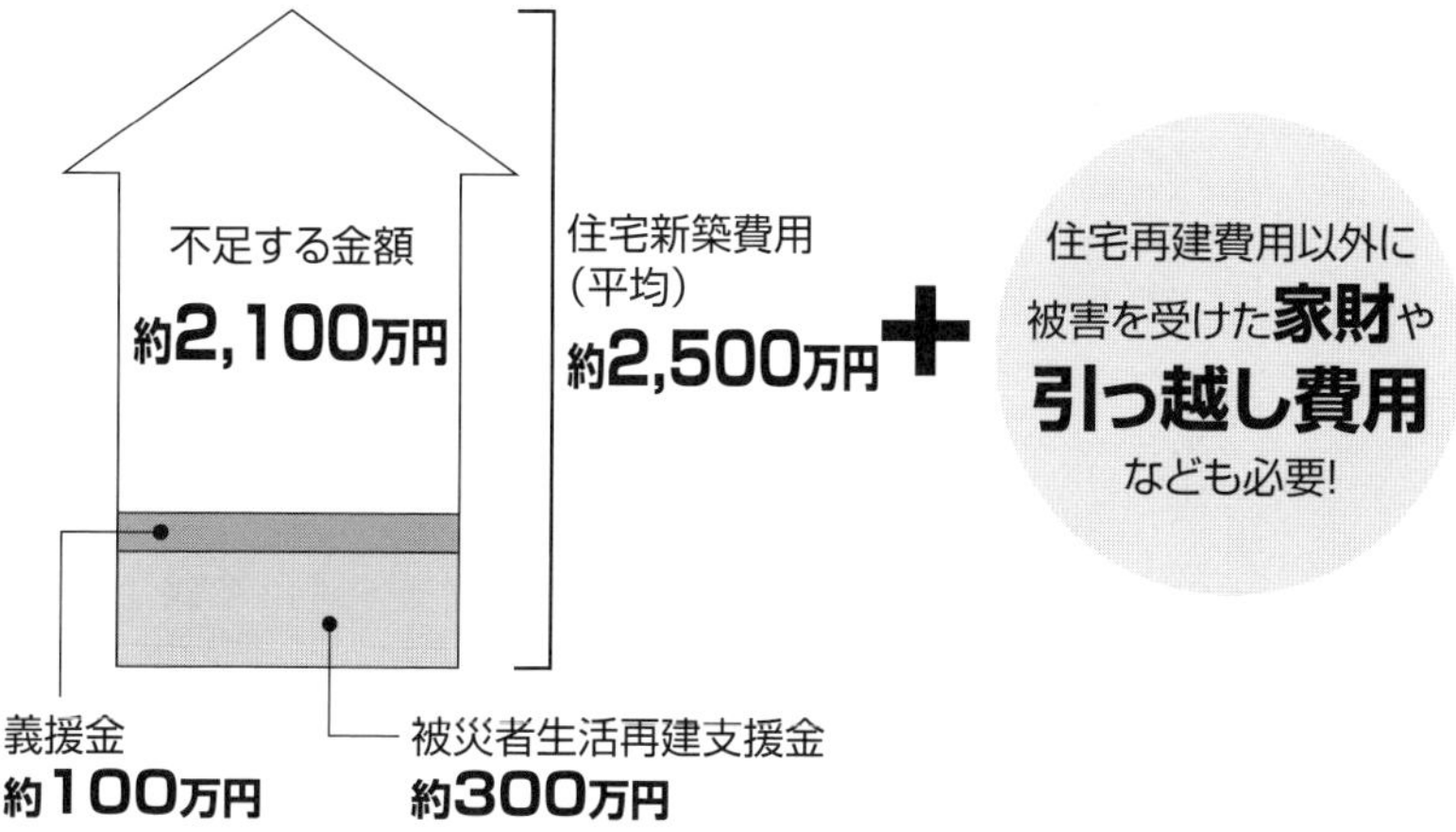

出所：内閣府HPより作成

■熊本地震発生から１年後の被災者の状況

〈住まいの再建・確保はできたか〉

※小数点第1位を四捨五入

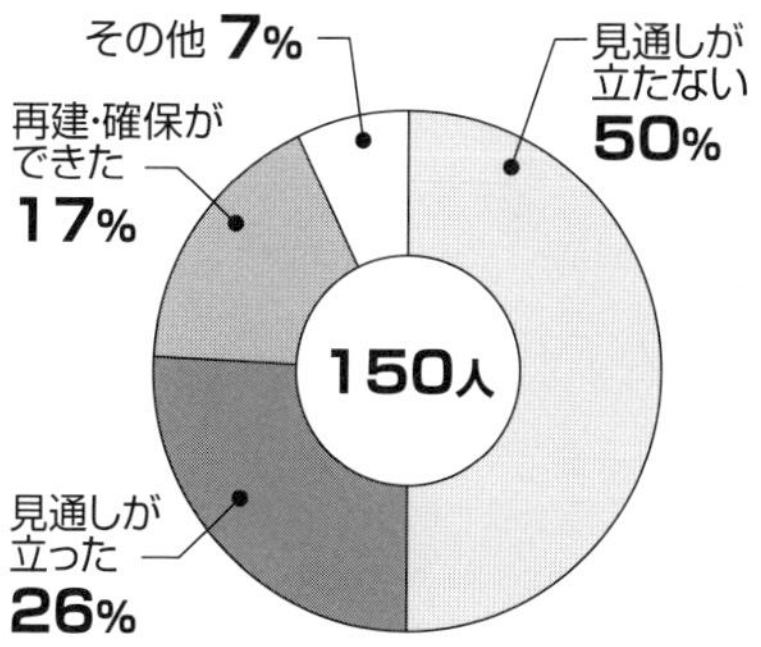

〈不安や不満を感じていること（複数回答）〉

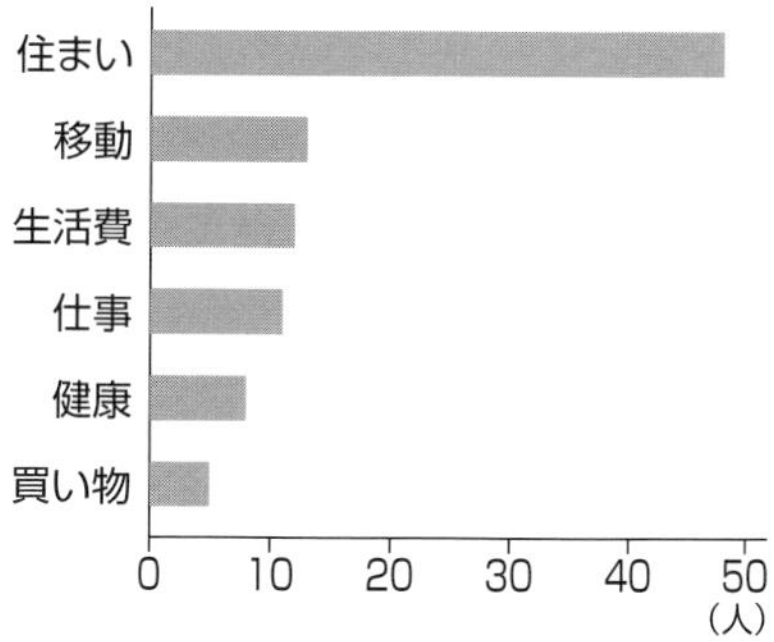

出所：熊本日日新聞社による聞き取り調査（2017年4月16日掲載）より作成

まさかのケースに備えて、在宅避難が可能な住まいを

避難所生活は自助努力が原則

災害時に体育館や公民館の床に毛布一枚で横たわる避難者の映像を見たことがある人も多いでしょう。避難所は水や物資はもちろんのこと、防犯やプライバシー、トイレなどの衛生面、夏冬などの空調など、ストレスのかかりやすい場所となっています。

２０１６年、内閣府は避難所の質の向上を目指して「避難所運営ガイドライン」を策定しました。災害発生時に市町村が取り組むべき業務をまとめたものですが、日本の災害対策は自己責任、自助努力の考え方を基本にしており、特に小さな子どものいる家族や障がいのある人、ペットを飼育している人などにとって、避難所の生活は大きな不自由を伴うのが現実です。

自治体も勧める在宅避難

そもそも、万が一のときに、避難所に入れるかどうかも問題です。たとえば、南海トラフ地震（18ページ）による被害が想定される高知県では、地震が起きてから1週間後の避難者数を22万８０００人と想定していますが、用意されている避難所の収容人数（２０２０年6月時点）は21万３０００人となっていて、1万５０００人分不足しています。

これは高知県に限ったことではなく、特に都市圏において、避難所の収容人数不足は深刻です。２０１９年の台風19号では東京と神奈川の境を流れる多摩川の水位が上昇して周辺地域に避難勧告が出ましたが、満員となる避難所が続出してしまいました。

さらに、避難所自体が浸水想定区域内にあるケース

■避難所の収容人数（神奈川県川崎市の場合〈2020年10月時点〉）

人口	地震時の収容人数		洪水時の収容人数	
	通常時	感染症対策時	通常時	感染症対策時
川崎区（約23万人）	5万4,249人	2万7,125人	2万5,973人	1万2,987人
幸区（約17万人）	3万6,022人	1万8,011人	1万9,008人	9,504人
中原区（約26万人）	5万2,373人	2万6,187人	2万7,983人	1万3,992人
高津区（約23万人）	4万288人	2万144人	2万7,620人	1万3,810人
宮前区（約23万人）	4万3,640人	2万1,820人	4万3,640人	2万1,820人
多摩区（約23万人）	3万5,058人	1万7,529人	2万4,773人	1万2,386人
麻生区（約18万人）	4万845人	2万423人	4万845人	2万423人
合計（約154万人）	30万2,475人	151万239人	209万842人	104万922人

出所：川崎市資料より作成

も多く、課題となっています。

そうでなくても、一つの空間に人が集まれば、感染症の拡大リスクは高まります。上表は神奈川県川崎市の例ですが、感染症対策に避難家族ごとの距離を1〜2メートル空けた場合、収容人数はおよそ半分に減少します。

実際、２０２０年７月に九州北部や東海を襲った豪雨では、新型コロナウイルスの感染対策として避難者の受け入れ人数を制限しています。熊本、福岡、大分、岐阜県の避難所を対象にしたＮＨＫのアンケート調査では、廊下やロビーなど避難スペース以外で対応したケースが３割にのぼっています。

こうしたことから、近年、都市部の自治体を中心に、災害時に自宅に留まる「在宅避難」を推奨する声が増えています。倒壊や浸水、土砂崩れなどの危険のない立地や住まいであれば、総合的に考えて、避難所よりも自宅のほうが安全なためです。

もちろん、電気や水道が使えなくなった場合の備えや、食料や水の備蓄、簡易トイレなどの準備を、各世帯で行っておく必要がありますが、万が一の場合の選択肢として、在宅避難が可能になるのは、災害に強い家であることが大前提となります。

生涯住める家

地震のリスク

巨大地震の発生確率が30年以内に80%超のエリアも

現実味を増す南海トラフ地震

日本は地震大国。東日本大震災からの10年間に、震度６強以上の地震は各地ですでに11回も発生しています。日本中、どこでも地震が起こる可能性はありますが、特に注目されているのは駿河湾から遠州灘、熊野灘、紀伊半島の南側の海域および土佐湾にかけて起こるとされる南海トラフ地震でしょう。

南海トラフ地震は海側のプレートが陸側のプレートの下に潜り込むときのひずみが限界に達して起こるため、周期的に繰り返され、過去の例からおおむね１００〜１５０年周期で起きています。前回の昭和東南海地震（１９４４年）および昭和南海地震（１９４６年）から80年近く経過していることを考えると、30年以内に大きな地震が発生する確率は非常に高いと考えられています。

M8クラスが予想される東海地震

東海地震は南海トラフ沿いの駿河湾から静岡県の内陸部を震源地と想定したマグニチュード（M）８クラスの地震です。この地域では安政東海地震（１８５４年）以来、大きな地震が発生しておらず、地殻のひずみの蓄積などが認められることから、いつ発生してもおかしくないと考えられています。

１９７８年に施行された「大規模地震対策特別措置法」により、地震防災に対する対策を強化する必要がある「地震防災対策強化地域」が指定されました。２０２０年４月１日時点で、静岡県全域を中心に、東京、神奈川、山梨、長野、岐阜、愛知、三重の１都７県１５７市町村が指定されています。

■南海トラフ地震と東海地震の関係

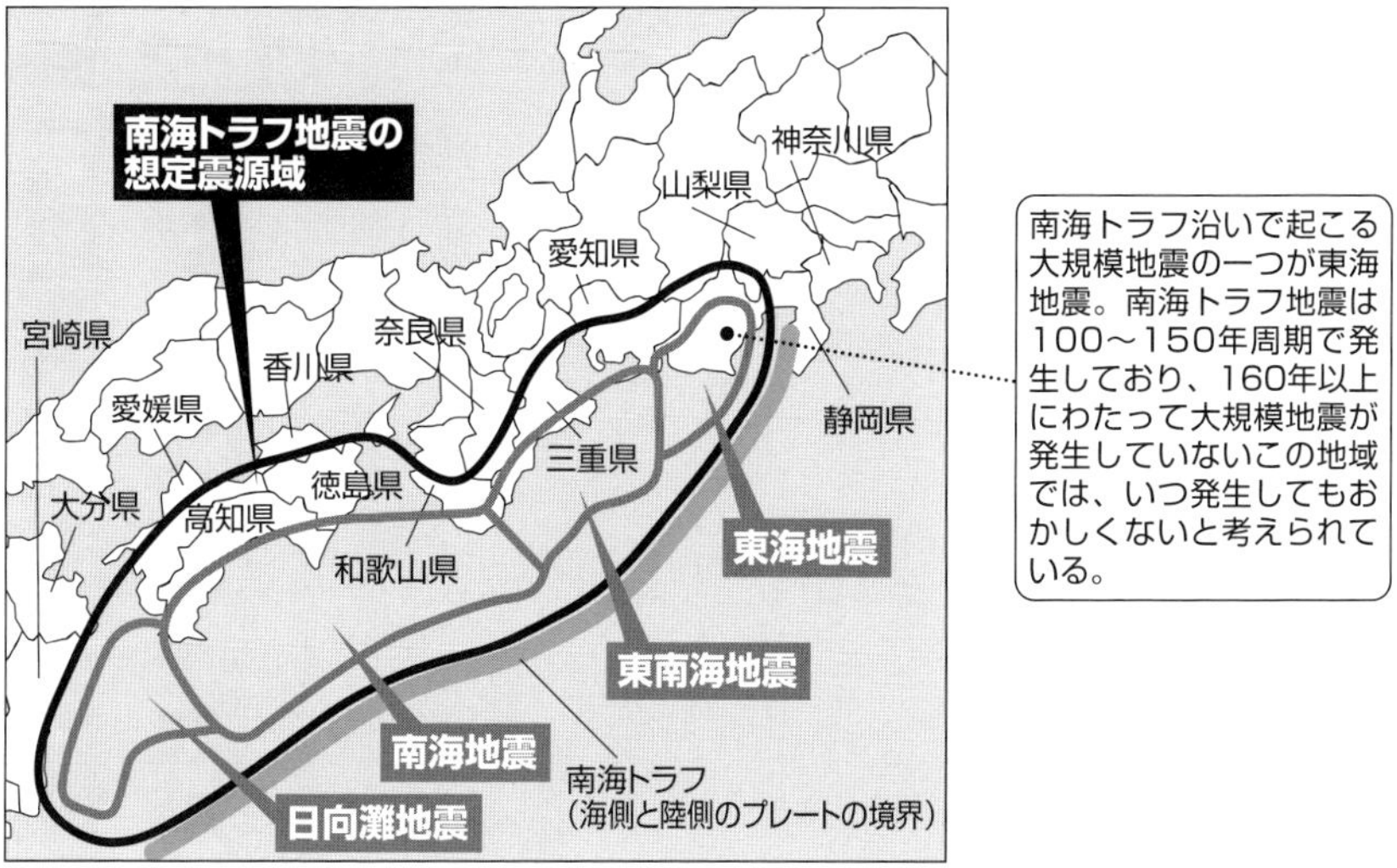

地震の揺れにより約17万棟の建物の全壊が、また静岡や三重の沿岸部を中心に約７０００棟が津波によって全壊するという被害が想定されています。

高まる首都直下地震の可能性

首都圏においては、関東大震災（１９２３年）すなわちＭ８クラスの巨大地震の周期は約２００〜３００年のため、近々に発生する可能性は低いと考えられています。ただし、巨大地震の間にＭ６〜７クラスの地震は複数確認されており、こちらはいつ起きてもおかしくない状態です。

首都直下地震の発生メカニズムについては、複数の要因が指摘されていますが、最も可能性が高いのは東京湾北部を襲うプレート境界、プレート内の地震であると考えられています。

人口が密集する首都圏を襲う直下地震の被害想定は、建物だけでなく、交通網や電気・ガス・上下水道などのインフラにも大きな被害を与え、人的被害も甚大です。

想定される避難者数は最大約７００万人、そのうち避難所生活者は約４６０万人、帰宅困難者は１都３県で約６５０万人と膨大な人数に及びます。

地震の発生確率が低くても安心はできない

安全な場所はない

政府の地震調査委員会が発表している「全国地震動予測地図２０２０年版」では、今後30年間に震度６弱以上の揺れに見舞われる確率が示されています（左表）。一見すると太平洋側の地域の確率が高く、日本海側や九州は比較的安全のように思えるかもしれません。

しかし、前述したように日本は地震大国であり、全国どこに住んでいても「ここは絶対に大丈夫」といえる場所はありません。実際に、比較的確率が低いとされている日本海側でも「新潟県中越地震（２００４年）」「能登半島地震（２００７年）」、九州では「福岡県西方沖地震（２００５年）」などが起きており、さらに「熊本地震（２０１６年）」は記憶に新しいところです。

地震のタイプで発生頻度が異なる

地震は東日本大震災など大陸プレートの沈み込みに伴う「海溝型地震」と、阪神・淡路大震災など陸地や海底の浅いところで発生する「活断層などの浅い地震」に分けられます。海溝型地震は数十年から数百年の周期で発生しますが、活断層などの浅い地震の発生間隔は１０００年以上となります。太平洋側の地域は南海トラフなど海溝型地震の可能性が高く、これが発生頻度の地域差を生んでいる理由です。

しかし日本列島にはまだ知られていない活断層が無数に存在しているため、たとえ地震発生確率が低い地域でも安心はできません。１０００年に一度の地震は、明日起きても不思議ではないのです。

Check! 今後30年間に震度6弱以上の揺れに襲われる確率（都道府県別）

都道府県名	震度6強以上	震度6弱以上
北海道*1	0.2%	2.2%
青森県	0.9%	5.0%
岩手県	0.4%	6.3%
宮城県	0.8%	7.6%
秋田県	2.2%	10.1%
山形県	0.5%	4.2%
福島県	0.6%	9.3%
茨城県	31.6%	80.6%
栃木県	1.0%	12.7%
群馬県	0.3%	6.4%
埼玉県	13.9%	60.2%
千葉県	16.2%	62.3%
東京都	8.6%	47.2%
神奈川県	5.8%	38.1%
新潟県	4.5%	15.2%
富山県	1.2%	5.2%
石川県	2.6%	6.6%
福井県	2.3%	14.5%
山梨県	7.9%	36.4%
長野県	0.8%	6.1%
岐阜県	3.5%	27.3%
静岡県	41.9%	69.9%
愛知県	9.6%	45.8%
三重県	23.4%	64.0%

都道府県名	震度6強以上	震度6弱以上
滋賀県	1.1%	12.7%
京都府	1.5%	14.8%
大阪府	5.0%	30.1%
兵庫県	8.8%	46.4%
奈良県	20.3%	62.2%
和歌山県	26.5%	68.4%
鳥取県	1.5%	9.3%
島根県	1.4%	4.9%
岡山県	8.4%	43.9%
広島県	4.5%	24.2%
山口県	1.3%	6.3%
徳島県	54.4%	74.5%
香川県	25.9%	64.0%
愛媛県	10.6%	45.7%
高知県	63.4%	74.8%
福岡県	2.6%	6.2%
佐賀県	1.5%	9.2%
長崎県	0.4%	3.0%
熊本県	1.8%	11.3%
大分県	14.8%	55.2%
宮崎県	10.6%	42.6%
鹿児島県*2	3.0%	17.7%
沖縄県*3	4.6%	20.8%

*1 札幌市付近　*2 鹿児島市付近　*3 那覇市付近

出所：地震調査委員会「全国地震動予測地図 2020年版」より作成

過去の大地震で検証！耐震対策の効果は？

建築年代によって異なる耐震基準

耐震対策を語る前に、そもそも耐震性とは何を指すのかを明確にしておきます。

耐震性とは建築基準法に定められている「震度5強程度の地震であっても建物が損傷せず、震度6強から7程度の地震で建物が倒壊しない」という基準です。これは「命を守る」が重視され、震度6強から7の地震では、「建物は多少傾いても仕方がない」という考えが前提にあります。

建築基準法は過去に何度か耐震規定が見直されており、一般に、１９８１年5月31日までに建築確認申請を受けた建物は「旧耐震」、同年6月1日以降に受けた建物は「新耐震」と呼んでいます。前記した「震度6強から7程度の地震で建物が倒壊しない」という基準は新耐震のもので、旧耐震の「震度5強程度の中規模の地震で大きな損傷を受けないこと」という基準から強化されていることがわかります。

さらに木造住宅については、２０００年にも建築基準法が改正され、基礎は地耐力に合ったものと規定されて、地盤調査が必須となりました。そのほか、柱や筋交い（１３２、１６２ページ）の接合方法、耐力壁のバランスの計算なども明記されました。

日本木造住宅耐震補強事業者協同組合が２００６年から２０１３年までに行った耐震診断によると、全国約１万９０００戸のうち、新耐震基準による木造住宅でも、２０００年の再改正以前に建築確認申請を受けた木造住宅のおよそ8割が、震度6強で倒壊する危険性がある結果となっています。これらの住宅については、早急に耐震補強工事を行う必要が

■熊本地震による木造住宅の建築時期別、被害状況（益城町中心部）

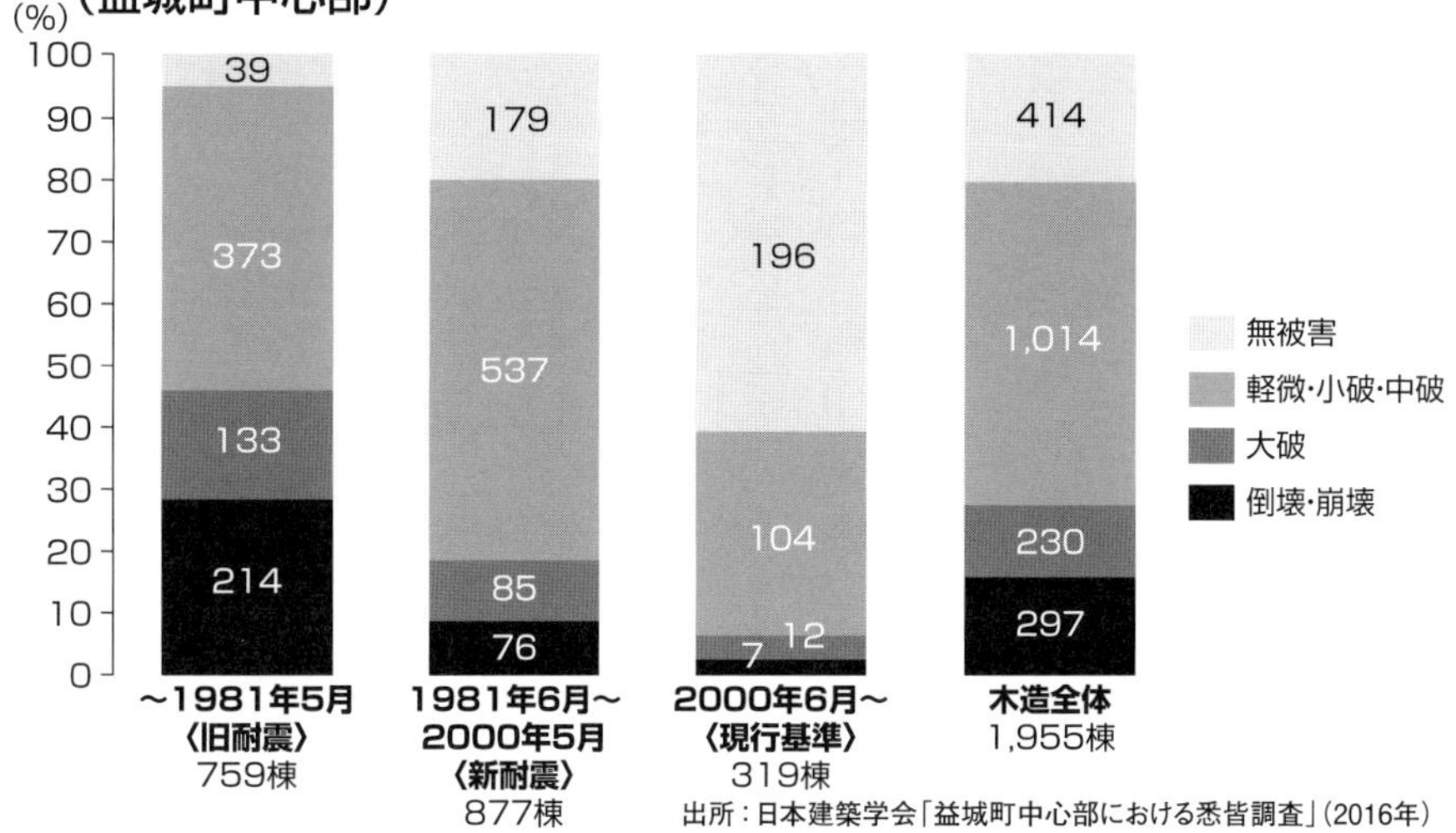

出所：日本建築学会「益城町中心部における悉皆調査」（2016年）

あるでしょう。

強い家は耐力壁と接合部がポイント

実際、２０１６年の熊本地震では、２０００年の改正前と改正後に建てられた木造住宅とでは、上図のとおり、倒壊や崩壊、大破などの被害状況に明らかに差があります。

倒壊した建物で多かったのは2階部分の重さを支えきれず、１階が倒壊するケースです。支えきれなくなった理由はさまざまで、建物の配置に無理があったり、柱の端などに接合金物がなかったり（１４１ページ）、筋交いの接合が軽微だったり、耐力壁そのものが少なかったりすると、倒壊のリスクが高まります。

なお、マンションについては、２０１１年の東日本大震災でも、大破は0%、ほとんど損傷のない「軽微」と「被害なし」が97%超でした（マンション管理業協会調べ）。１９９５年の阪神・淡路大震災でも大破は１・５%にとどまっています（東京カンテイ調べ）。マンションでは、地震よりも水害（立地等）に注意を払う必要があります。

水害による被害はこの10年で10倍に増加

増える水害による被害

戦後、日本は数々の治水対策を行ってきました。そのため浸水面積は減少傾向にあったのですが、近年は水害による被害が増加傾向にあります。左のグラフからわかるとおり、２０１０年から２０１９年の10年間で、水害による被害額は約10倍になっています。

一般家屋の被害を見ても被害件数、被害額ともにほぼ右肩上がりの状態です。２０１８年６月に西日本を襲った豪雨では、九州・四国・中国・近畿・東海地方の11府県に大雨特別警報が出され、多くの河川が氾濫しました。また、２０１９年９月、関東に上陸した台風15号は、１都７県で全壊３９１棟を含む７万７１０４棟の家屋が被災。同年10月に上陸した台風19号は、観測史上最大の降雨量を記録し、関東甲信や東北地方を中心に多くの人的被害をもたらすなど、被害は大きくなる一方です。

雨の降り方が変わってきている

地震や台風などで著しい被害があり、復旧事業を進める自治体への財政支援が必要となる災害は「激甚災害」に指定されますが、この数年間は豪雨や暴風雨、台風による被害が数多く指定されています。

なぜ、これほど水害が増えているのか、答えを一つに絞ることはできませんが、気候変動の影響は無視できません。海水温の上昇によって、台風や梅雨前線などにエネルギーが供給され続けて降雨量が増えているのです。同時に短時間に膨大な量の降雨を記録することも珍しくなっています。

Check! 近年の水害による被害の増加は偶然や一過性のものではない!

■2019年までの年間水害被害額の推移
（津波による被害は除く）

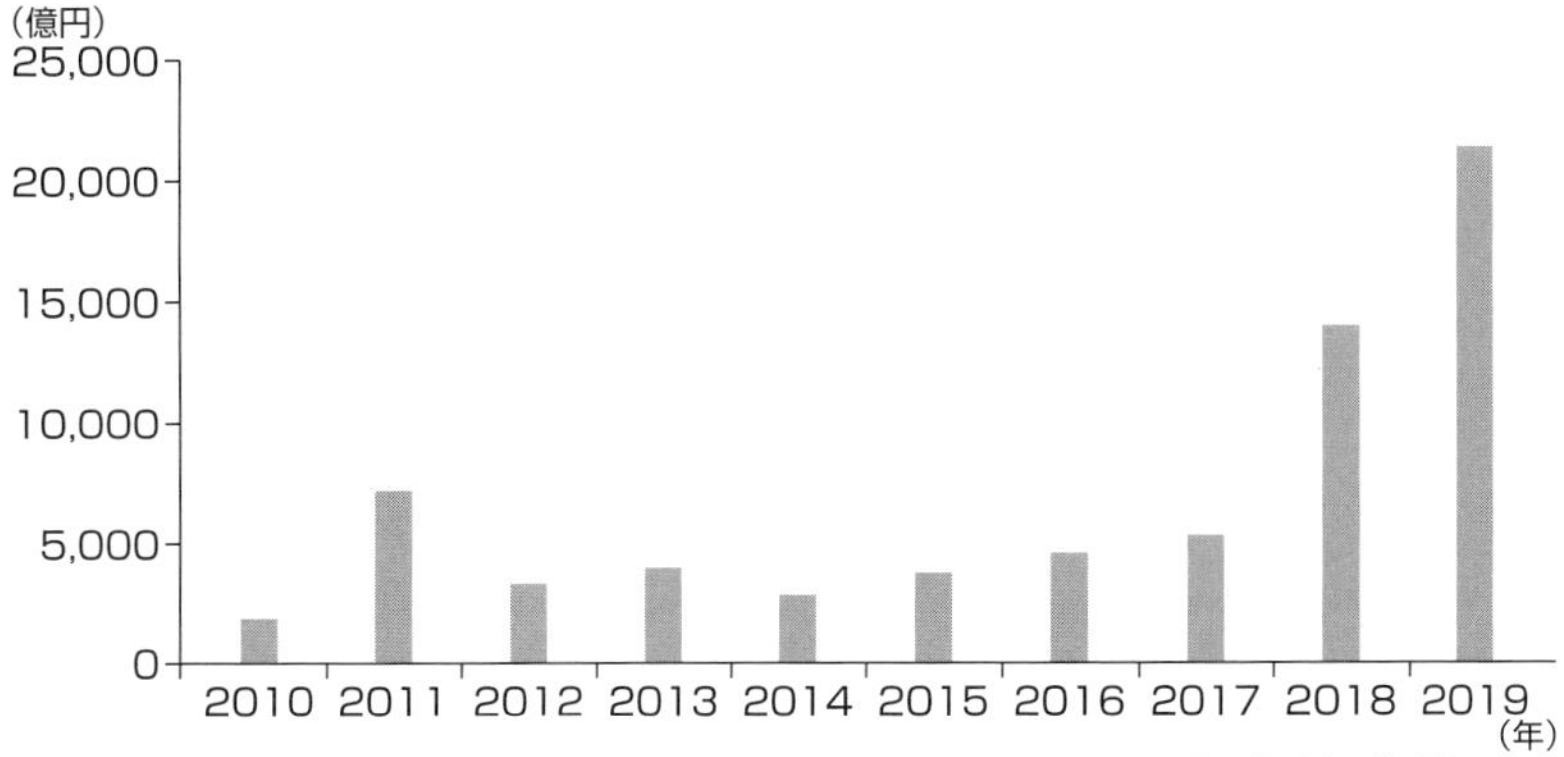

出所：国土交通省の資料より作成

■猛烈な雨（1時間降水量80㎜以上）の年間発生回数

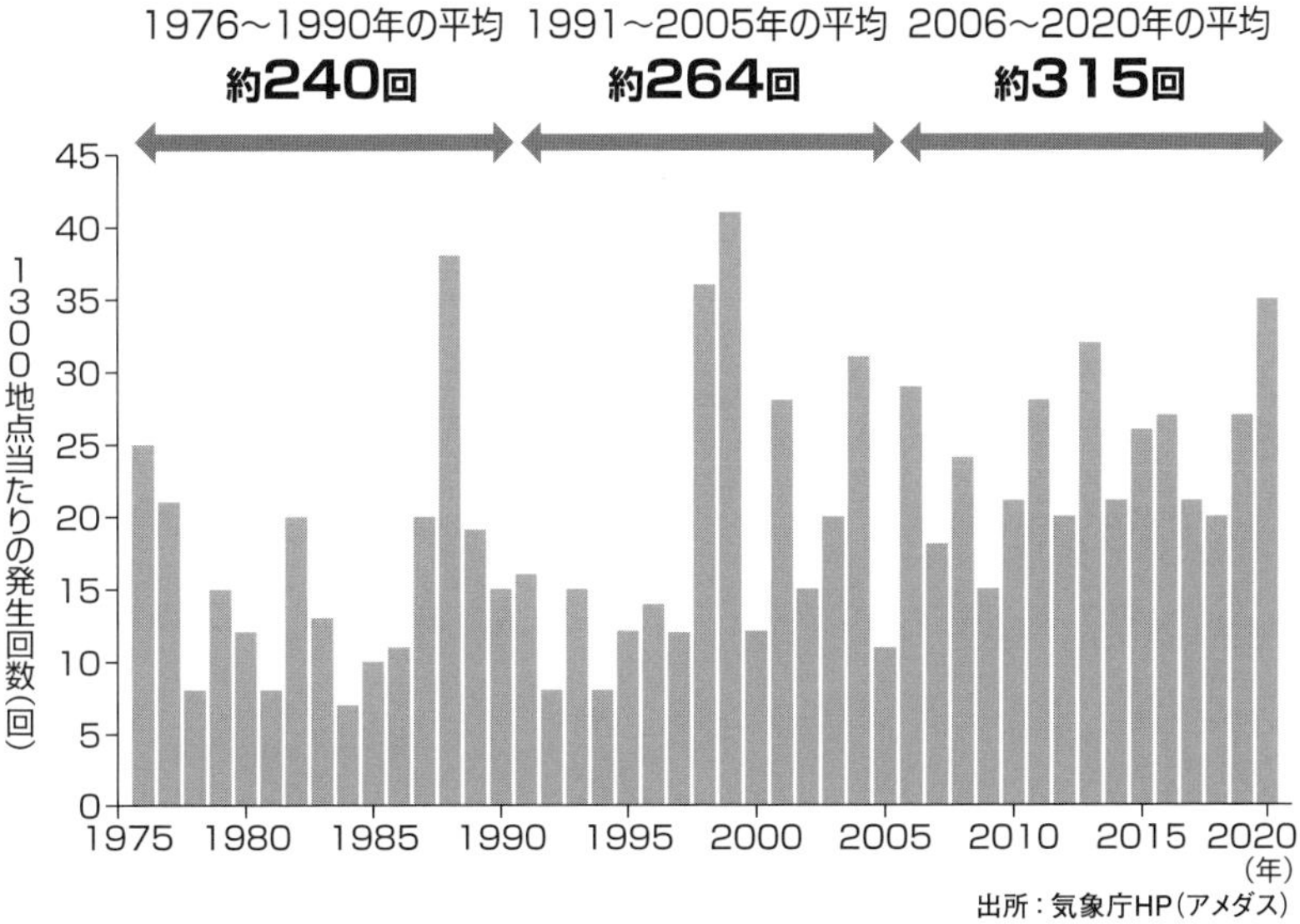

出所：気象庁HP（アメダス）

生涯住める家

水害のリスク

身近に迫る水害の危険性！東京23区でも3分の1が浸水

台風がもたらす高潮の危険性

水害というと、河川の氾濫などが思い浮かびますがそれだけではありません。たとえば、強い低気圧が発生すると海面が上昇します。これを「高潮」と呼び、満潮と重なるとさらに潮位が高くなります。この高潮による浸水被害も無視できません。

東京都が２０２０年に発表した高潮浸水想定図では、既往最大規模の台風（中心気圧：室戸台風相当、半径・移動速度：伊勢湾台風相当）が東京を直撃した場合、中央区や港区、品川区など東京湾に面するエリアにとどまらず、板橋区や北区などを含む17区で浸水が想定されています。

特に東側に位置する江東区、墨田区、江戸川区、葛飾区はほぼ全域で3メートル以上の浸水が想定されています。これらの地域の多くは海抜0メートル以下のゼロメートル地帯であり、一度浸水してしまうと排水にかなり時間がかかることが予想されます。荒川や隅田川の流域に当たる台東区、荒川区、足立区も、広い地域で浸水が想定されています。

浸水への備えのある住まいに

浸水の深さが最大約10メートル、排水が完了するまでに1週間以上かかると想定されていることにも留意すべきでしょう。

10メートルの高さというと、2階建ての家屋はほぼ水没します。さらに排水が完了するまでに1週間以上かかるとなると、その間、ほぼライフラインはストップします。水害リスクの低い立地選び、または水害対策を講じた家選びが不可欠です。

Check! 広範囲に及ぶ浸水リスク！ これからは水害対策も必須の時代に

■東京都高潮浸水想定区域図［想定最大規模］（浸水深）

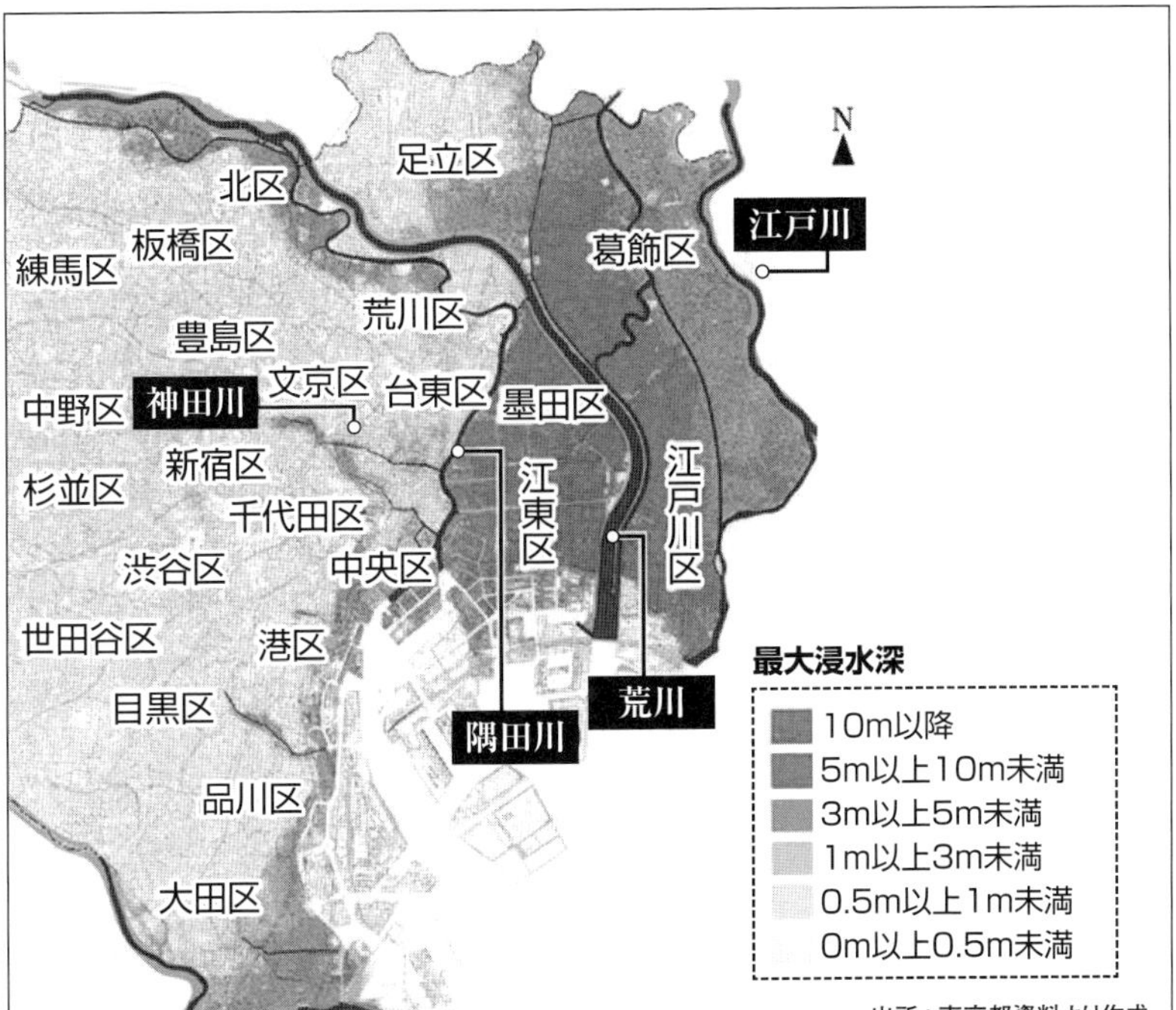

出所：東京都資料より作成

■浸水の深さと住まいの高さの関係

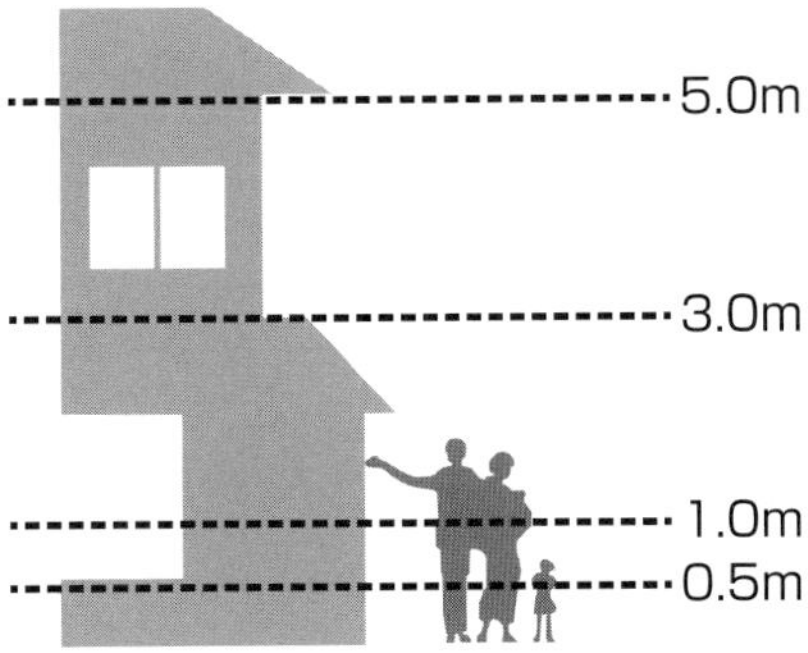

出所：東京都資料より作成

生涯住める家

水害のリスク

都市型水害によりマンションの上階でも安心できない

排水処理能力を超えた水が逆流

前項の浸水想定図からもわかるとおり、都内でも一部地域では最大10メートルもの浸水が想定されています。誤解してはいけないのは、こうした都市の浸水リスクは東京都に限った話ではないことです。

たとえば、河川から離れていても、短時間の豪雨により雨水の排水が間に合わなければ、道路に水があふれ出します。また、河川が増水して行き場を失い、排水路を逆流して氾濫するケースもあります。

では、マンションの上層階なら安心かというと、そうではありません。２０１９年の台風19号で、東京・武蔵小杉のタワーマンションが浸水の被害に遭いました。豪雨で付近を流れる多摩川の水位が上昇し、増水した多摩川の水が下水道管を逆流して内水氾濫を起こし（48ページ）、武蔵小杉駅東側を冠水しました。

それだけであれば、マンションの上階には影響がないはずですが、実際にはあふれた水が駅周辺に立つタワーマンションの地下に流れ込み、建物の地下にあった電気系統の設備が故障しました。その結果、電気や水道が使えなくなり、多くの住民が避難生活を余儀なくされたのです。

地下設備への浸水に注意

一般の分譲マンションも、電気設備は通常地下に設置されています。また、戸建てにおいても、建物の容積率を稼ぐために地下や半地下を備えた建物が増加しています。

これらの建物には地下に雨水が流入した場合に備

■都市部の逆流現象

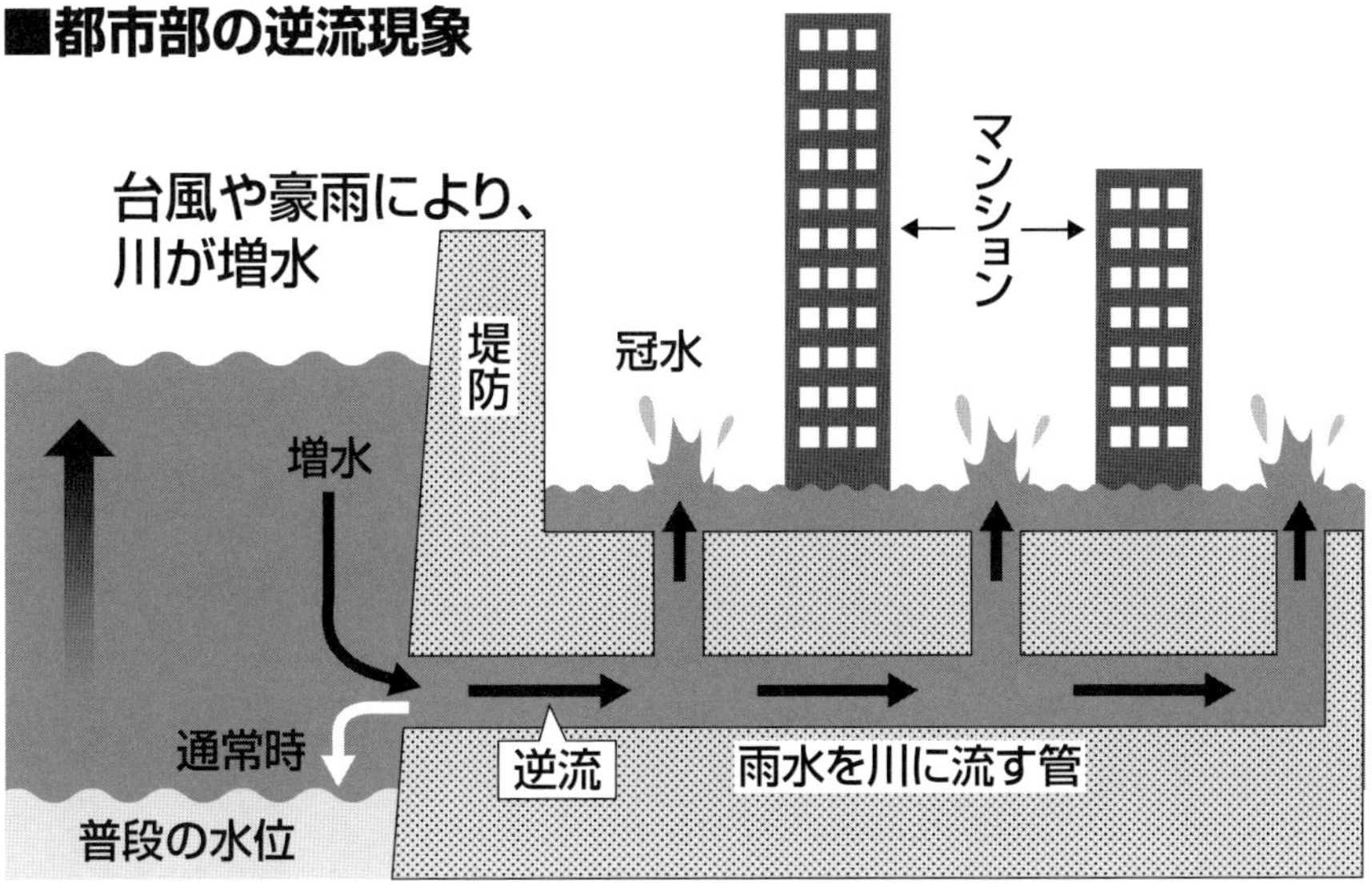

えて、排水ポンプや雨水貯留槽を備えているケースが多いのですが、排水能力や貯留量を超えた雨水が流れ込んできてしまえば、同様の被害に遭う可能性があります。実際、武蔵小杉のタワーマンションでも、停電対策として自家発電装置は備えていました。しかし、浸水対策が講じられていなかったため、結果的に機能しませんでした。

このようにマンションの上層階でも、電気設備が浸水して故障してしまえば、ポンプで水を汲み上げられず、トイレも使えません。停電によりエレベーターも使えないどころか、タイミングが悪ければ、長時間、エレベーター内に閉じ込められるようなこともあり得るでしょう。

これまではマンションの上層に住んでいれば、雨を起因とする水害についてはリスクを考える必要がありませんでした。しかし、すでにお話ししたとおり、近年の水害の増加は気候変動によるもので、一過性の出来事とは考えづらくなっています。

もちろん、部屋の浸水リスクが少ない点では、マンションの上階は安心できますが、これから購入を予定している人は都市型水害のリスクについても留意するに越したことはありません。

将来的には、災害リスクが高いと、住まいの資産価値が下がる可能性も

災害リスクは積極的に説明されない

戸建てやマンションを購入するとき、なるべく災害リスクが少ない地域の物件を選びたいと思うのは当然です。もちろん、災害リスクがまったくないという条件は不可能ですから、できるだけ少ない地域を選ぶか、もしくは災害リスクに備えた物件を選ぶというのが理にかなっています。

宅地建物取引業法では販売業者に対して、購入者が契約締結を判断する際に、多大な影響を及ぼす重要事項については事前説明することを義務付けています。しかし、これまで実際に、不動産売買時に浸水などの危険性を説明された経験のある人は少ないでしょう。販売する側からすれば、自ら不利な情報を出したくないのもわかります。

災害リスクが資産価値に影響

ところが、近年、全国で大規模な水害が多発したことから宅地建物取引業法が改正され、２０２０年8月28日から不動産売買や賃貸契約時に対象物件の所在地について、洪水・雨水出水・高潮に関するハザードマップを提示して、水害リスクの可能性を説明することが義務付けられました。

まだスタートしたばかりの制度のため、将来の資産価値にどの程度影響するかは不透明ですが、当然、危険エリアの物件は買い控える人も出てくるはずです。そうなれば、需給バランスが崩れ、価格を下げないと、売りづらくなることも出てくるでしょう。特に購入後、実際に浸水の被害が起きた場合、資産価値が暴落する可能性も否定できません。

■日本の年齢層別将来人口推計（万人）

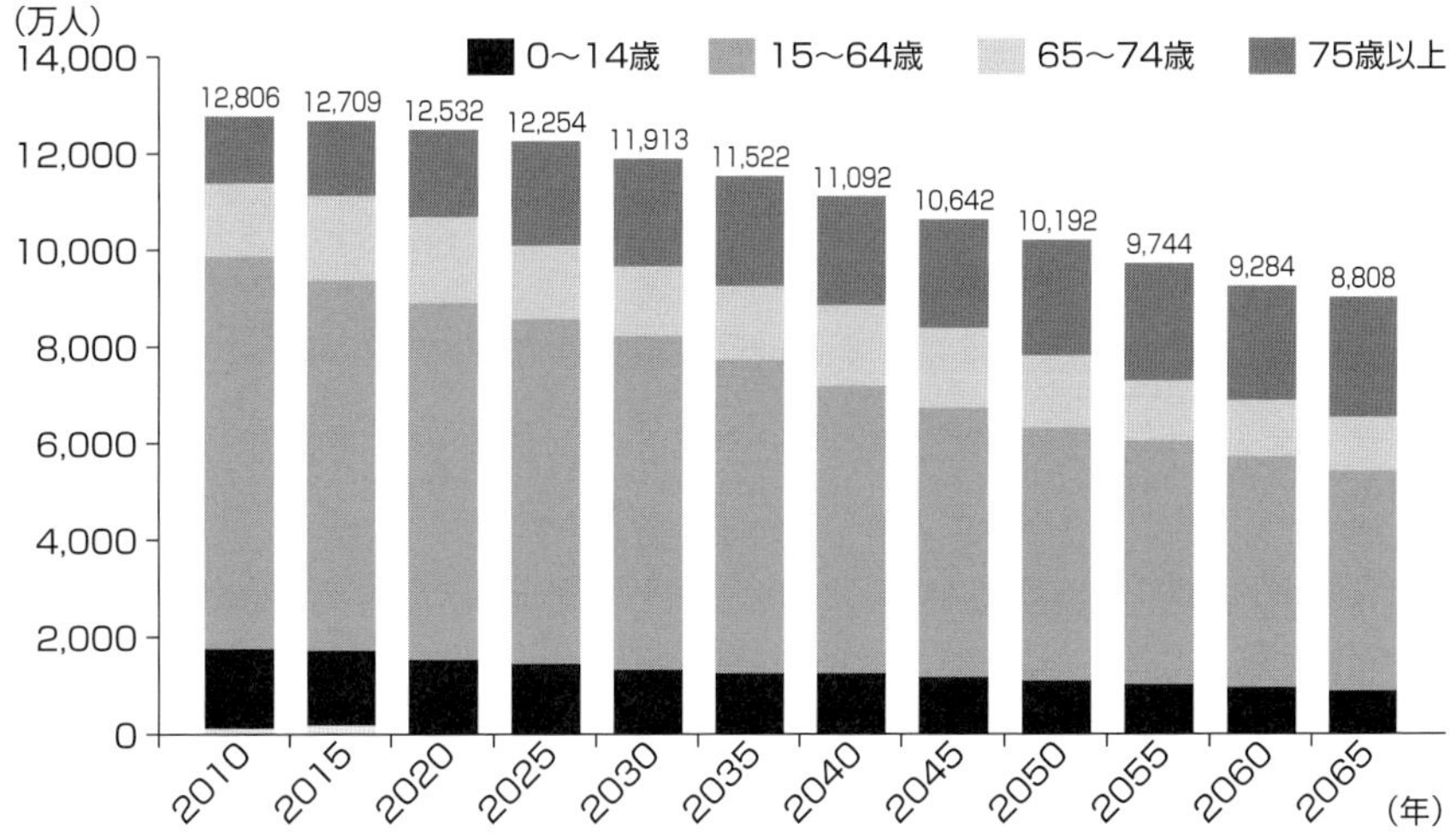

出所：内閣府「高齢社会白書」（2021年版）より作成

自治体で独自の規制を設けるところも

また、たとえば、中央構造線が縦断していて、地震の発生時には被害が甚大になると予測されている徳島県では、２０１３年より「土地利用の適正化等」に関する条例が施行されています。

同条例は、特定活断層調査区域内の特定施設の新築や建て替えを、県への届出制とするもので、活断層の直上は避けて建てることを義務付けています。特定施設とは多数の人が利用する、事務所や工場、複合建築物などのことですが、今後、こうした動きがさらに広がって、一般住宅に適用される可能性もゼロではないでしょう。

これまで災害後の復旧復興は国や地方自治体が行うもので、原状復帰以上の復旧は当たり前に思われてきました。

しかし、周知のとおり、日本の人口は減少傾向にあり、年を追うごとに財源と人手の確保が難しくなっていきます。つまり、満足のいく復旧が望めず、また住宅の建て直しなどにも、いままで以上に時間を要することが予想されます。こうした点からも、災害に強い家の重要性が高まっているのです。

生涯住める家

強い家の条件

災害に強い住まいは3つの要素で決まる!

災害への強さを決める要素

災害に強い住まいを見分けるには、新築・中古、戸建て・マンション、地震・水害を問わず、大きく分けて、次の3つの要素がカギとなります。

①立地・地盤
どのような地域に物件があるか。

②建物の構造・設備
建物そのものの構造や設備がどうなっているか。

③災害対策
地域住民やマンションの入居者の防災意識や地域の災害対策。

「①立地・地盤」については、すでに説明してきたとおり、ハザードマップによる浸水想定区域の確認が必須。また、河川や海沿いなどは洪水や津波の危険性が、たとえ高台であっても周辺に比べて低い場所は内水氾濫（48ページ）を起こす危険性があります。加えて湿地だったり、埋立地だったりした場合、地震による液状化が懸念されますし、盛土による造成地は地すべり（56ページ）なども心配されます。

「②建物の構造・設備」については、どの年代の耐震基準を満たしているか（22ページ）、地盤に適した基礎工事か（80ページ）、どんな建築工法・耐震工法か（１３２、１７４ページ）、災害を意識した設備や機能が取り入れられているか、などをチェックします。

「③災害対策」については、住民同士が助け合うシステムやマニュアルが整備されているか、避難経路や避難所は万全か、防災無線などが完備されているかなど、建物以外の面がポイントになります。

Check! 災害に強い住まいの3つのチェックポイント

■ハード面

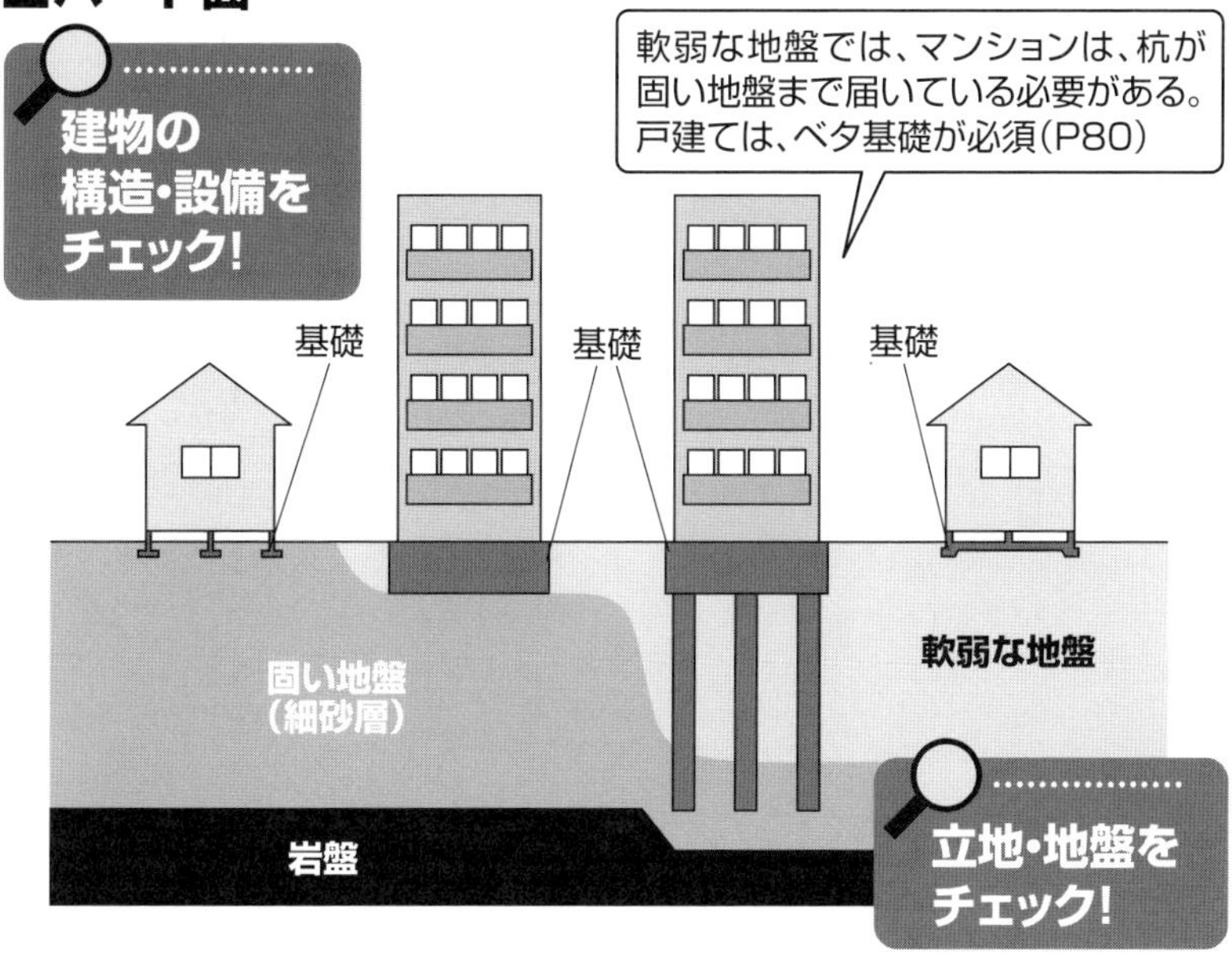

■ソフト面

●地域防災のチェックリスト

□避難所
- 浸水想定区域ではないか?
- 収容人数は足りているか?

□連絡系統
- 防災無線が完備されているか
- そのほかの連絡経路があるか

□避難経路
- アンダーパスやがけ崩れなどの危険箇所の有無
- 河川等を渡る必要の有無（徒歩での移動は可能か?）

□そのほか
- 食料や生活物資の備蓄状況

**災害対策を
チェック!**

COLUMN

欧米では当たり前の100年住宅

日本の家の平均寿命をご存知でしょうか。10年ほど前のデータになりますが、国土交通省の推計では約32年（取り壊したりするまで）となっています。

一方、欧米の住宅事情を見てみるとイギリスで約81年、アメリカで約67年。日本の倍以上です。欧米では長持ちする家を建て、修理をしながら大切に住み続けるスタイルが中心です。

世代が変わるたびに新しい家を建てては壊す日本の住宅事情は、家を使い捨てにしている状態といえます。実際、日本の中古住宅の流通シェア（中古住宅流通量＋新築着工数）は14.5％（2018年）となっていて、アメリカ81％、イギリス85.9％、フランス69.8％とは大きな開きがあります。

国もこのサイクルを転換すべく、2006年に制定された住生活基本法では、欧米のように長持ちする家を建て、価値のある中古住宅を増やして売買を活性化させることを目指しています。

人生最大の買い物なわけですから、いつまでも資産価値の落ちない家を求めたほうが得策でしょう。それに高齢になると、賃貸物件は借りにくくなりますし、高齢者向け住宅は入居費が高額です。将来のことを考えれば、住み慣れた丈夫な家を修繕しながら住み続けたほうが、自分の居場所を心配することなく暮らせるはずです。

さらにいえば、近年、問題となっている空き家の増加も、築年数の経った家の価値が低いことが一因といえます。

長持ちする家にするためには、災害対策は必須です。といっても、大がかりな補強が必要なケースは少なく、定期的に家の状態に目を向け、傷の浅いうちにメンテナンスを行っていくのが何よりです。家を大切に育てていきましょう。

第2章

危険な立地の見抜き方

災害の被害程度は地盤と地形で大きく変わる

建物以上に重要な地盤と地形

住宅に関する各種アンケート結果を見ると、住まい選びで重要視した点として上位に挙がるのは、おしなべて、交通の利便性や周辺環境の充実度、日当たり、間取りなどです。

ひと言でいえば、日々の暮らしやすさに関することであり、災害時の安全性に重きを置く人はあまりいません。考えが及んでも建物のつくりまでで、施工会社の実績や評判を調べる人はいても、建物が立っている土地そのものに注意を払う人はほとんどいないようです。

しかし、地震や水害による災害リスクを決めるのは柱や壁など建物の構造だけではありません。最も重要なのは、建物が立っている場所、すなわち「地盤」と「地形」です。

地盤の強弱で耐震性が変わる

地盤とは、地表から地下およそ１００メートルまでの部分を指します。建物を支える地盤を支持層と呼び、マンションなど重い建物の場合は深くて固い地盤まで杭を打って支えます。戸建てについても、基礎や建物のつくりを強化することで、ある程度の地震であれば、持ち堪えます。

しかし、巨大地震についてはそもそもの地盤が弱ければ耐震性に限界があります。地震の揺れの大きさは地盤の固さによっても変わるからです。倒壊は免れても地盤が弱ければ、建物が傾くようなことは起こり得るのです。

ですから、家を建てるときにはまず地盤が良好か

■地形と地質、災害リスクの関係

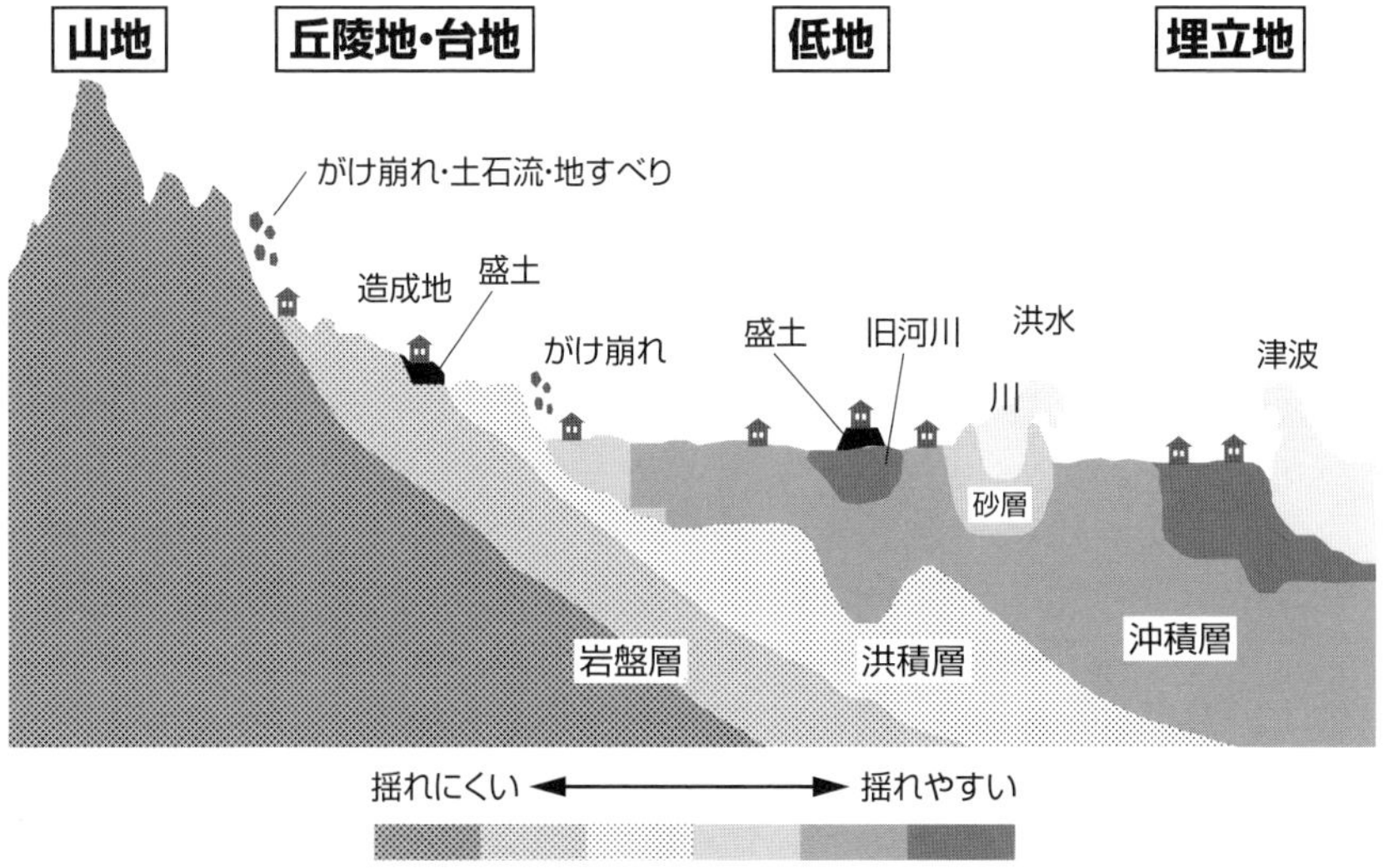

軟弱かを調べ（38ページ）、地盤に応じた設計をする必要があるのです。

地形は水害に直結

地形も災害リスクに大きく影響します。建物が山の急斜面を切り開いた土地に立っていれば、がけ崩れや地すべり、土石流の恐れがあります。湾の奥に位置しているなら、津波への警戒も必要になります。

標高が高くても、一概に浸水のリスクがないとはいえません。周囲に比べて土地の高さが低ければ、水が流れ込みやすくなるため、浸水する可能性があります。また、河川の蛇行部分に近ければ、越水の可能性も無視できません。

このように、山間部、海や川の近く、平地など地形によって、それぞれ危険性は異なります。そのため、現実的には、すべての災害に対して安全な土地を見つけるのはほぼ困難といっていいでしょう。

だからこそ、ハザードマップ（64ページ）などで地盤や地形を確認して、リスクの高い立地はできるだけ避けること。また予測される災害リスクに対して、適切な基礎や工法を用いた建物を選ぶ、あるいは補強工事の実施が重要になるのです。

立地が心配な家

地盤のリスク

地震の揺れに対して強い地盤と弱い地盤がある

古く固い地盤と新しい軟弱な地盤

地盤について、もう少し詳しく見ていきましょう。日本の地盤は大きく「沖積層」と「洪積層」の2つに分けられます。洪積層は比較的高い場所にあり、1万8000～2万年より前に形成された固い地質からなる安定した地盤です。一方、沖積層は洪積層よりも後にできたもので、地質は軟弱です。

このように地盤の形成時期の違いから、洪積層の上に沖積層が載っていることが多く、一般に沖積層が厚いほど弱い地盤となります。

地震が発生すると、地震波が地中を伝わり、それが地表に届くと、私たちは揺れを感じます。揺れは「振幅（大きさ）」と「周期（揺れの間隔）」の2つで構成されますが、洪積層では、振幅が小さくて周期が短くなり、沖積層では、振幅が大きくて周期が長くなります。つまり、沖積層は洪積層に比べて揺れが増幅されやすいのです。

人工的な地盤にも要注意

さらに、人の手でつくられた「人工的な地盤」も軟弱なため、地震に対して危険性が高まります。海沿いや川、池、沼、湖などを埋め立てて利用している土地が少なくありません（58ページ）。高台でも盛土（60ページ）によって造成した地盤が存在します。

江戸もかつて一面の湿地帯であり、徳川家康による治水工事によって人が住める場所となりました。そのため、東京の東エリアの地盤の弱さがよく話題になりますが、東京に限らず、日本の主要な都市は沖積層に位置しているので安心できません。

Check! 地盤の違いによる特性の理解が災害に強い住まい選びのスタート

■固い地盤と軟弱な地盤

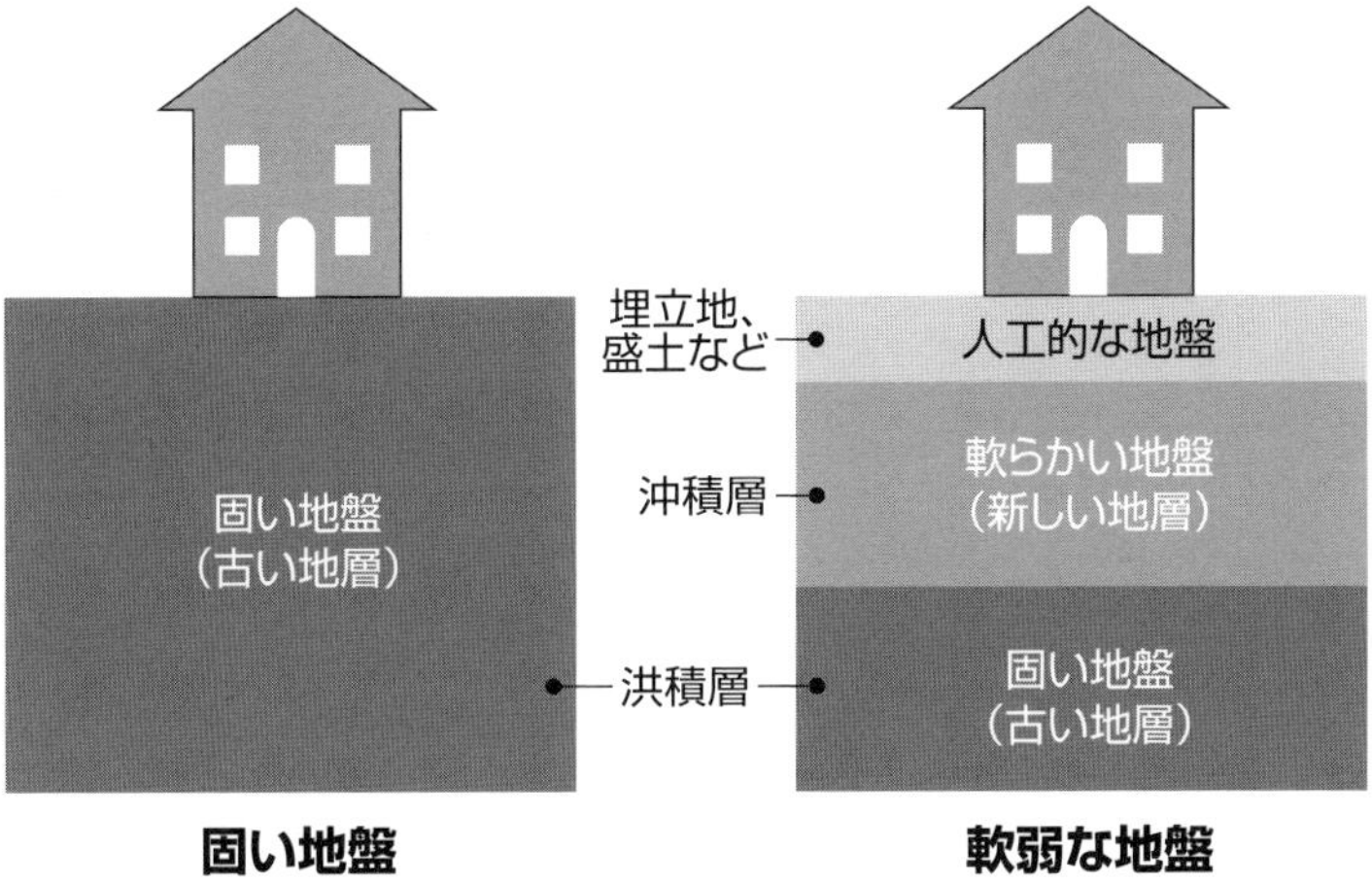

■洪積層と沖積層の違い

種別	洪積層	沖積層
形成時期	1万8,000～2万年前以前	1万8,000～2万年前以降
地質構成	砂礫層、粘土層	砂層、シルト層
特徴	水分が少なく、固く締まった地層。山地や丘陵地、高台に多い	地下水位が高く、水分を含む軟らかい地層。川や海から運ばれた砂や泥が堆積
地震の振動	増幅されにくい	増幅されやすい
液状化現象（58ページ）	起きにくい	起きやすい
地盤沈下（62ページ）	起きにくい	起きやすい

立地が心配な家

河川のリスク

河川の氾濫は決壊地点から離れていても安心できない

平地が多い下流域は浸水のリスク大

２０１５年９月９日から11日にかけて、膨大な雨量をもたらした関東・東北豪雨では、利根川の支流である鬼怒川の堤防決壊に伴う氾濫で、流域の常総市の３分の１に当たる約40平方キロメートルが浸水しました。この水害で多くの家屋が流出し、屋根の上に取り残された住民がヘリコプターで救出されるライブ映像をハラハラしながら見守った人も多いでしょう。

特に大きな河川の下流域は周辺に平らな土地が広がっていることが多く、堤防が決壊すると、かなり広範囲に浸水被害が及びます。前述の豪雨では、鬼怒川と小貝川に挟まれた地域のほとんどが浸水し、約10キロメートル下流の常総市役所まで浸水被害が及んでいます。

小規模河川や排水路も注意

鬼怒川もそうであったように、大規模河川の本川の下流域の多くは、氾濫に備えて堤防を整備しています。

しかし、近年は想定を超えた雨量が記録されるケースも多く、支川から本川に一気に流れ込むと、決壊を招く恐れが出てきます。44ページでお話しするバックウォーター現象による氾濫も警戒されます。

こうした規模の水害になってしまうと、戸建てにしても、マンションにしても、建物自体の災害対策だけではやはり限界があります。これから住まいを購入する人は、すでに述べたように地形や過去の災害歴などをよく確認する必要があります。

Check! 多くの被害をもたらした関東・東北豪雨の被害状況

■鬼怒川の堤防決壊箇所と浸水エリア

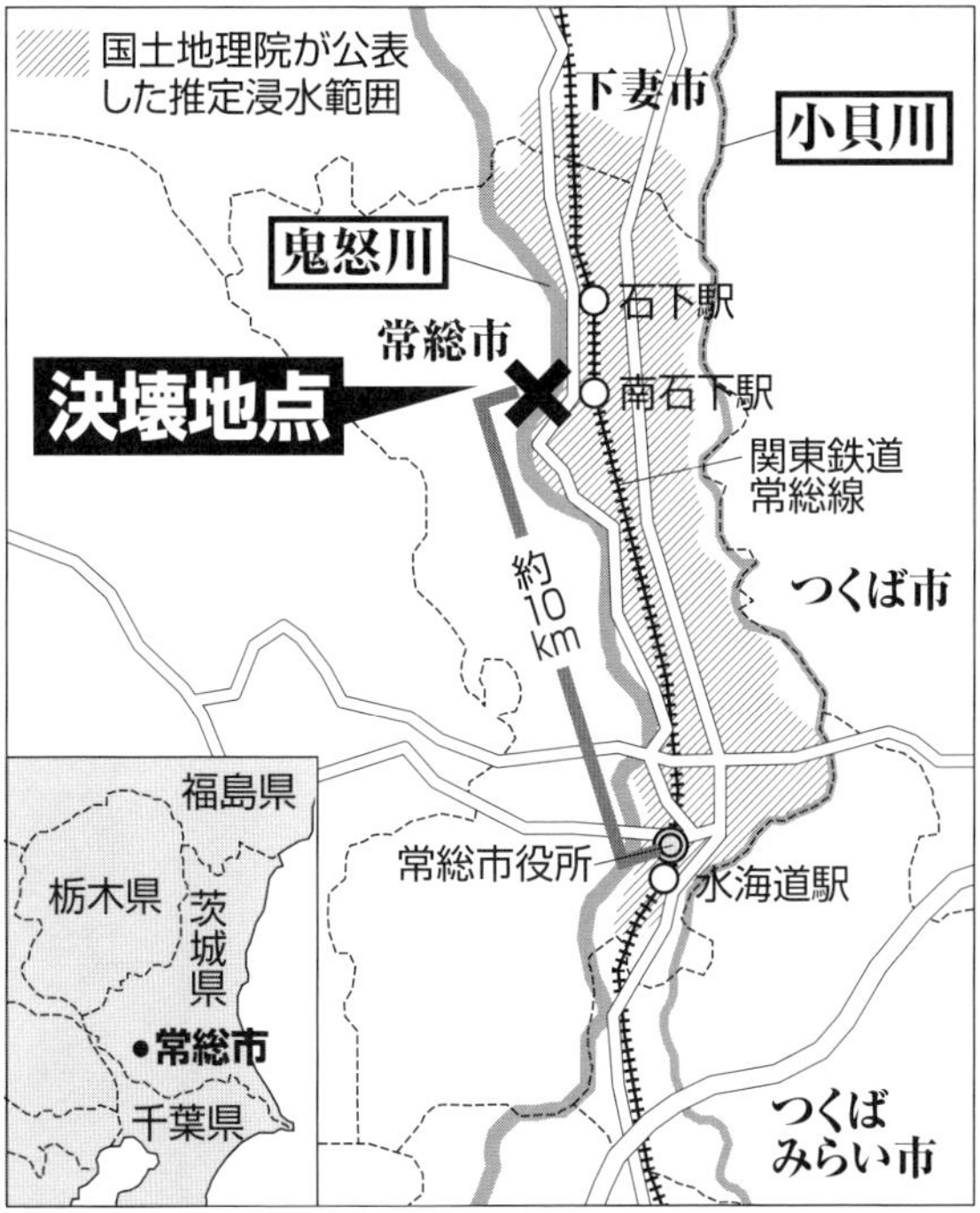

■関東・東北豪雨による全国の被害状況

全壊家屋	**81件**
半壊家屋	**7,045件**
床上浸水	**2,495件**
床下浸水	**1万3,159件**

出所：消防庁「平成27年台風第18号による大雨等に係る被害状況等について」（2015年12月16日）

浸水により4,000人以上が孤立状態に！

立地が心配な家

河川のリスク

河川の氾濫による被害は流速と水深が関係する

傾斜が急な河川は要注意

車や建物が簡単に押し流されてしまうような洪水は、どのような場所で起きやすいのでしょうか。

物体が水中で受ける力は「流速の２乗×水深」となります。つまり、水深の深い急勾配な川が洪水を起こすと、被害が大きくなりやすいということです。加えて、水深に応じて浮力も大きくなるため、一般に水深２メートル、流速毎秒２メートル以上になると、木造住宅が流される危険性が出てきます。

このような激しい洪水は、山間地や山麓の谷底に当たる盆地や扇状地などに多く発生します。山間地は地面の勾配が急なうえに、川の両岸が山に囲まれて川幅を広げることができないため、上流域に雨が降ると一気に谷底や山麓に水が流れ込み、激しい洪水を起こしやすいのです。

さらに、上流で土石流や山崩れなどが発生すると、土砂や倒木なども流れ込み、被害は一層拡大します。

急流河川の洪水の特徴

特に急流河川の洪水で気をつけたいのは、到達時間の短さです。流れが速い分、予測が難しく、安全な避難体制の確保が困難です。流れのエネルギーも大きいので、堤防が浸食されると短時間で破堤されるだけでなく、破堤幅も広くなりがちなので、余計に被害が拡大するのです。

平野部でも、狭い谷間が開けた地点や、急勾配の河川が流れ込んでくる出口部分では、同様の洪水が発生する可能性があります。こうした立地の建物は、できれば購入を避けたいところです。

Check! 洪水被害を拡大させる流速と水深の関係

■木造住宅が流される流速と水深

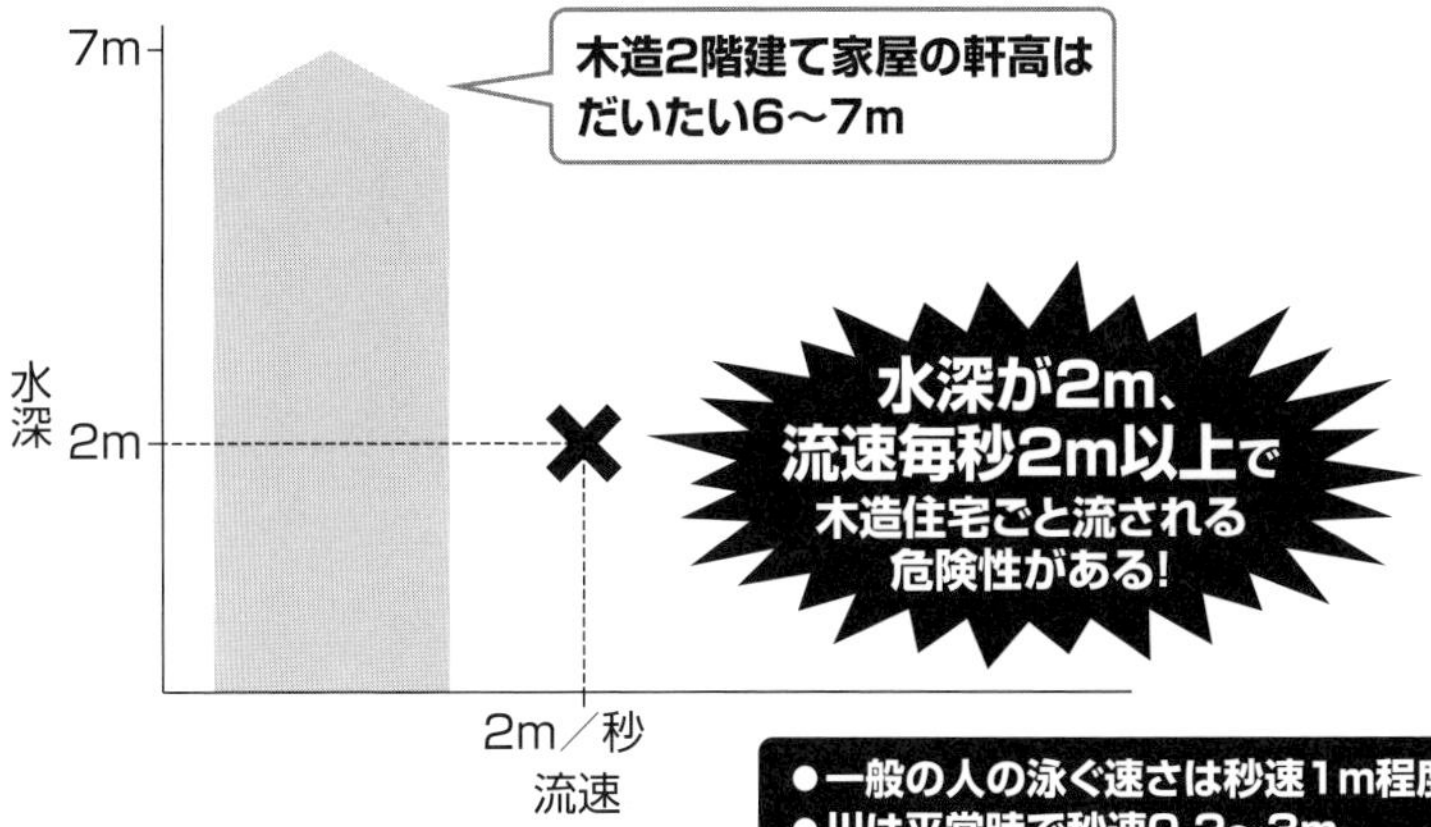

●一般の人の泳ぐ速さは秒速１m程度。
●川は平常時で秒速0.2〜3m。

■安全避難が難しくなる浸水深

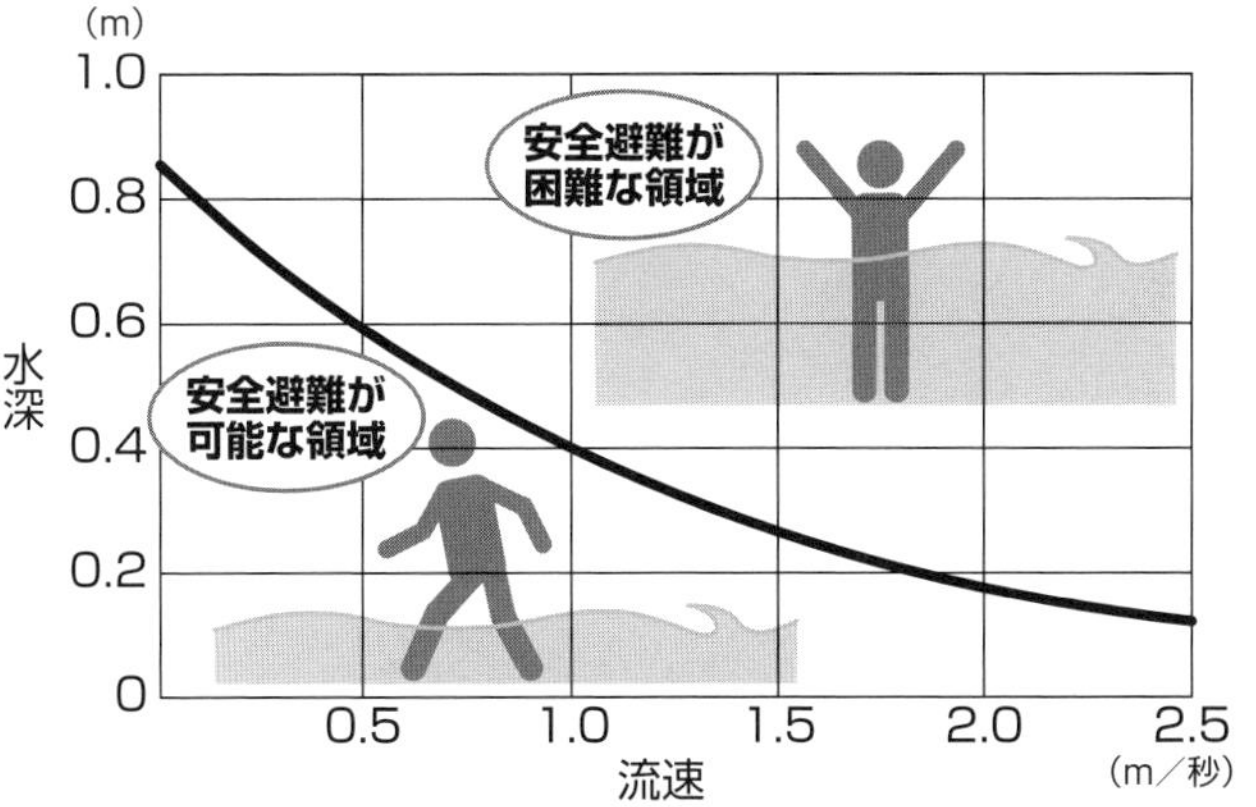

出所：国土交通省「ハザードマップ作成の手引き（改定版）」

浸水深が0.5m（大人の膝）程度で、流速が毎秒0.7m程度でも安全避難は困難に!

河川近くの住まいが希望でも、合流点付近は避ける

意外に多い、堤防が未整備の河川

災害リスクの観点からすると、川の近くの住まいはお勧めできませんが、それでも購入を希望する場合は、少なくとも、以下の点に注意しましょう。

一つは川底よりも土地が高い住まいを選ぶこと。高さに差があるほど、氾濫リスクは下がります。

また、堤防の整備状況も重要です。国のデータによれば、２０２０年３月末時点で、全国の１級河川１０９本の堤防の整備率は平均68・6％となっていて、約３割が堤防の高さや幅が不足しています。

合流点は水の逃げ場がない

一方で、堤防が整備されていても、役目を果たしていないケースもあります。特に危険なのが本流と支流の合流点です。２０１９年の台風19号では、71河川、１４０カ所で堤防が決壊しましたが、じつにその約８割が合流点から１キロメートルの範囲で起きています。

なぜ合流点で決壊しやすいかというと、２つのパターンがあります。一つは、支流から想定以上の水量が本流に流れ込み、本流が増水して決壊するケース。もう一つは本流の水位上昇によって支流が本流に流れ込めず、逆流して決壊するケース（バックウォーター現象）です。

このように川の合流点では堤防決壊のリスクが高いうえに、決壊すると周囲が堤防で囲まれていることから、あふれ出した水の逃げ場がありません。そのため浸水深が深くなり、排水にも時間がかかります。合流点付近の住まいは購入を避けるべきです。

Check! 本川と支川の合流点など増水する箇所はリスクが高い

■川の合流点で決壊しやすい理由

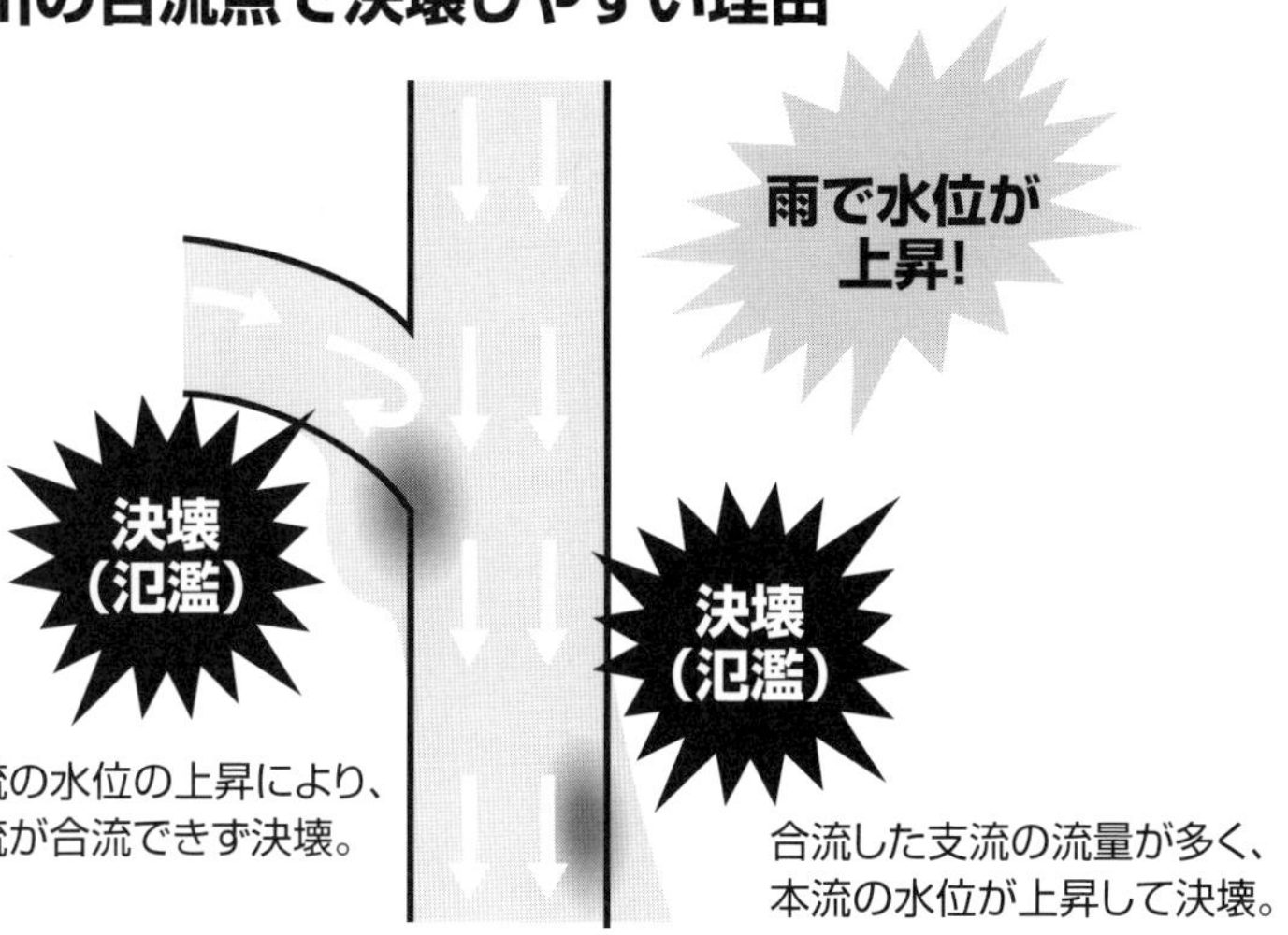

■川幅が急激に狭まる場所も要注意

立地が心配な家

河川のリスク

天井川近くの住まいはできれば購入を控える

天井川の決壊による被害は甚大

川底が周辺の土地よりも高くなっている川を天井川と呼びます。有名なのは滋賀県の旧草津川で、川の下を鉄道や国道がトンネルで通っています。現在は洪水を防ぐために新しい草津川がつくられ廃川となっています。

普段の危険性は高くありませんが、川底が周辺の土地の高さよりも上に位置するため、一度堤防が決壊すると、川の水が周辺に猛烈な勢いで流れ出し、建物や自動車が流されるような甚大な被害を招く恐れがあります。

水の勢いが強いので、迅速な避難が求められることに加え、排水に時間がかかり、避難生活が長期化する可能性もあります。

高い発生頻度

国土交通省の調査によると、こうした天井川は全国で２１７本あり（現在では３００本を超えているという説もあります）、そのうち滋賀県が81本、京都府が23本と2府県でほぼ半数を占めます。

ただ、残りの半数は北海道や東北を除いて、全国に広く見られ、実際、被害が起きています。

２０１８年7月の西日本豪雨では、岡山県倉敷市真備町の高梁川水系の小田川に合流する末政川ほかが決壊。また、２０２１年7月8日には、広島県三原市の沼田川支流の天井川で堤防が決壊し、沼田東町を中心に浸水しました。同エリアは西日本豪雨の際にも被災しています。天井川近くの住まいの購入には、慎重な判断が求められるでしょう。

Check! 天井川では、氾濫が起こると堤防が被害を拡大・長期化

■天井川の形成過程と被害

1 底の浅い川は氾濫しやすいため、堤防を設置

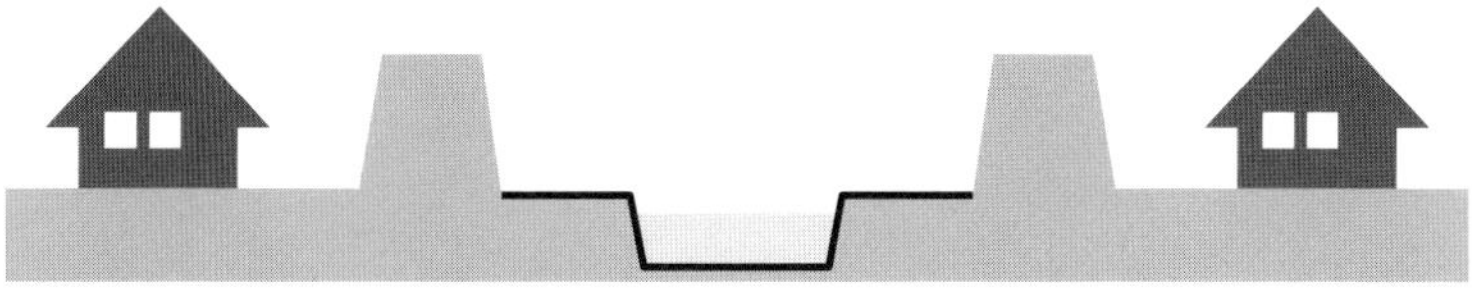

2 土砂が堆積し、川底が高くなる

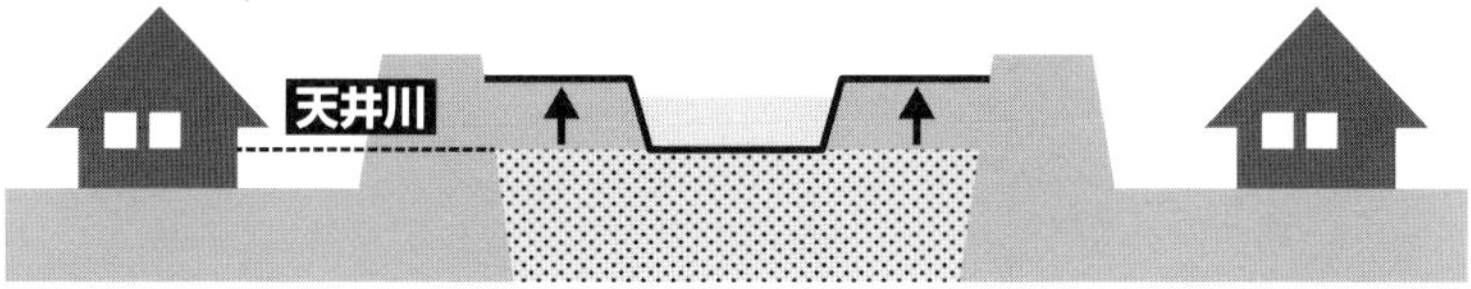

3 川底が上がった分、堤防を高くする

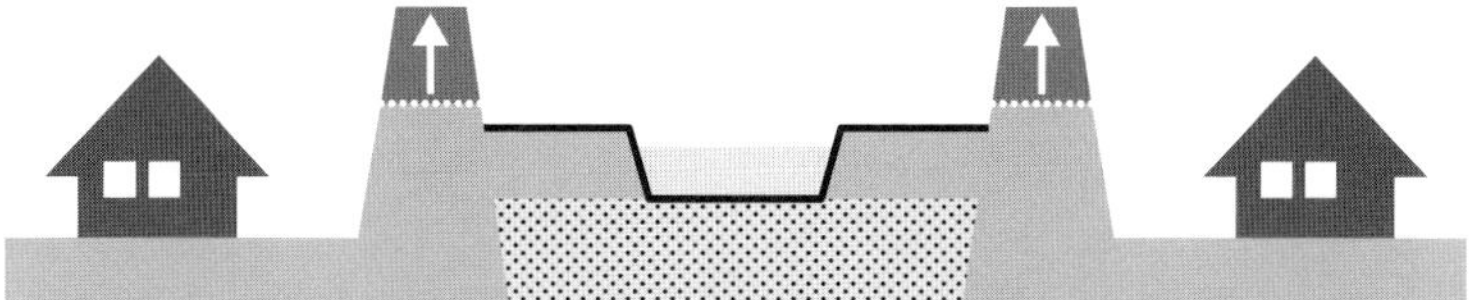

4 氾濫すると、流出した水が川に戻れず、被害を拡大・長期化

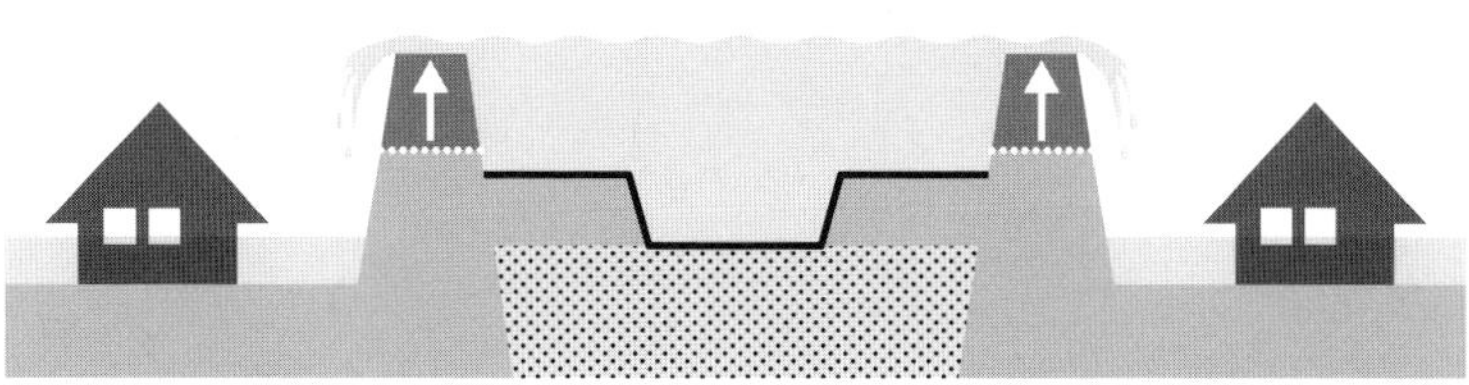

周辺より低い土地は内水氾濫を起こしやすい

都市部に多い内水氾濫

川が氾濫しなければ、浸水の危険性がないのかといえば、そうでもありません。たとえ、堤防で守られていても、内水氾濫の危険があります。

内水氾濫とは、市街地などにおいて雨水の排水がうまくいかずに、建物や土地が水に浸かる現象のことです。大雨でマンホールから水が逆流したり、地下道が水没したりといった映像を見たことがある人も多いのではないでしょうか。内水氾濫には、大きく分けて2つのタイプがあります。

一つは、都市部は地表がアスファルトなどで舗装されていて地面の保水能力が低いことから、雨量に対して排水能力が追いつかず、浸水するタイプです。これは単純に雨量と排水能力の関係性によって起こるため、短時間の豪雨でも発生します。また、河川からの距離とも無関係です。

もう一つのタイプは、28ページで都市型水害の例としてお話しした、河川が増水して行き場を失い、排水路を逆流して氾濫するケースです。こちらは河川が増水、すなわち水位が高くなっている場合に起こりやすいため、発生地域は主に堤防の高い河川の周辺に限られます。

低い土地は内水氾濫を起こしやすい

日本の都市は、ほとんどが平野に位置しており、アスファルトで舗装されています。暮らしやすい一方で、内水氾濫を起こしやすい条件がそろっています。なかでも周囲より低く、水が溜まりやすいエリアは危険性が高くなります。

■内水氾濫の2つのタイプ

●**豪雨に起因**（河川の増水と無関係）　　●**河川の増水に起因**

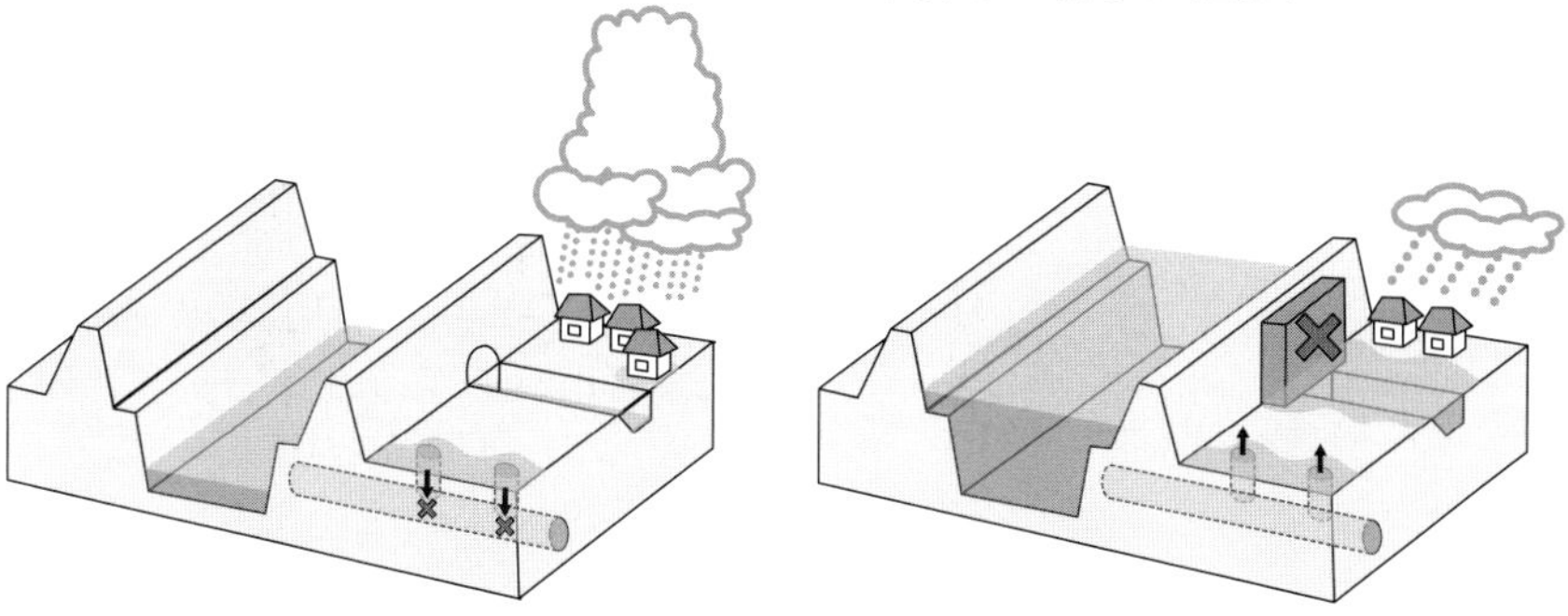

- ●短時間の豪雨などにより雨水の排水能力が追いつかずに浸水。
- ●河川の周辺に限らず、発生。

- ●河川周辺の雨水が、河川の水位が高くなったことで排水できずに浸水。
- ●堤防の高い河川の周辺で発生。

出所：気象庁「避難勧告等に関係する諸情報（洪水・浸水）の技術について」より作成

具体的には、自然堤防や砂州などの背後にある低地、川や沼、湿地などの埋立地、ゼロメートル地帯や地盤沈下が起きている場所などが挙げられますが、次ページのように、たとえ標高が高い台地の上でも周囲に比べて窪地になっているような場所は要注意です。周りからの水が流れ込むと、浸水のリスクが高まります。

リスクを軽く見ない

映像などで街が浸水している様子を見ても、リスクを実感することは難しいものです。大型台風でも直撃しない限り、そこまでのことは起こらないだろうとつい考えがちです。しかし、前述のとおり、内水氾濫は短時間の豪雨でも起こります。

一般に雨水がマンホールや道路の側溝からあふれ出すと、1分間に2センチ程度の速さで浸水深が増すといわれています。川があふれた場合は3センチ程度です。

それほどの速度に思えないかもしれませんが、わずか20〜30分という短時間で床上浸水となります。つまり、戸建てであれば、基礎の高さがリスクを左右します（110ページ）。

立地が心配な家

窪地のリスク

窪地に注意！雨天後の水はけなどを確認する

窪地は水はけに注意

すでにお話ししたように、標高や地盤の強度が良好でも、周囲の土地と高低差がある場所は浸水のリスクがあります。たとえば、東京都の西側エリアは山地や台地、段丘などに分類される強固な地盤から成ります。しかし、渋谷駅周辺は宮益坂や道玄坂に囲まれたすり鉢状に窪んだ場所に位置し、地盤分類では谷底低地となっています。

そのため、渋谷区のハザードマップを見ても、渋谷駅周辺は1～3メートルの浸水リスクが想定されています。実際、2015年のゲリラ豪雨では、渋谷駅の地下が浸水し、鉄道の運行がストップする事態になりました。

また、渋谷区に隣接する世田谷区の標高は25～50メートルほどですが、等々力渓谷のように起伏が激しい場所があり、浸水の可能性がある地域が点在しています。

雨天の見学で水はけをチェック

こうした細かな起伏については、雨の降っている日や降雨後の水はけをチェックするのが確実です。建物が立っている場合は庭に注目しましょう。

水はけが悪い場合には、「地質や地盤、地形に問題がある」「敷地内の勾配が道路側に向かって高くなっている（建物側が低くなっている）」「駐車場として長く使用されていたため、地盤が部分的に固くなっている」などが原因として考えられます。

工事などによって、改善できる場合もあるので、施工会社等に相談してみるといいでしょう。

Check! ハザードマップだけでなく、浸水ナビも確認してみよう

■地点別浸水シミュレーション検索システム（浸水ナビ）

浸水リスクについてはハザードマップのほかに、国土交通省が提供する「浸水ナビ」（https://suiboumap.gsi.go.jp/）も確認してみよう。同ナビはまだ全国の河川を網羅しきれていないが、浸水想定区域図を電子地図上に表示するもので、ハザードマップにない「氾濫した場合の経過時間ごとの水深」「水が引くまでにかかる時間」という2つの情報を知ることができる。

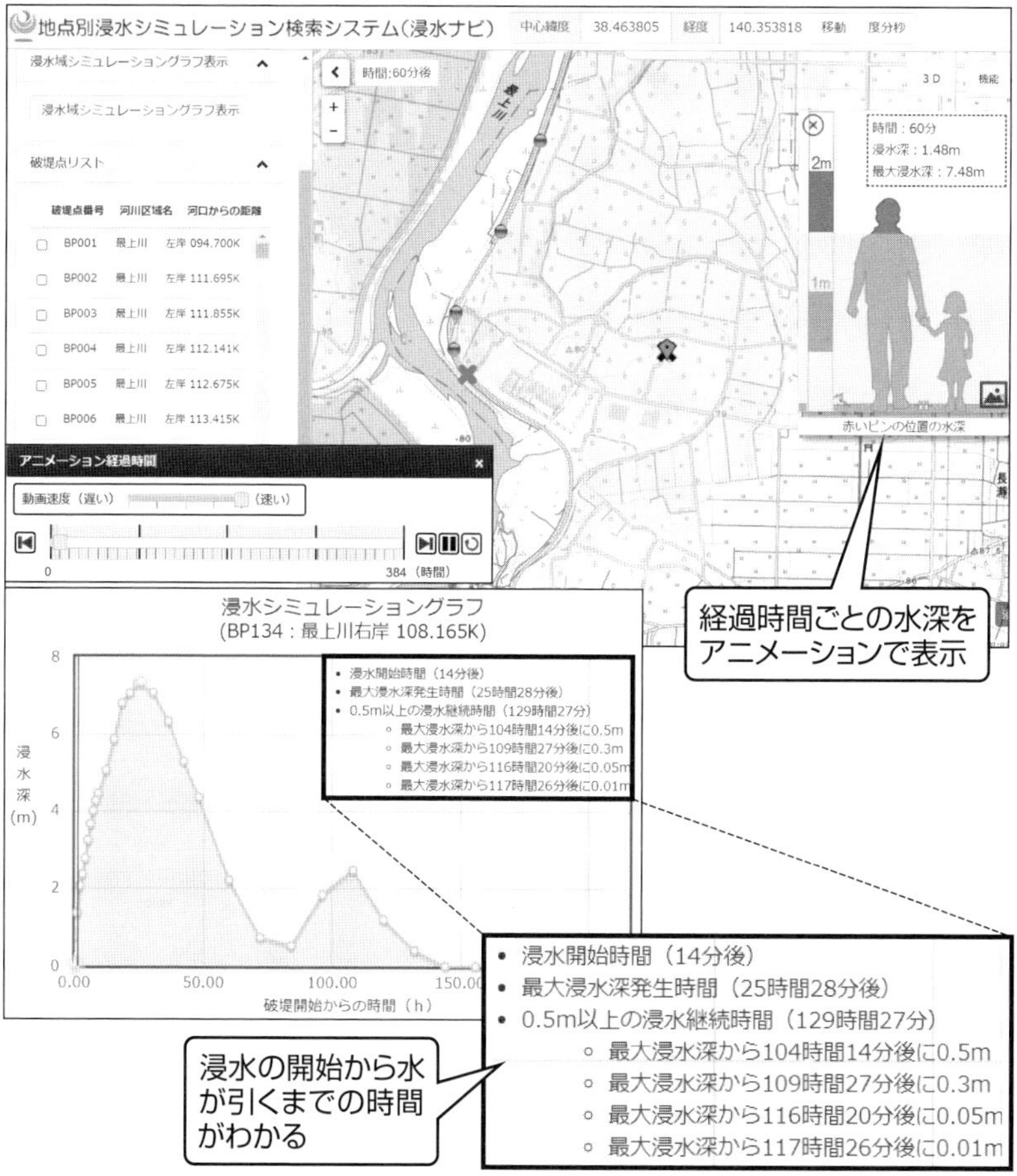

津波からの避難場所を確保しておく

2メートルを超える津波で建物流出リスク大

東日本大震災で多くの被害をもたらしたのは、10メートルを超えるような大津波でしたが、小さな津波でも油断はできません。2010年に南米チリで発生した地震が海を渡って日本に到着した際には、北海道から和歌山、徳島などの広い地域で高さ1メートル未満の津波が観測され、港湾施設や道路が冠水する被害が出ています。高さ数十センチの津波でも、波が引くときの力は馬鹿になりません。

国土交通省の調査によれば、東日本大震災では津波の高さが3メートルになると沿岸の家屋に流出や全壊が生じ、5~6メートルに達すると被害が急増したとしています。また、高さが1~2メートルの津波であっても、床下浸水が見られました。

避難できる場所を確保

しかし、近年、津波の浸水想定エリアで人口が増えているところが多く見られます。南海トラフ地震の被害が心配される太平洋側の9県（静岡県、愛知県、三重県、和歌山県、徳島県、愛媛県、高知県、大分県、宮崎県）についてもそうです。

理由は明白で、コストや土地の問題から、沿岸部に新築住宅や高齢者施設が増えているためです。

どうしても海の近くに居を構えたい人は、できるだけ高い土地を選ぶか、いざというときに避難が可能な3、4階（地上から10メートル）以上の鉄筋コンクリート造の建物が近くにある場所を選びましょう。震源にもよりますが、最短で10分程度で津波が到達するケースもあります。

Check! 日本の近海は海底地震による津波が発生しやすい

■日本の代表的な津波常襲地帯

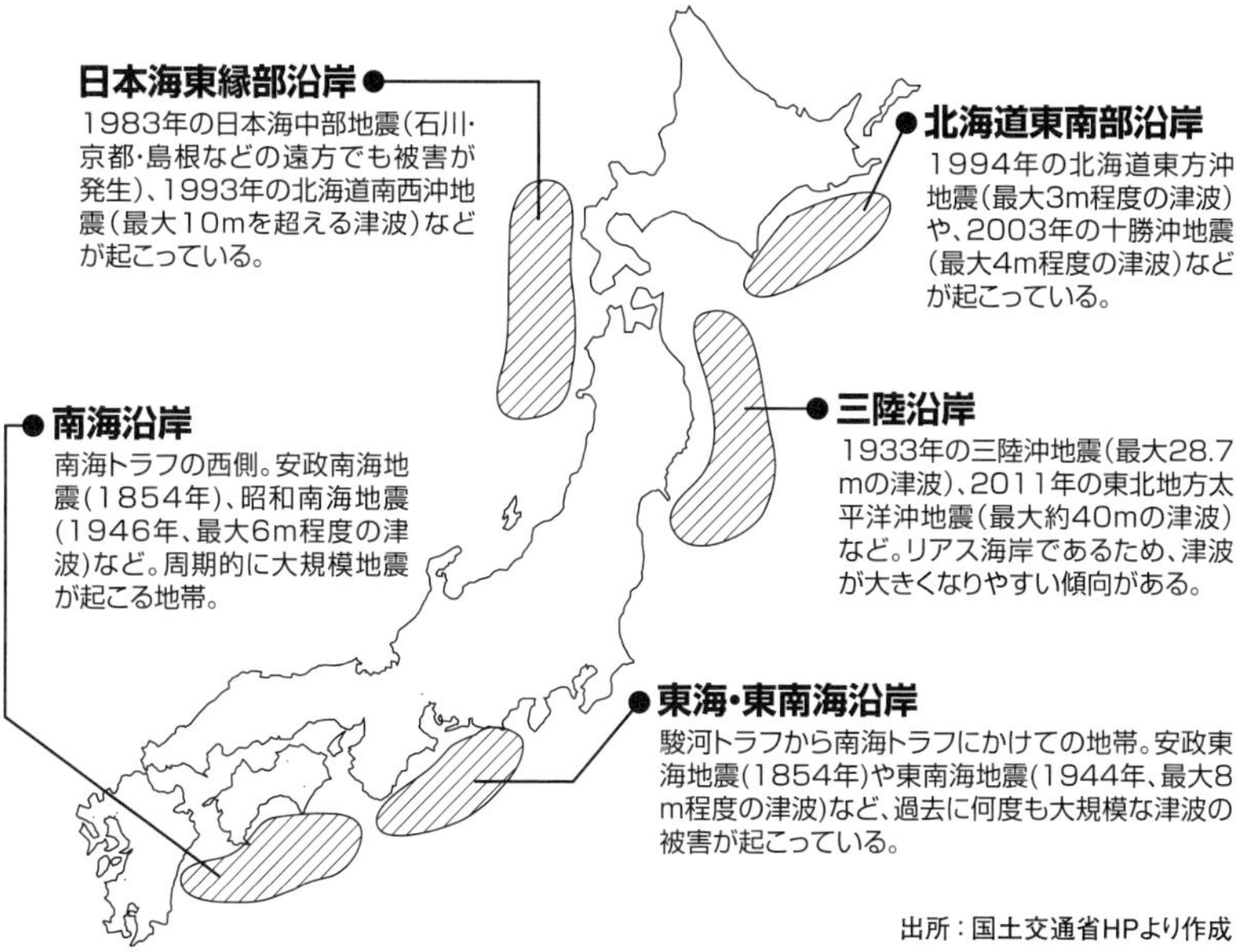

出所：国土交通省HPより作成

■海岸線での最大津波高と最大津波到達時間の例（福井県沿岸）

市町村	最大津波高	最大津波到達時間
あわら市（城付近）	1.9～3.3m	30～50分
坂井市（安島付近）	1.2～12.2m	28～150分
福井市（小丹生町付近）	1.1～4.1m	12～58分
越前町（玉川付近）	1.1～7.2m	1分未満～91分
南越前町（河野付近）	1.1～2.7m	15～47分
敦賀市（大比田付近）	0.9～4.7m	11～169分
美浜町（早瀬付近）	1.0～4.5m	13～83分
若狭町（常神付近）	0.9～3.8m	42～165分
小浜市（泊付近）	0.7～5.5m	44～307分
おおい町（大島付近）	0.7～7.9m	45～250分
高浜町（音海付近）	0.7～8.7m	43～264分

出所：福井県

高潮が発生しやすい危険な地形は避ける

高潮＋αで深刻な被害に

高潮（26ページ）も過去に深刻な浸水被害をもたらしています。２００４年８月に西日本を縦断した台風16号により瀬戸内海沿岸に発生した高潮は、一年を通じて最も潮位の高い季節かつ大潮の時期、さらに満潮時に重なったことで、香川県、岡山県、広島県などで約４万軒が浸水しました。

高潮は主に２つの作用により発生します。

一つは大気圧の低下に伴い、海面が吸い上げられるように上昇する作用です。大気圧が１ヘクトパスカル下がると、海面は約1センチ上昇します。強い台風になると、中心気圧が平常時の大気圧と比べて１００ヘクトパスカル以上低いため、普段の潮位より1メートル以上上昇します。

ここに海側から陸地に向かって強風が吹くことで、湾の奥に海水が吹き寄せられて、余計に海面が上昇します。これが２つめの作用です。

当然ながら風速が速いほど、また湾の長さが長く、水深が浅いほど、大きな高潮が発生しやすくなります。東京湾、伊勢湾、大阪湾、有明海などは、こうした条件に該当しており、高潮の起こる危険性が高いといわれています。

高潮の起こりやすい地形に注意

以上を住まい選びの観点から捉えると、湾の外の海底は深いのに、湾内および湾内の近くで急激に水深が浅く、湾の奥（その延長線上）に当たる場所は高潮のリスクが高いことになります。もちろん、満潮時の海面より低い土地も要注意です。

Check! 高潮の発生メカニズムと高潮時の危険な場所

■高潮はこうして発生する

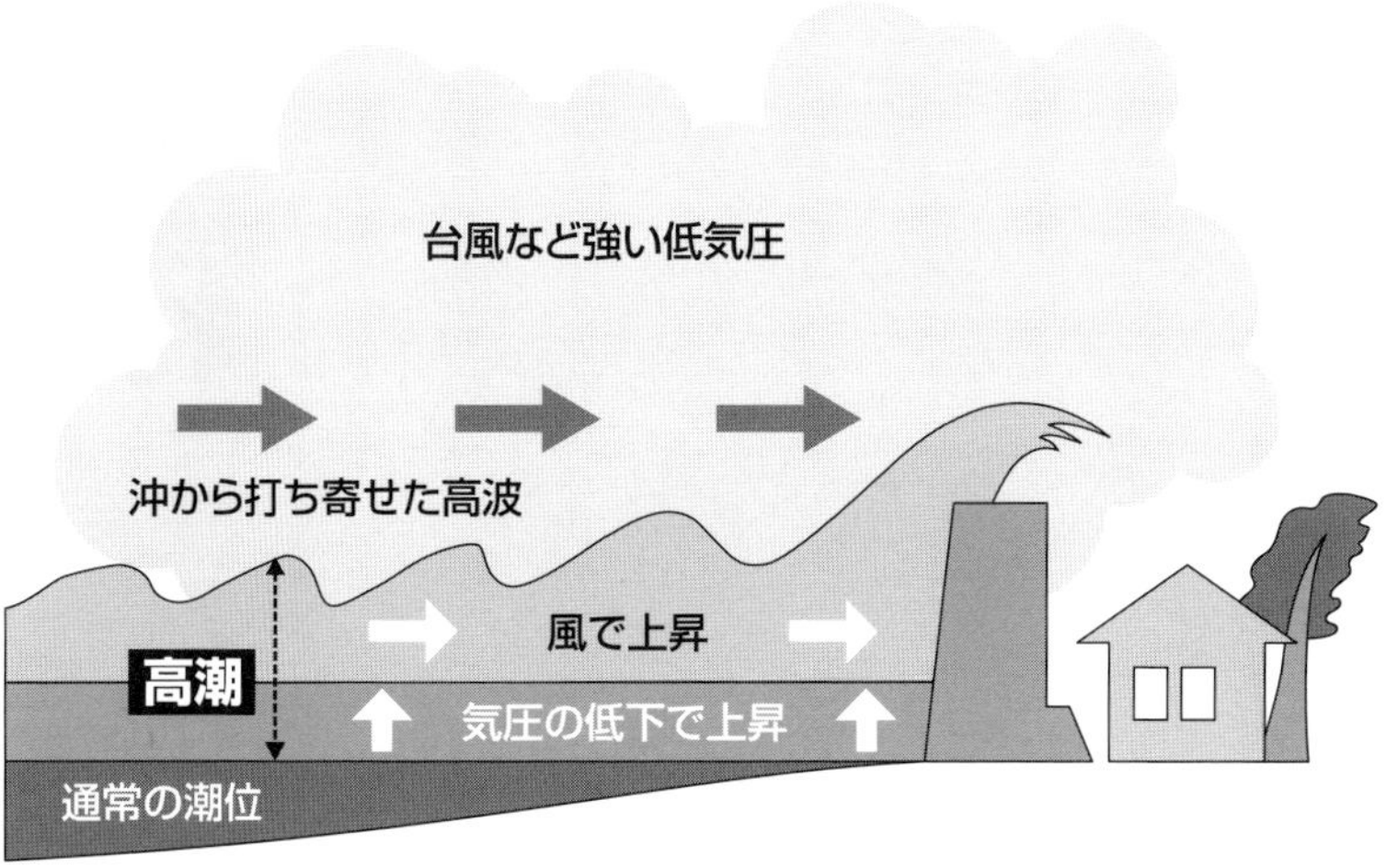

■高潮に注意したい地形

①遠浅の海底地形

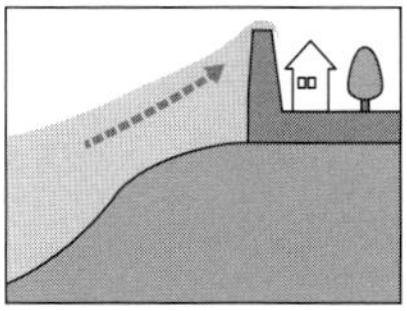

遠浅の海底地形の場合、海水の戻りが妨げられるため、吹き寄せの量が多くなり、高潮が発生しやすい。

②湾奥部

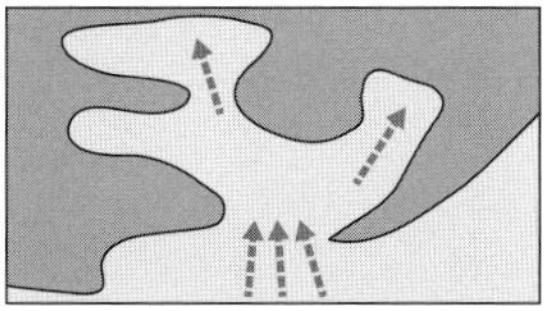

湾の長さが長く水深が浅いほど、海水が湾の奥まで風などによって吹き寄せられるので、海水面が大きく上昇しやすくなる。

③海岸付近の低地

満潮時の海面の高さより標高が低いところでは、堤防が決壊した場合、水が流れ込んできて浸水被害を受ける可能性が高くなる。

立地が心配な家

山麓のリスク

山や高台の3つの土砂災害リスク！がけ崩れ・土石流・地すべり

降雨や地震による土砂災害のリスク

日本の国土は標高１００メートル以上の山地や丘陵地が約7割を占めますが、これらの地域では土砂災害の危険が伴います。土砂災害は「がけ崩れ」「土石流」「地すべり」の3つに分類できます。

がけ崩れは、急な斜面が崩れ落ちる現象です。豪雨などによって地盤が緩んで崩れたり、地震が原因となったりすることもあります。

土石流は、大量の降雨などで山の斜面が崩れて土砂が水と混じり合い、谷を一気に流れ落ちる現象です。流下物に岩や倒木なども含まれているため、甚大な被害をもたらします。

地すべりは地下水の浸食により、斜面の一部が広範囲にわたってすべり落ちる現象です。斜面の傾斜が比較的緩くても起きます。大雨や地震などが要因となることもあります。

人災が疑われるものも

２０１６年8月に広島市で起きた土石流では、多くの住宅や人命が失われました。また、２０２１年7月の静岡県熱海市で発生した土石流では、１３０軒もの家屋が押し流され、多数の死者が出ています。

一般に甚大な被害をもたらす土石流が起こりやすいのは、扇状地の谷口です。山裾の扇状地に住宅地が広がっているエリアはリスクが高いといえます。

また熱海の土石流では、上流部の造成による盛土（60ページ）が起因との指摘があります。山を背後にする住まいを選ぶ場合、各自治体の「大規模盛土造成地マップ」（61ページ）なども確認しましょう。

Check! 平野でも山の近くの住宅は、災害リスクを入念にチェックする

■土砂災害の発生状況と3つのタイプ

出所：国土交通省

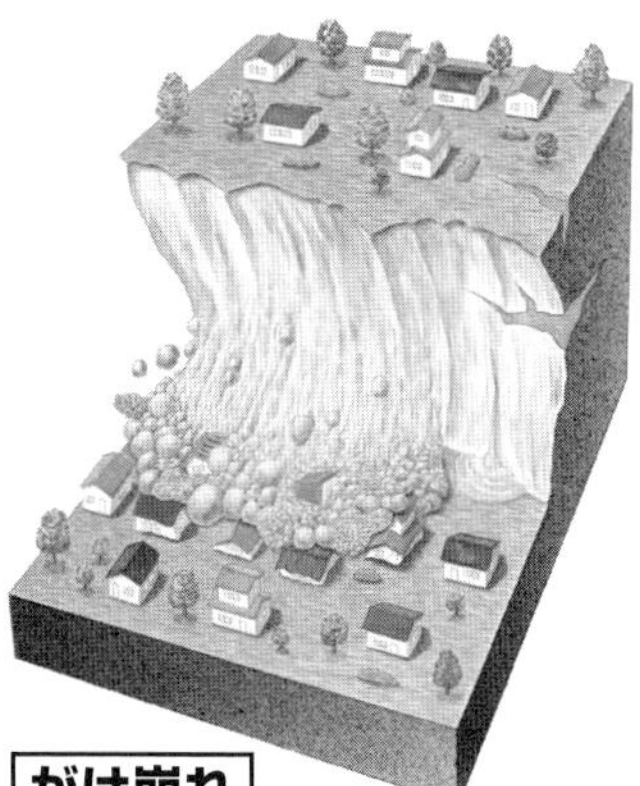

がけ崩れ

土石流

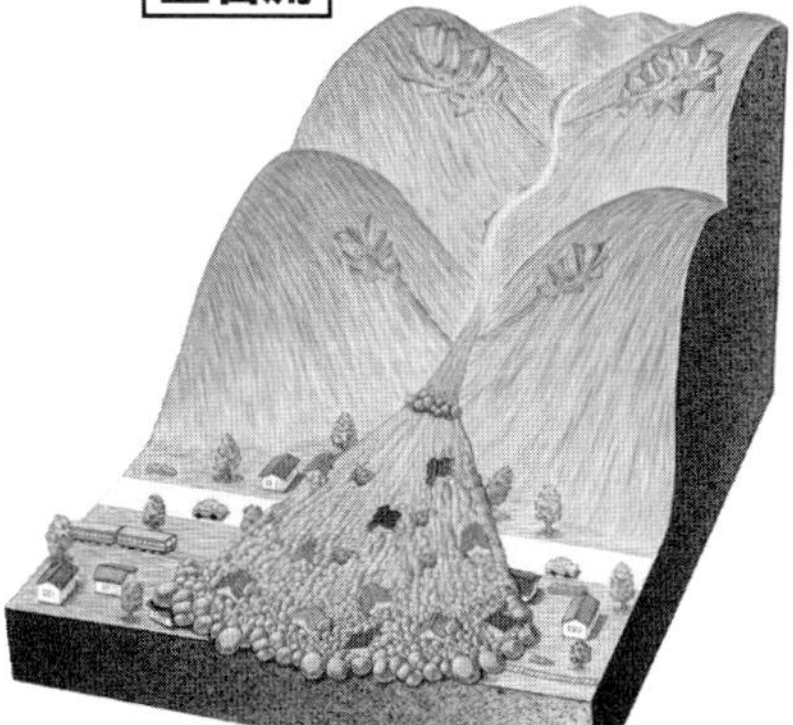

地すべり

イラスト(3点とも)：土砂災害防止広報センター

立地が心配な家

埋立地のリスク

沿岸や沼の埋立地や干拓した土地は液状化に注意

液状化で建物が倒壊

地震の強い揺れで、地下水位の高い砂地の地盤が緩み、液体のようになってしまうことを「液状化現象」といいます。東日本大震災では、千葉県浦安市など東京湾沿岸の埋立地で同現象が発生しました。

具体的には、道路が波打ち、地面から水や土砂が噴出し、泥水で覆われました。電柱は傾き、地中のガスや上下水道管も破損。じつに浦安市の約85%、県全体で29市10町が液状化の被害に遭いました。

地面が液状化すると、地盤が建物を支えられなくなり、沈下して傾いたり、倒壊したりする危険性が出てきます。さらに地中の水圧が高くなることから、前述のように、砂や泥水が噴出したり、水道管やマンホールなど比重の軽いものが地上に押し出されたりします。各種インフラに大きな被害を与えます。

古い埋立地は危険性あり

液状化の危険性は海だけでなく、川や沼、湿地などの造成地など、土砂で埋め立てた場所はいずれもリスクがあります。山と山の間の谷を埋め立てた土地も同じです。また、遠浅の海や干潟などの水を抜いた干拓地、低地を盛土によって造成した土地なども、高いリスクがあります。

また浦安市の例では、埋め立てた時期の違いで、被害程度に地域差が出ました。海寄りでも新しい造成地では被害が少なく、反対に30年以上前に埋め立てられた地区では、道路に50センチ程度の段差ができるなど、大きな被害が発生しました。埋め立ての技術の時代差が影響したと考えられています。

Check! 海だけとは限らない！液状化しやすい土地に注意

■液状化の危険性が高い土地

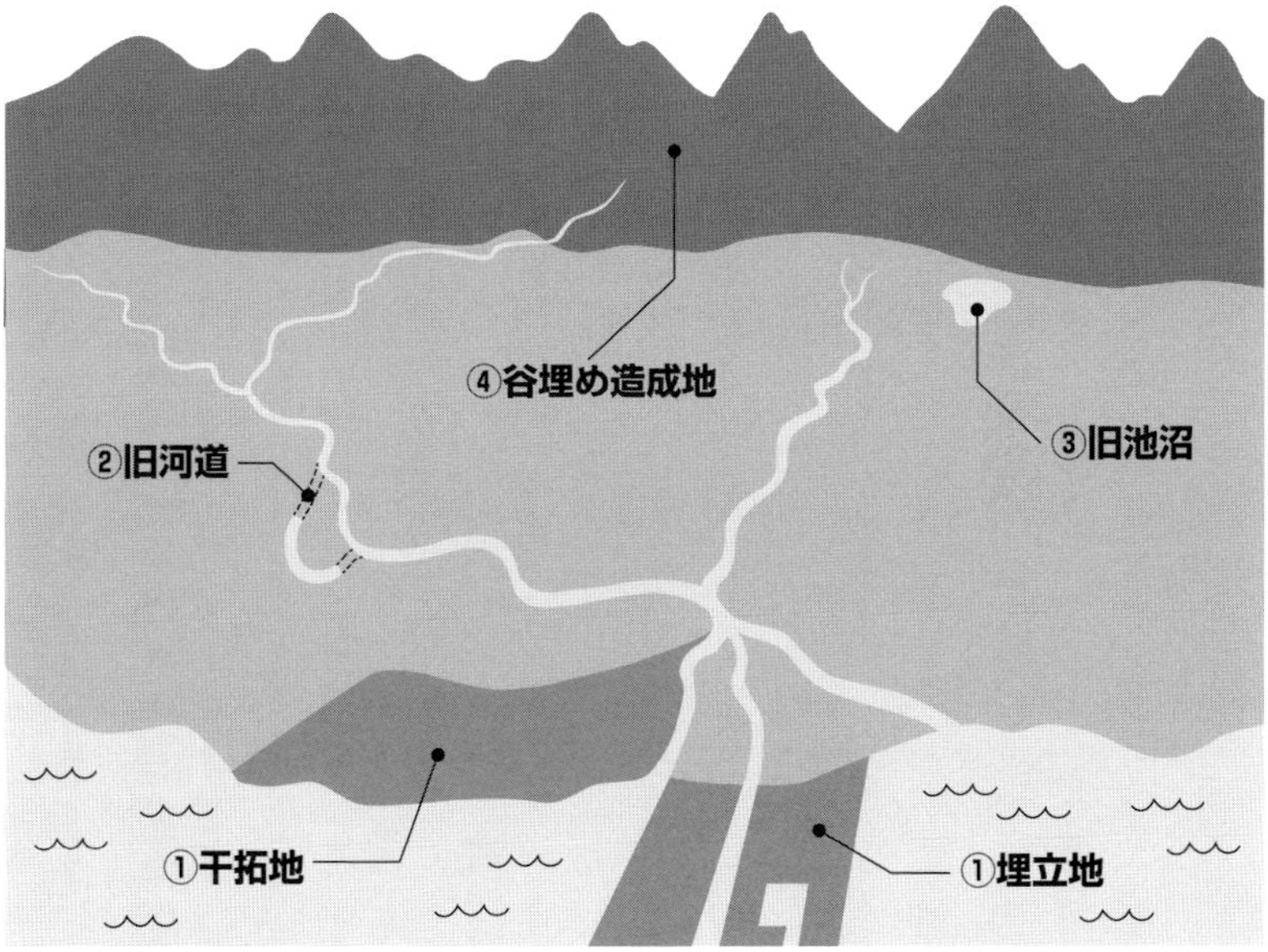

①埋立地・干拓地

海を埋め立てた場所、遠浅の海や干潟などの干拓地。

②旧河道

分岐している川を埋め立てた場所。

③旧池沼

沼や池を埋め立てた場所。

④谷埋め造成地

山と山の間の谷を埋め立てた場所。

盛土した造成地には、地すべりなどの危険性あり

「切土」か「盛土」かで、地盤の強度が変わる

平地の少ない日本では、宅地開発のために山や丘陵部の斜面を切り開いて造成するケースが数多くあります。この造成の際に、斜面を削って土地を平らにする「切土」と、削った土を盛って平らな土地をつくる「盛土」の2つのパターンがあります。

切土でつくられた土地は、もともとあった地盤を削っただけなので地盤は固く安定しています。一方、盛土は谷や沢を埋め立てたり、斜面に土を盛り足したりして平らにするため、地盤が弱くなります。

実際、盛土でつくられた地面は阪神・淡路大震災や新潟県中越地震で地すべりを起こしました。谷間などに盛土してつくられた造成地では、ひとまとまりの宅地がそのまま谷底付近にすべり落ちる「滑動崩落」も発生しています。

古い時代の盛土造成地は特に注意

盛土は基礎となる地盤の状態を調査し、材料や工法などを綿密に計画する必要があります。しかし、古い技術レベルで盛土造成された宅地では、盛土内に軟弱な部分があるなど、地盤の強度が十分でない場合があります。

また盛土の中にがれきがあったり、木の根が残っていたりすると、そこに水が染み込んだり、空洞ができたりして、地盤が緩む原因になります。

造成地では、斜面で盛土が崩れないように支える擁壁の強度も重要です。擁壁の長い区間で亀裂やふくらみが見られる、水が染み出して濡れている、コケが生えているなどの異常が見られたら要注意です。

Check! 土地の造成方法は「盛土」と「切土」の2種類がある

■傾斜地の造成法をチェック！

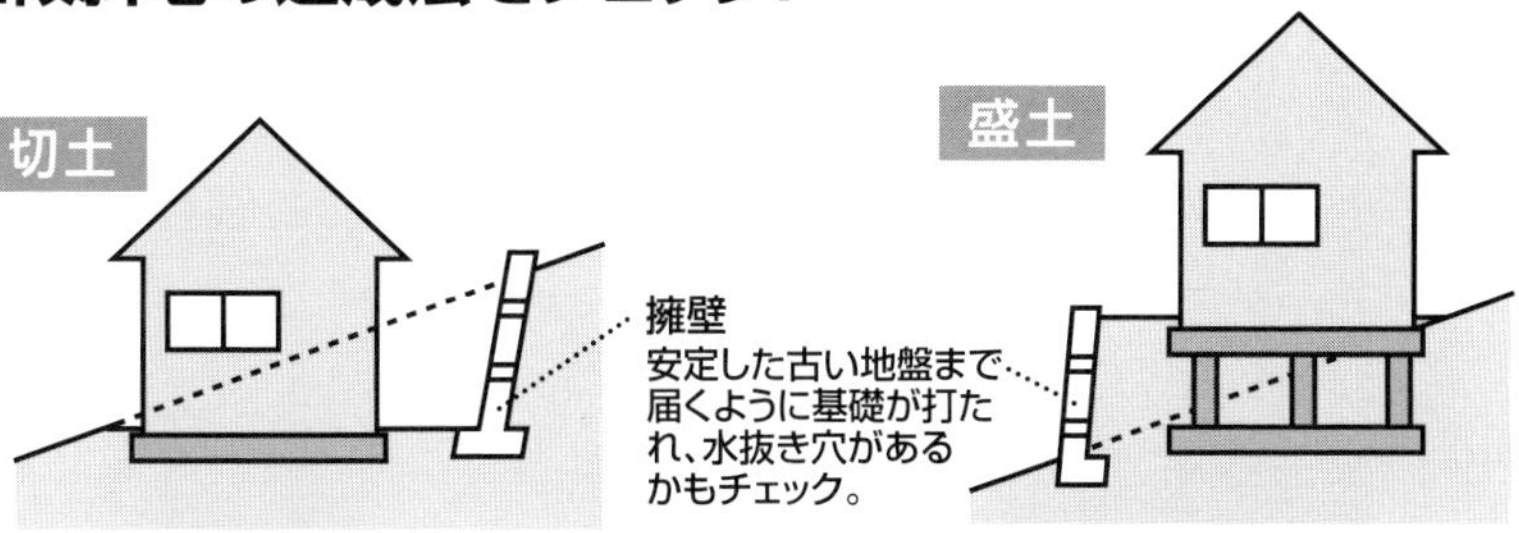

元の地形を
削って平らにする。

元の地形に土を盛って平らにする。
1年以上かけてしっかり
固めていないと問題あり。

宅地がかつての谷底付近をすべり、面として崩れる滑動崩落は、地震だけでなく局地的な集中豪雨などで地盤が緩んだときも発生しやすくなるので要注意！

■「大規模盛土造成地マップ」で盛土の位置を確認

盛土した土地の面積が3,000㎡以上あり、盛土前の地盤面の勾配が20度以上かつ盛土の高さが5m以上の造成地については、各自治体が公表している「大規模盛土造成地マップ」で確認できる（各自治体のHP等から閲覧可能）。

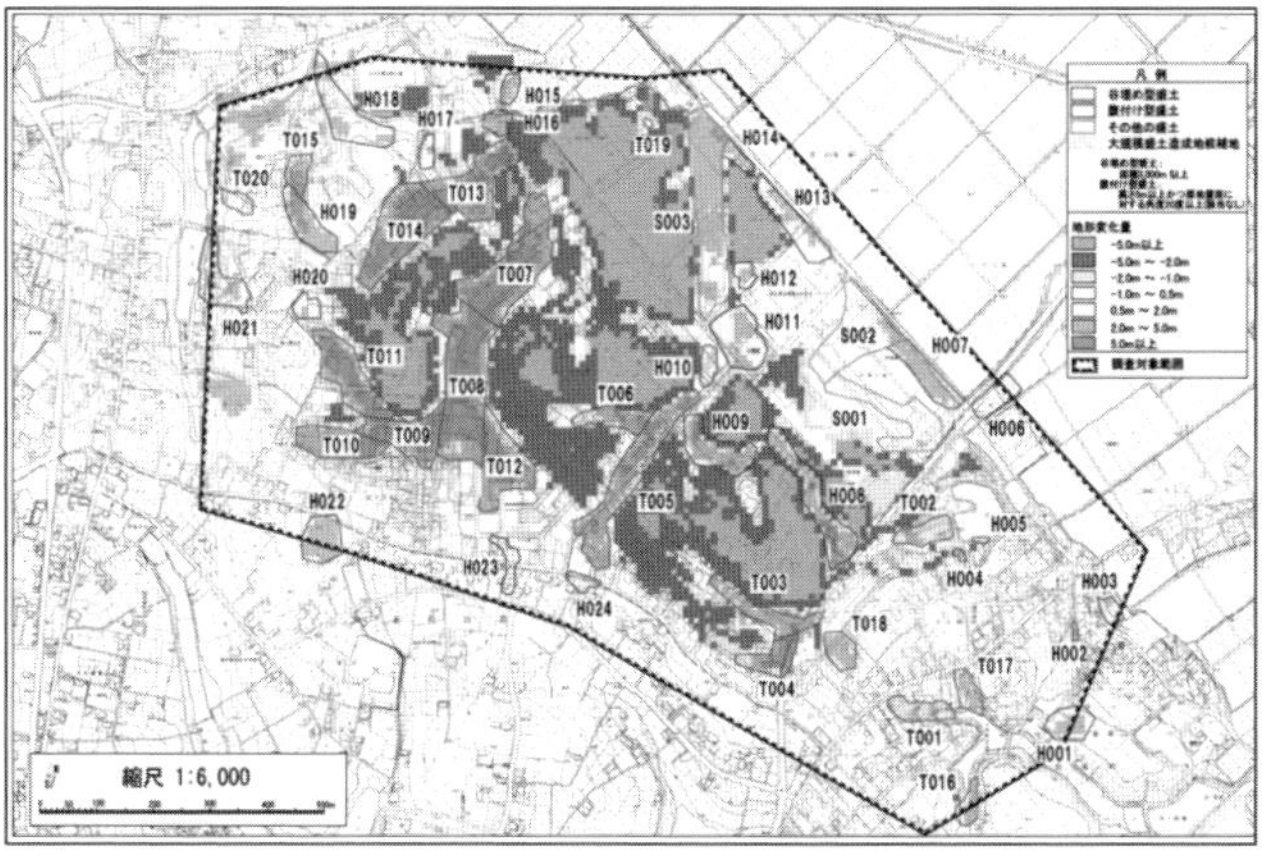

出所：熊谷市「大規模盛土造成地マップ」

沈下のリスク

地盤のバランスが悪い土地は不同沈下を起こす

建物が傾いて沈む「不同沈下」

盛土など、軟弱な地盤の上に建物を建てると地盤が建物の重みに耐えきれず、傾いて沈んでしまうことがあります。これが地盤沈下です。そして地盤は均一に沈下するとは限らず、ある部分だけが著しく沈んでしまうことを「不同沈下」といいます。

建物が不同沈下を起こすと、柱や梁といった構造部分に歪みが生じて、ドアや窓の開閉が難しくなったり、地下に埋設したガス管や上下水道管が断絶したり、亀裂が入ったりする場合もあります。

不同沈下の原因は地下水の過剰な採取などが主ですが、切土と盛土のように硬軟ばらつきのある地盤にまたがるような土地に建物を建てた場合も、地盤の強さに差があるため、不同沈下しやすくなります。

このほか、建物や大きな樹木、池や地下室などがあった場所を埋め戻して造成した場合、その土地の締固め（機械などを使って、間隙中の空気を追い出し、土の密度を高めること）が不十分だと不同沈下を起こすことがあります。地震による液状化現象でも不同沈下は起こります。

事前の地盤調査が大切

不同沈下により基礎が破断すれば、建物自体に重大なダメージを与え、そう簡単には修復できません。

不同沈下を起こさないためには、家を建てる前に敷地の来歴を調べ、地盤調査を行うことが大切です。地盤が弱いとわかっていれば事前に補強工事をすることができますし、そこには家を建てないという選択肢もあるでしょう。

Check! 不同沈下のしくみを理解しておこう

■不同沈下はこうして起こる!

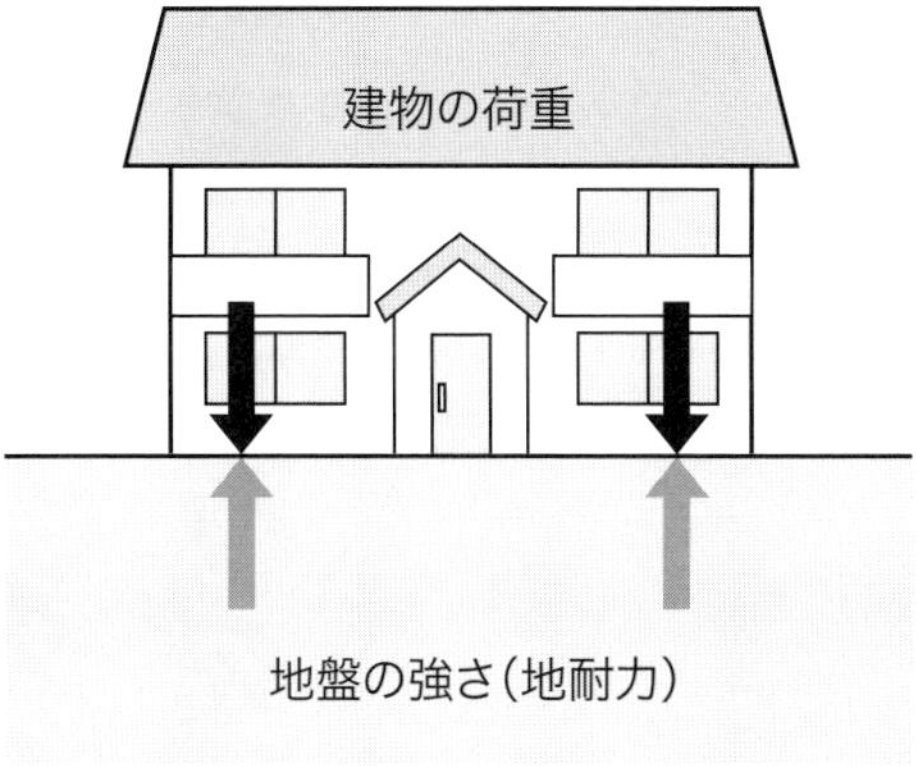

建物の荷重と、下からそれを支えようとする地盤の強さのバランスが取れている状態。

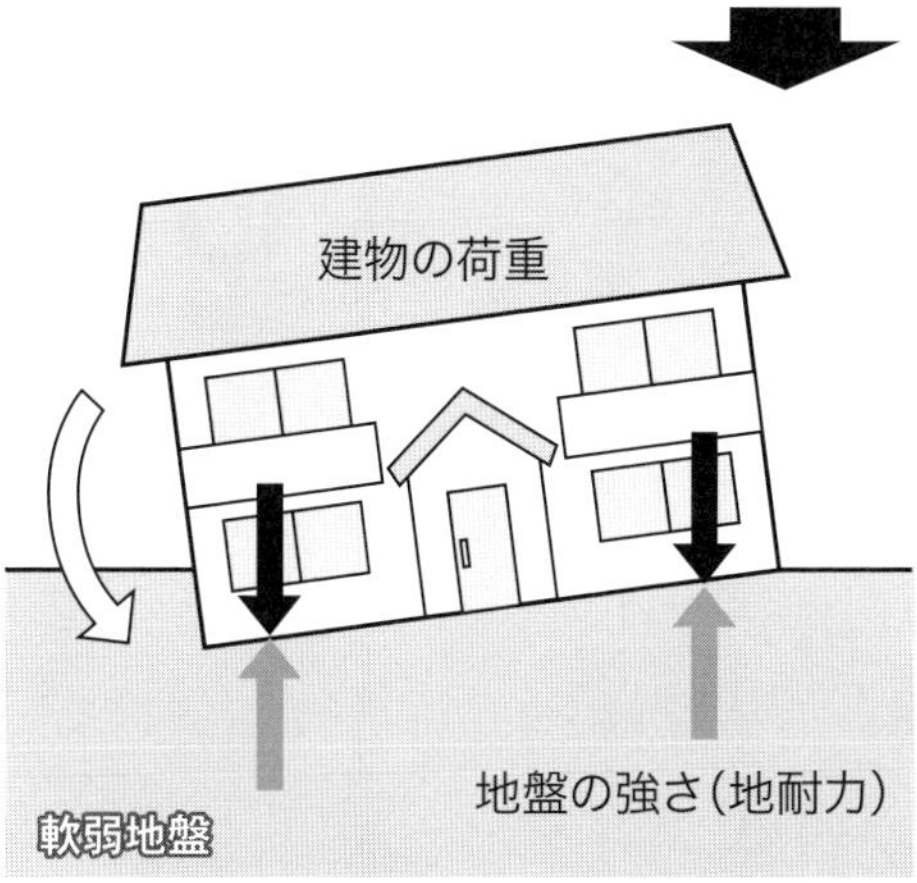

地盤が軟弱のため建物の荷重を支えきれずに、建物が不均等に沈下してしまう状態。

◎ 沈下してしまった地盤は、元に戻すことができず、だんだんと沈下が進んでいく。
◎ 基礎・柱・梁・壁など重要な構造部がダメージを受けると家の寿命は短くなる。

立地が心配な家

リスクの判定

ハザードマップで災害リスクを確認しよう

ハザードマップが基本

河川の氾濫、高潮や津波による浸水、豪雨や地震による土砂災害など、災害リスクがゼロの住まいはありません。しかし、住まいの選び方や補強工事によって、リスクを低減することは可能です。

それにはまず、その土地にどのような災害リスクがあるのかを知ることがスタートとなります。災害リスクを知るうえで欠かせないのが、各自治体が作成する「ハザードマップ」です。

ハザードマップとは、災害の被害履歴に基づき、想定される災害リスクを地図上にわかりやすく示したものです。地震、津波、高潮、河川の氾濫や浸水、土砂災害など、さまざまな種類があります。ただし、自治体によって、作成しているものと、作成していないものがあります。

熱海の土砂災害も予測されていた

では、ハザードマップの災害予測はどれくらい信頼できるのでしょうか。

２０１８年に西日本を襲った記録的な豪雨では岡山県倉敷市真備地区で川の堤防の決壊により51人が犠牲となりましたが、倉敷市が配布していたハザードマップでは、被災した地域と浸水域がほぼ一致していました。

また、２０２１年7月の熱海で起きた土石流も、熱海市が公開していたハザードマップの土砂災害警戒区域、土石流危険渓流にぴたりと重なった場所で発生していることがわかります。

自然災害は発生地点やさまざまな〝偶然〟によっ

■「ハザードマップポータルサイト」トップ画面

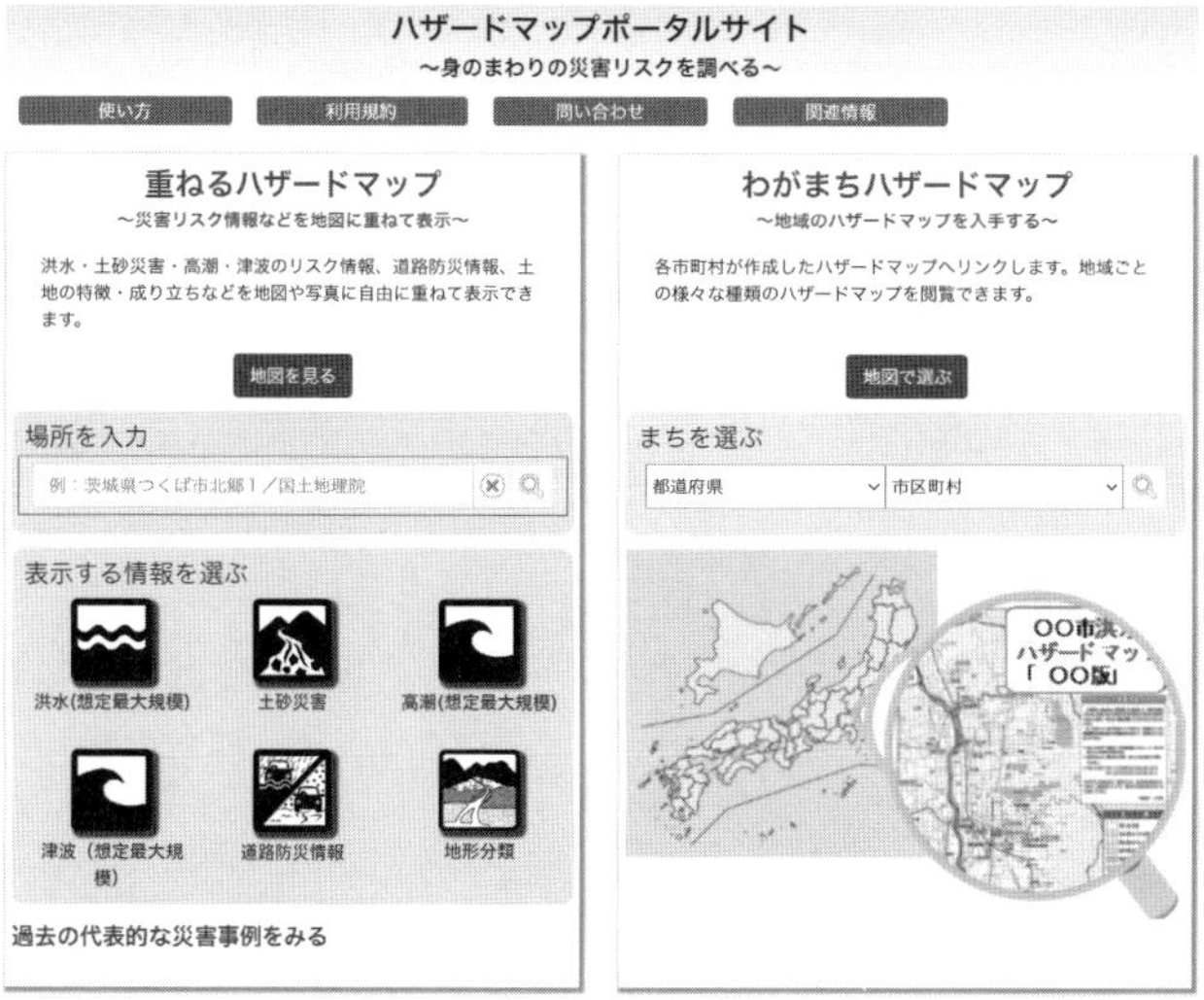

出所：国土交通省HP

て被害規模が変わりますし、想定外の災害が発生することもありますが、ハザードマップがかなり正確にリスクを予測しているのは確かです。ですから、検討中の住まいを購入するかしないか、あるいは限られた予算の中でどの部分を補強するかなどの判断に必要不可欠な情報となります。

ハザードマップポータルサイトを活用する

ハザードマップは市町村など各自治体の窓口で入手できます。また国土交通省の「ハザードマップポータルサイト」(https://disaportal.gsi.go.jp/) から各市町村が作成する全国のハザードマップを、まとめて閲覧することができます。

ハザードマップポータルサイトのメインメニューは「わがまちハザードマップ」と「重ねるハザードマップ」の2つがあります。両者の違いは次のとおりです。

①わがまちハザードマップ

ハザードマップを見たい市町村を選択すると、各市町村が作成したハザードマップへリンクし、地域ごとのさまざまな種類のハザードマップを閲覧できます。

■「重ねるハザードマップ」の表示画面例（熱海市周辺）

出所：国土交通省HP

②重ねるハザードマップ

住所を入力して、見たい場所を表示した後、災害種別のメニュー「洪水」「土砂災害」「高潮」「津波」「道路防災情報」「地形分類」を選ぶと、周辺地図に危険性のある場所が色づけされます。種類の異なる複数の災害（ハザードマップ）や航空写真を重ねて表示できます。

リスクヘッジを考える

そのほか、56ページで紹介した各自治体の「大規模盛土造成地マップ」なども災害リスクを予測するうえで活用しましょう。また、各自治体が発行している「防災マップ」などもぜひ一読して、避難経路等を確認しておくべきです。

ハザードマップも防災マップも、災害リスクを確認するだけでは意味を成しません。確認したうえで、どうするかです。

前述したとおり、災害リスクの高い土地には住まないという選択もありますし、その土地を選ぶのであれば、なるべくリスクを最小限にするための物件を選ぶというのも手段の一つです。どのような手段でリスクヘッジをするかを考えましょう。

Check!
ハザードマップの見方①
地震ハザードマップ

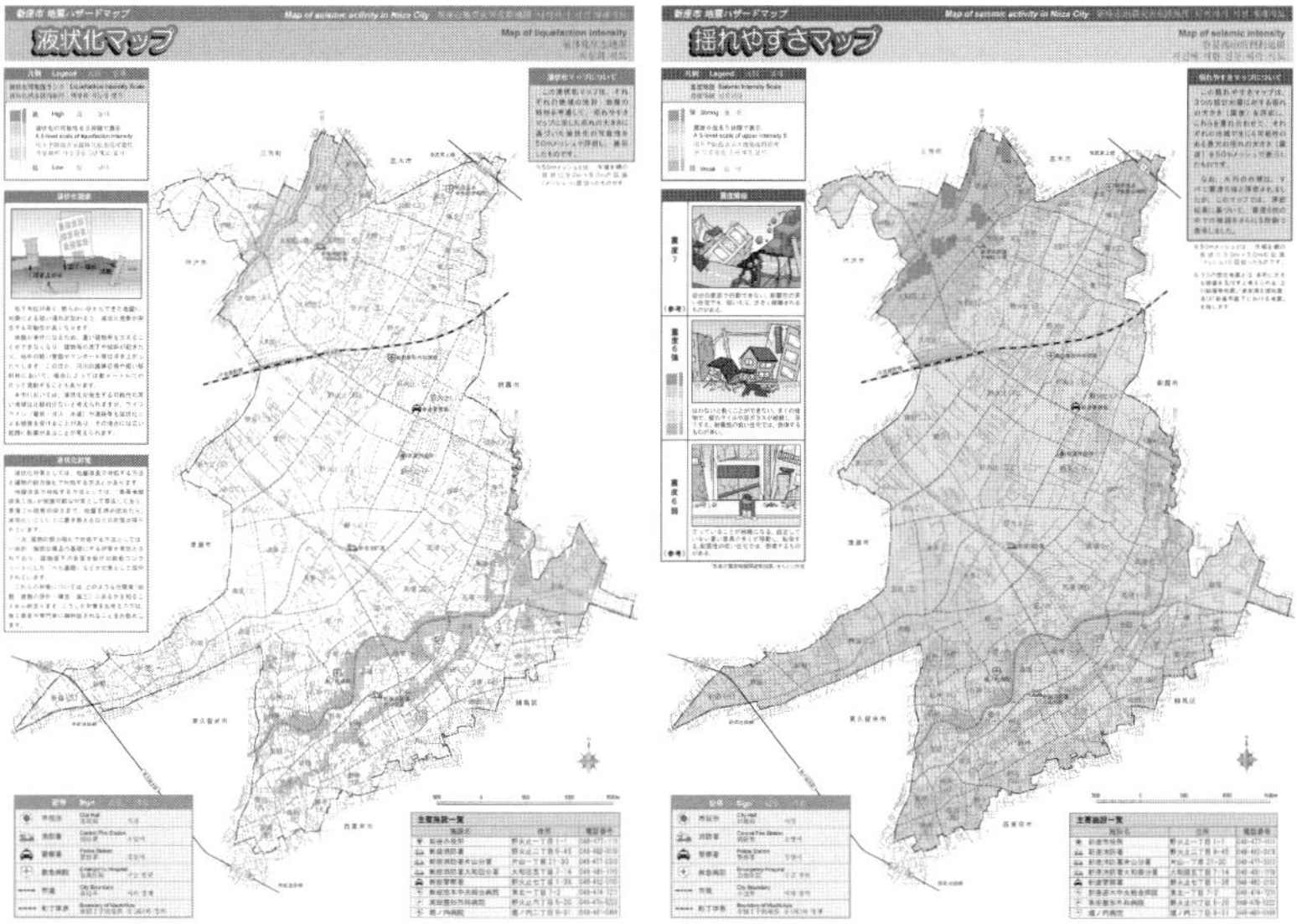

出所：埼玉県新座市「揺れやすさマップ」より

●「地震ハザードマップ」とは？

地震による揺れによって引き起こされる、建物倒壊や液状化の危険度を視覚的に表し、避難所や避難経路などを示した地図。各市区町村が作成している。「揺れやすさマップ」や「震度マップ」「防災マップ」など、自治体によって名称が違うこともあります。

ポイント①

避難場所や避難所の場所を知ることができる！

ポイント②

自治体によっては給水の場所も表示！

ポイント③

震度分布などはあくまで目安

※震度の想定は、すでに認識されている活断層をもとに行われているので、未知の活断層による地震が起こった場合は、ハザードマップに記されているとおりにはならない可能性があります。

Check! ハザードマップの見方②
津波ハザードマップ

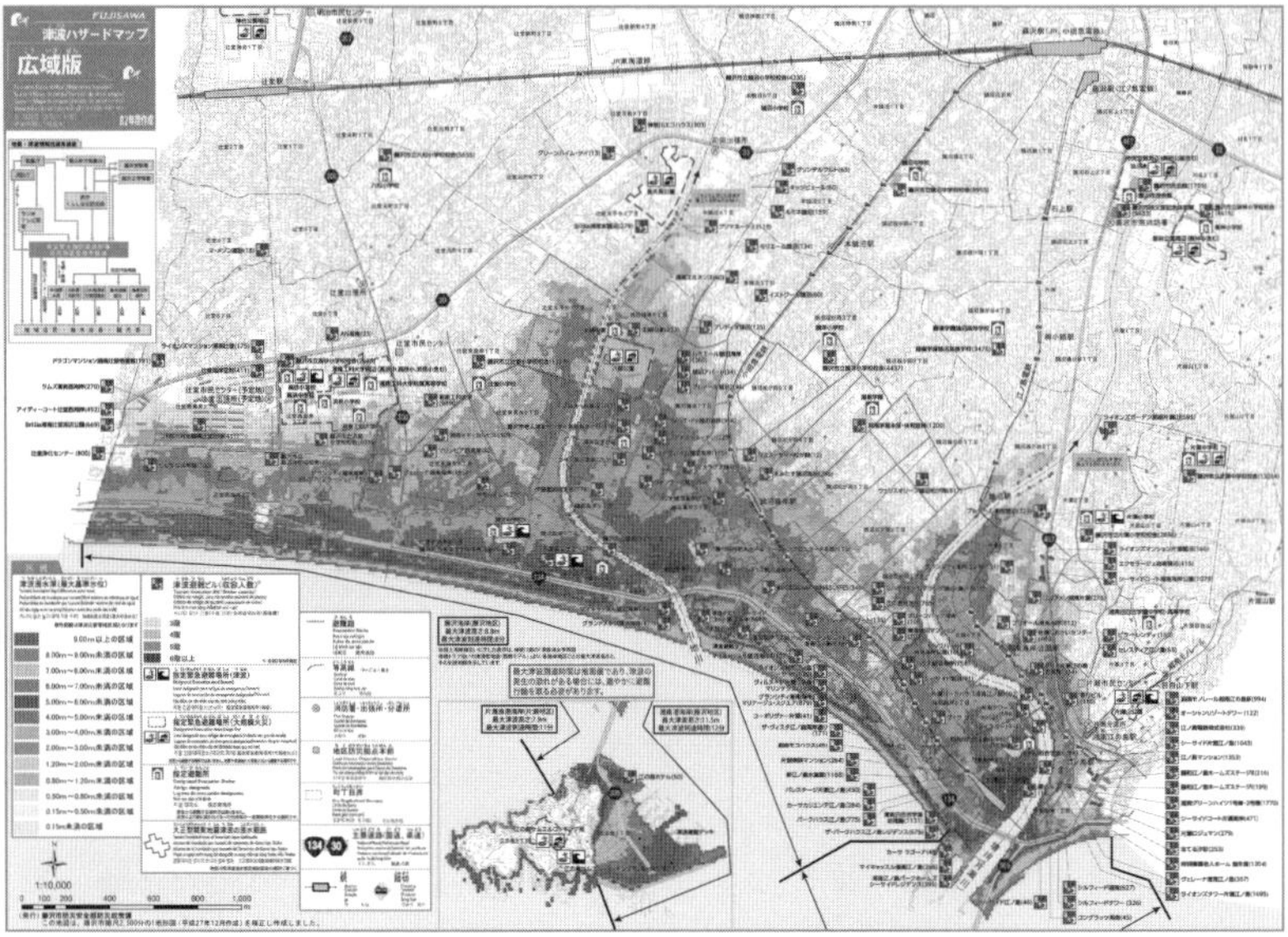

出所：神奈川県藤沢市「津波ハザードマップ」より

●「津波ハザードマップ」とは?

津波の被害が想定される区域と、被害の程度、津波が起こった際の避難場所などを記した地図。複数のシミュレーションを行っている場合もあります。自治体によっては「高潮ハザードマップ」と同時に掲載しています。

ポイント①

津波が起きたときに避難できる高い場所がわかる!

ポイント②

自治体によっては複数のシミュレーションが行われている!

ポイント③

沿岸沿いに暮らす人にとっては必須アイテム!

Check! ハザードマップの見方③
洪水ハザードマップ

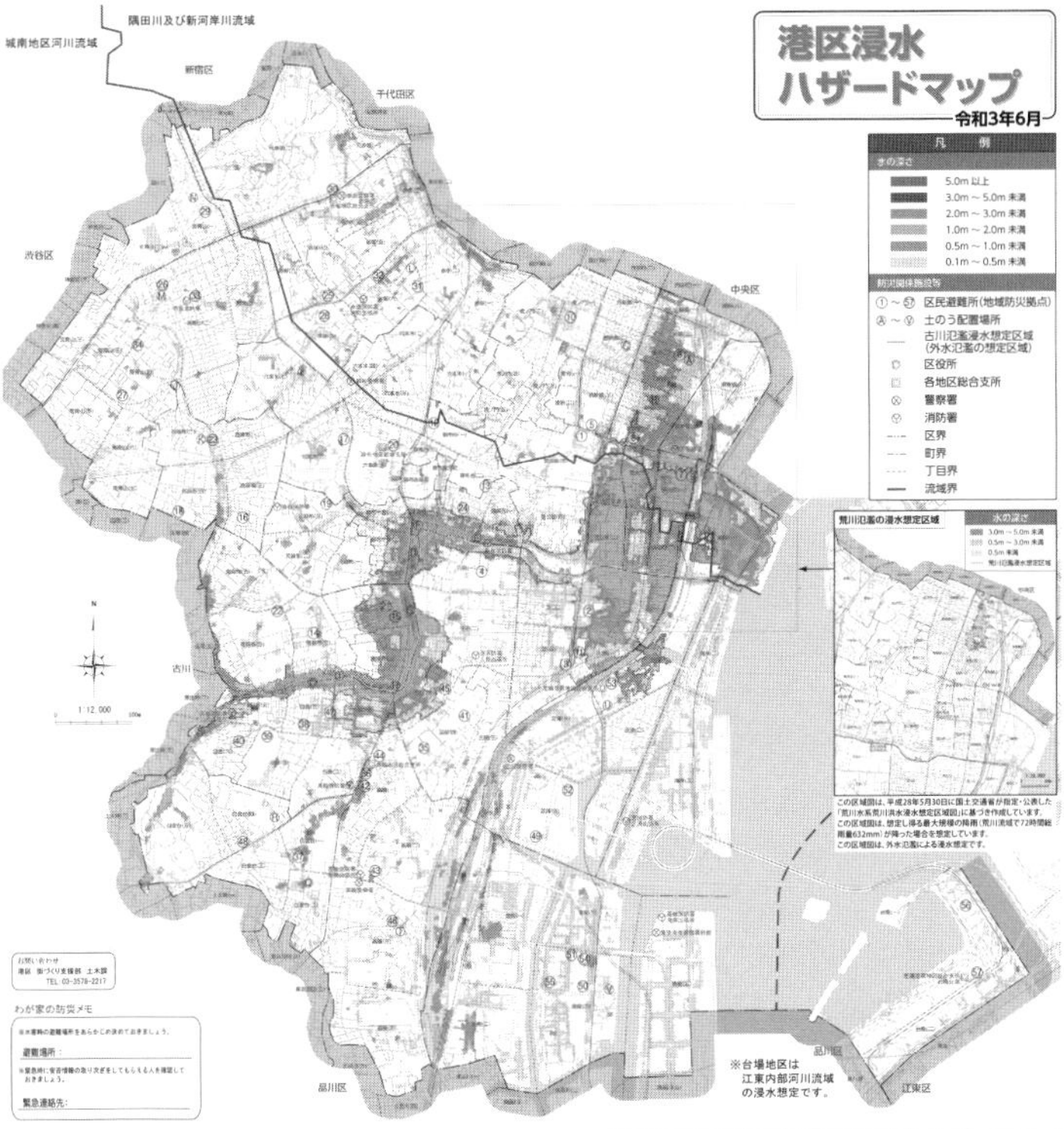

出所：東京都港区「港区浸水ハザードマップ」より

●「洪水ハザードマップ」とは?

大雨などにより堤防が決壊した場合や、河川が氾濫して堤防を越えて流れ込んできた場合に、想定される浸水区域、その深さを示しています。自治体によって「浸水ハザードマップ」「水害ハザードマップ」などの名称が付いていることもあります。

ポイント①

避難場所と避難経路がひと目でわかる!

ポイント②

浸水想定されていない河川は想定に含まれない!

Check! ハザードマップの見方④ 土砂災害ハザードマップ

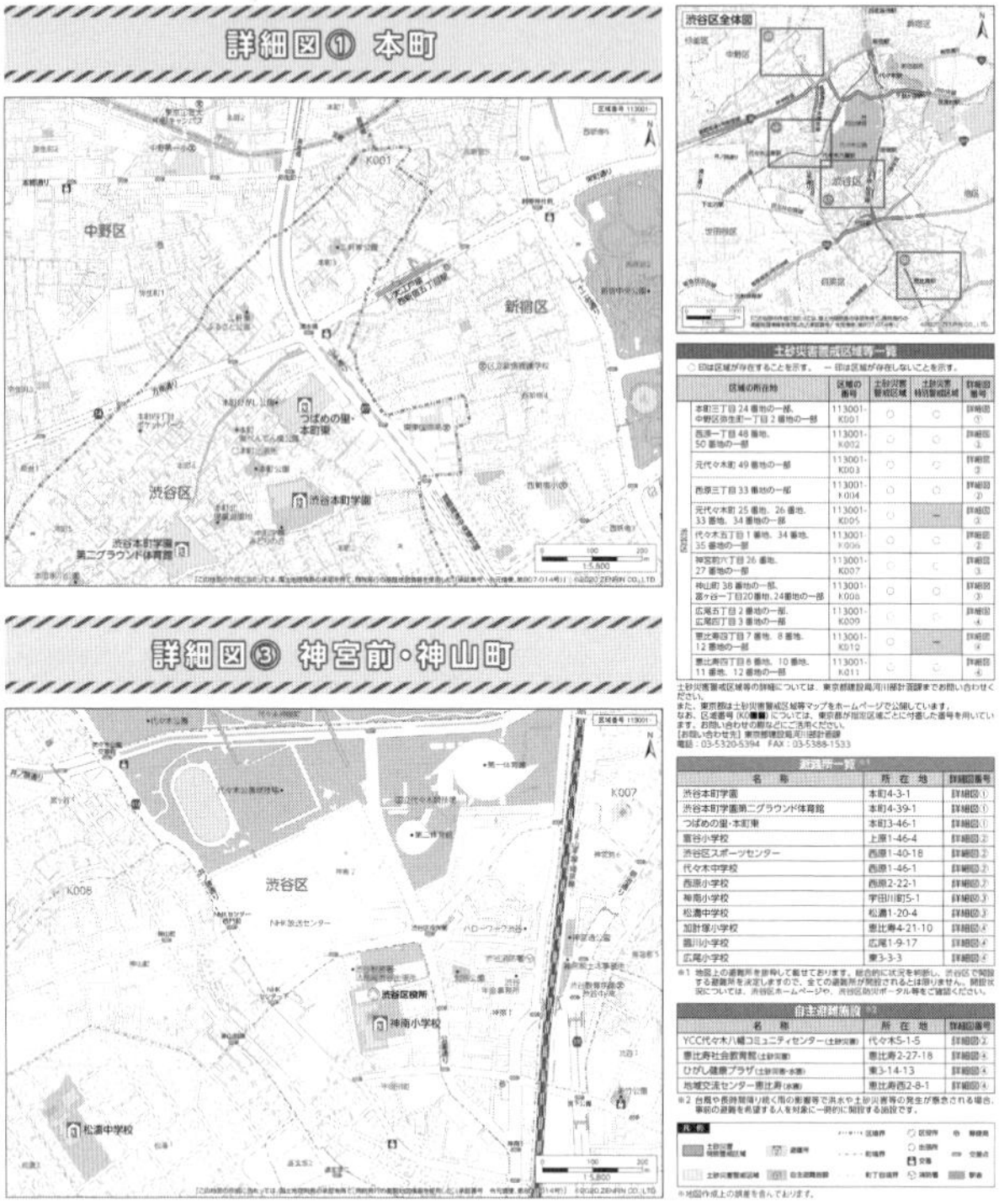

	区域の所在地	区域の番号	土砂災害警戒区域	土砂災害特別警戒区域	詳細図番号
渋谷区	本町三丁目24番地の一部、中野区弥生町一丁目2番地の一部	113001-K001	○	○	詳細図①
	西原一丁目48番地、50番地の一部	113001-K002	○	○	詳細図②
	元代々木町49番地の一部	113001-K003	○	○	詳細図③
	西原三丁目33番地の一部	113001-K004	○	○	詳細図②
	元代々木町25番地、26番地、33番地、34番地の一部	113001-K005	○	—	詳細図③
	代々木五丁目1番地、34番地、35番地の一部	113001-K006	○	○	詳細図②
	神宮前六丁目26番地、27番地の一部	113001-K007	○	○	詳細図③
	神山町38番地の一部、富ヶ谷一丁目20番地、24番地の一部	113001-K008	○	○	詳細図③
	広尾五丁目2番地の一部、広尾四丁目3番地の一部	113001-K009	○	○	詳細図④
	恵比寿四丁目7番地、8番地、12番地の一部	113001-K010	○	—	詳細図④
	恵比寿四丁目6番地、10番地、11番地、12番地の一部	113001-K011	○	○	詳細図④

土砂災害警戒区域等一覧
○印は区域が存在することを示す。 ー印は区域が存在しないことを示す。

土砂災害警戒区域等の詳細については、東京都建設局河川部計画課までお問い合わせください。

また、東京都は土砂災害警戒区域等マップをホームページで公開しています。

なお、区域番号（K0■■）については、東京都が指定区域ごとに付番した番号を用いています。お問い合わせの際などにご活用ください。

【お問い合わせ先】東京都建設局河川部計画課
電話：03-5320-5394　FAX：03-5388-1533

避難所一覧 ※1

名称	所在地	詳細図番号
渋谷本町学園	本町4-3-1	詳細図①
渋谷本町学園第二グラウンド体育館	本町4-39-1	詳細図①
つばめの里・本町東	本町3-46-1	詳細図①
富谷小学校	上原1-46-4	詳細図②
渋谷区スポーツセンター	西原1-40-18	詳細図②
代々木中学校	西原1-46-1	詳細図②
西原小学校	西原2-22-1	詳細図②
神南小学校	宇田川町5-1	詳細図③
松濤中学校	松濤1-20-4	詳細図③
加計塚小学校	恵比寿4-21-10	詳細図④
臨川小学校	広尾1-9-17	詳細図④
広尾小学校	東3-3-3	詳細図④

※1 地図上の避難所を抜粋して載せております。総合的に状況を判断し、渋谷区で開設する避難所を決定しますので、全ての避難所が開設されるとは限りません。開設状況については、渋谷区ホームページや、渋谷区防災ポータル等をご確認ください。

自主避難施設 ※2

名称	所在地	詳細図番号
YCC代々木八幡コミュニティセンター（土砂災害）	代々木5-1-5	詳細図②
恵比寿社会教育館（土砂災害）	恵比寿2-27-18	詳細図④
ひがし健康プラザ（土砂災害・水害）	東3-14-13	詳細図④
地域交流センター恵比寿（水害）	恵比寿西2-8-1	詳細図④

※2 台風や長時間降り続く雨の影響等で洪水や土砂災害等の発生が懸念される場合、事前の避難を希望する人を対象に一時的に開設する施設です。

※地図作成上の誤差を含んでおります。

出所：渋谷区「土砂災害ハザードマップ」より

●「土砂災害ハザードマップ」とは？

大雨が降ったり地震が起こったりしたときなどに、がけ崩れや地すべり、土石流などの土砂災害が発生する危険性が高い区域を知ることができる地図です。

ポイント①

「土砂災害警戒区域」を知ることができる！

ポイント②

警戒区域に含まれていなくても安心はできない！

※警戒区域や特別警戒区域に設定されていない場所でも、土砂災害が起こったケースはあるので、警戒区域に含まれていなくても被害が発生する可能性はあります。

Check!

ハザードマップの見方⑤
高潮ハザードマップ

出所：流山市「高潮ハザードマップ」より

●「高潮ハザードマップ」とは?

台風や強風、大雨などによって海面が上昇したり河川が氾濫したりしたときに浸水するリスクが高い区域を知ることができる地図。浸水がどれくらい継続するかも示している場合もあります。

ポイント①

浸水の深さと浸水の継続時間がわかる!

ポイント②

高潮が発生したときの避難場所・避難経路がわかる!

立地が心配な家

リスクの判定

地名は過去の災害履歴を知るヒントになる

地名から地盤の由来を読み取る

地名には、その土地の特徴がわかる文字や名称が付けられています。

たとえば、川（河）、海、沼、池など、水に関係のある文字や言葉が使われている地名は、河川や海、湿地などを埋め立てたり、干拓したりした軟弱な地盤である場合があります。

また、谷、沢、窪などの字が付く地名は、地形的に低くなっており、水が集まりやすい場所である可能性があります。

その反対に山や台地を表す文字、岳、嶺、岡、丘が付く地名は強い地盤を表すことが多く、また森や林といった植生に関する文字が付く地名は水はけのよい地盤であるといわれています。

古い地図で地名や地形を確認する

ただし、地名の由来は必ずしも明確なわけではありません。周囲の地形図などと照らし合わせて、総合的に判断するようにしてください。

また、土地のマイナスイメージを払拭するために、区画整理や新規の開発とともに、新しい地名に変わっているケースもあります。特に新しく造成された地区では、「○○丘」や「○○台」などの地名を付けられていることが多く、それだけで地盤のよい・悪いを判断することはできません。

このほか、市町村合併などで地名が変わってしまっているケースもあります。気になる場合は図書館などで古い地図を閲覧し、以前の地名や地形を確認しましょう。

Check! 地名を頼りに軟弱地盤を見分けよう

■良好地盤と軟弱地盤は地名に表されている!

<table>
<tr><td colspan="2" rowspan="6">良好地盤地名</td><td>やま</td><td>山、岳、嶽、峰、嶺、尾、根</td><td rowspan="6">山や台地はよい地盤
「高」「上」は高さの指標
自然堤防は元は軟弱だが少しよい地盤
傾斜がある所→山地や丘陵地→よい地盤
樹木が茂っている→水はけがよい→よい地盤</td></tr>
<tr><td>台地</td><td>岡、丘、台、坂上、阪上</td></tr>
<tr><td>高・上</td><td>高、上</td></tr>
<tr><td>自然堤防等</td><td>曽根、崎、埼、碕、岬、塙、鼻</td></tr>
<tr><td>傾斜</td><td>坂、阪、段、乗越</td></tr>
<tr><td>植生</td><td>森、林</td></tr>
<tr><td rowspan="19">軟弱地盤地名</td><td rowspan="13">水関連</td><td>河川</td><td>川、河、江、瀬</td><td rowspan="13">水に関連する名前
↓
水がそばにある
↓
軟弱な地盤</td></tr>
<tr><td>たまる</td><td>池、袋、湖、沼、淀、澱</td></tr>
<tr><td>湧く</td><td>泉、井</td></tr>
<tr><td>なみ</td><td>波、浪、潮、汐</td></tr>
<tr><td>浜辺・干潟</td><td>浜、洲、州、須、潟、須賀、須加</td></tr>
<tr><td>うみ</td><td>海、塩</td></tr>
<tr><td>水際</td><td>淵、縁、渡、島、岸、砂</td></tr>
<tr><td>入江</td><td>磯、浦、湾、入、杁</td></tr>
<tr><td>人工物</td><td>堤、橋、船、舟、津、港、湊</td></tr>
<tr><td>水の状態</td><td>水、浅、深、澄、淡、流</td></tr>
<tr><td>植物</td><td>葦、葭、蘆、芦、菅、蒲、荻、萩、蓮、藻、竹</td></tr>
<tr><td>水鳥</td><td>鴨、鷺、鶴、鵜</td></tr>
<tr><td>生物</td><td>貝、亀</td></tr>
<tr><td rowspan="3">低湿地</td><td>窪地</td><td>窪、凹、久保、坂下</td><td rowspan="3">低地・窪地は水が溜まりやすい→軟弱な地盤
低・下は高さの指標</td></tr>
<tr><td>低湿地</td><td>湫、久手、泥</td></tr>
<tr><td>低・下</td><td>低、下</td></tr>
<tr><td rowspan="3">農耕地</td><td>田地</td><td>田、野、原、代</td><td rowspan="3">昔の「田」は水田をいう。
灌漑技術がない頃は水辺のすぐそばに田をつくった。
その後、干拓地などに広がる。</td></tr>
<tr><td>開墾</td><td>新開、墾、針、張、播、治、春</td></tr>
<tr><td>農作物</td><td>稲</td></tr>
</table>

出所：名古屋大学地震工学・防災グループ調査（2007年3月）

COLUMN

風災に強い立地はある？

風災と聞いて真っ先に思い浮かべるのは「竜巻」でしょう。竜巻とはそもそも、発達した積乱雲に伴う強い上昇気流によって気流が激しく渦を巻く現象を指します。近年は日本でも、年に25個ほど発生しています。

アメリカのような巨大竜巻は発生しにくいですが、それでも数分の短い時間で狭い地域に集中的に被害を及ぼします。家屋や車などが飛ばされるだけでなく、飛来物によって損傷したり、人にケガをさせたりする可能性があります。たとえば、2013年に埼玉県で起きた竜巻では、負傷者76名、全壊32棟、半壊215棟もの被害が出ています。

日本の竜巻は規模が小さい分、予測しにくいのが特徴です。全国各地で発生していますが、強いていえば、東北地方の日本海側から北陸にかけて、本州と四国の南岸、九州および沖縄県で多く発生していて、東北地方の太平洋側と瀬戸内海沿岸で少なくなっています。

一方、月別の比較（1991年～2017年）では、7月から11月の5カ月に発生の約7割*が集中しています。とはいえ、家は季節を選べません。屋根瓦などの固定などは必須です。2019年の台風19号では、突風や飛来物によって窓ガラスが割れ、室内に吹き込んだ風の圧力で屋根が持ち上げられて飛ばされてしまう被害が続出しました。不要となったアンテナなども、放置せずに撤去しましょう。

そのうえで竜巻注意情報などに目を配り、植木鉢や自転車など飛んでしまいそうなものを室内に退避させるなど注意を怠らないようにしましょう。

＊ダウンバースト（積乱雲から爆発的に吹き降ろす下降気流）を含む

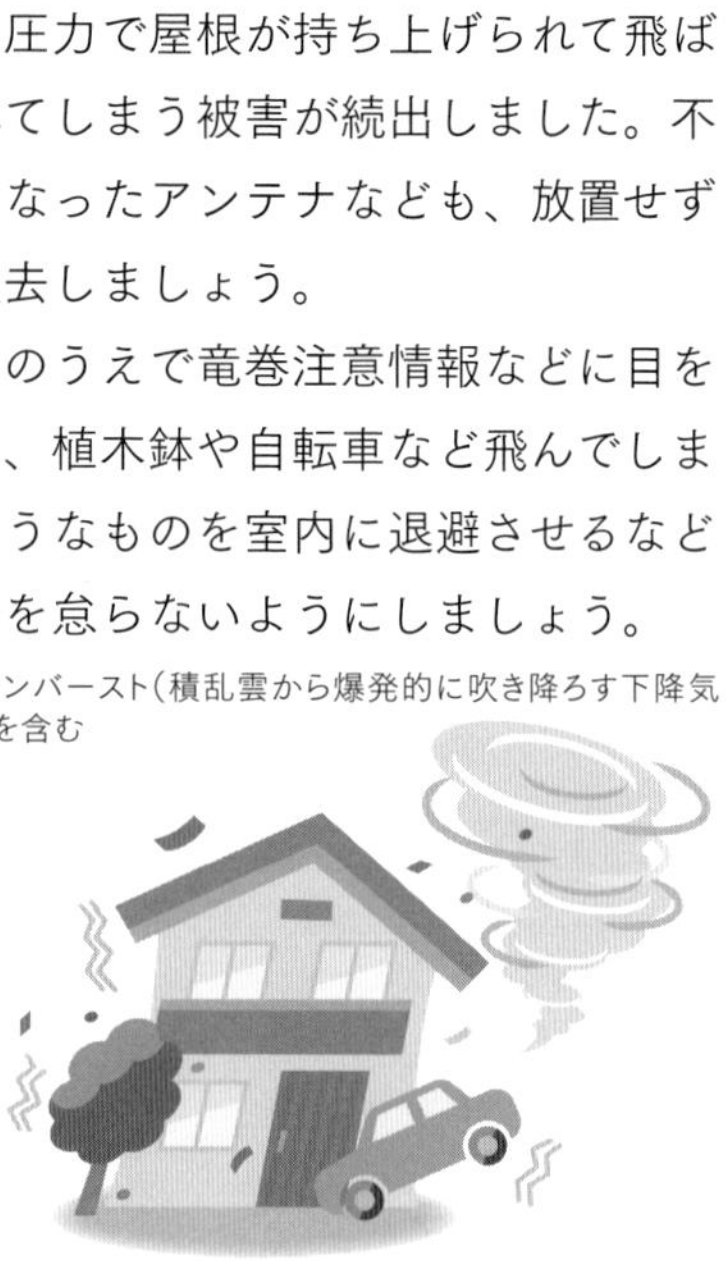

第3章

地震に弱い建物の見抜き方

地震に弱い家

自分で見抜く

新耐震基準を満たしていれば、倒壊のリスクは低い

「新耐震基準」を満たしているか

22ページでもお話ししましたが、地震に対して、建物がどれだけの強さを持つかを示すのが、建築基準法の耐震基準です。戸建てでもマンションでも、安全性の確保のためには、新耐震基準で建てられた建物かどうかが基本となります。

新耐震基準は１９８１年6月1日以降に建築確認申請を行い、受理されていることが要件です。したがって、まず「建築確認済証」や「検査済証」の交付日でどの耐震基準で建てられた建物かを確認します。もし、中古住宅などで売主が紛失していた場合は、役所で建築確認の「台帳記載事項証明書」の発行を申請し、それぞれの交付日を確認しましょう。

なお、交付日ではなく竣工日（建物が完成した日）で判断する場合、１９８１年前後に建てられた建物はほぼ新耐震基準をクリアしていると考えてよいのですが、建物が建つまでに、戸建ては申請から3カ月から1年ほど、マンションは1年半から2年ぐらいかかるため、建築確認申請日と竣工日にタイムラグがあります。確実性をとるなら、１９８３年以降に建てられた物件を選ぶといいでしょう。

さらに、木造住宅においては、２０００年に接合金物や耐震壁配置といった新たな耐震基準が加わっていますので、それ以降に建築確認申請をされているほうがより安心です。

ただし、新耐震基準を満たしているからといって、安全とは限りません。中古住宅などでは建物の劣化具合で耐震性も変わってくるからです。傷み具合やリフォーム歴なども見て、総合的に判断しましょう。

■建築確認日が確認できる2つの書類

建築確認済証	着工前に「建築基準法の規定に沿った建築計画になっているか」を確認する建築確認が行われたことを証明するもの。
検査済証	完成後に「法令に従った適法な工事が行われたか」を確認する完了検査などが行われたことを証明するもの。建築確認済証の交付日も記載されている。

■建物の耐震性を示す耐震等級

耐震等級1	耐震等級2	耐震等級3
震度6強～7クラスの地震に耐える性能	等級1×1.25倍の強さ	等級1×1.5倍の強さ
震度7クラスで即時倒壊しないレベル	震度7クラスで補修程度で住み続けられるレベル	

耐震性能を示す「耐震等級」

さらにもう一つ耐震性の指標として、幅広く用いられているのが耐震等級です。耐震等級は２０００年に施行された「住宅の品質確保の促進等に関する法律（品確法）」で設けられた耐震性の判断基準です。等級１から３までの３段階に分かれ、数字が大きくなるほど耐震性能がアップします。

等級３が最も耐震性がある等級ですが、その分、柱や梁が太くなったり、壁が厚くなったり、窓などの開口部が小さくなったりするなど、居住スペースや快適さの面では、制約が出ます。その点はデメリットといえます。

また、コストがかかるために物件の価格も高くなります。法律上は耐震等級１（＝建築基準法を遵守）となっていればよく、等級２、３は任意の基準です。そのため、特に分譲住宅やマンションでは、耐震等級は１か２であるところが多くなっています。

もし注文住宅で耐震性を第一優先とするのであれば、設計段階から建築士や施工会社に、３にしてほしいと伝えましょう。少なくとも２以上は確保することをお勧めします。

自分で見抜く

倒壊は免れても、個体差で変わる 半壊・一部損壊のリスク

居住できるか否かで被害認定が変わる

建築基準法で定められた耐震基準は、震度6強程度の地震に「耐えられる」です。命を守るために「倒壊しない」ことが基準です。ですから、建物が必ずしも無傷で済むわけではありません。

地震の場合、被害認定は「全壊」から「一部損壊」まで、いくつかのレベルに分けられます。

「全壊」は建物すべてが倒壊したり、流失したり、もしくは損壊の程度がひどく補修しても居住ができない場合に認定されます。その下が「大規模半壊」。住居の構造上のダメージを受け、大規模な補修をしなければ居住できない場合です。

「中規模半壊」「半壊」「準半壊」は基本的な機能の一部が損壊しているものの、補修すれば元通りに居住できる場合。そして「一部損壊」は損壊の割合が10%未満の軽微な損壊状況を指します。

一部損壊レベルでも生活には影響が出る

こうした被害レベルは、建物の管理状態やメンテナンスの有無によっても大きく変わってきます。たとえば、耐震等級や築年数の同じ建物でも、シロアリの被害に気づかずに放置されていれば、揺れに対する現在の強度は大きく変わってきます。

半壊や一部損壊レベルの被害でも、補修にはかなりの費用がかかります。また、周囲に被災した建物が多ければ、着工までに時間がかかることも。特に屋根や壁の破損などで雨漏りが発生する場合、降雨のたびにダメージが拡大してしまいます。災害に対しては治療より、予防が大切です。

Check! 災害の被害認定基準は国によって定められている

■災害に係る住家の被害認定基準

被害の認定程度	全壊	大規模半壊	中規模半壊	半壊	準半壊	準半壊に至らない（一部損壊）
損害基準判定（住家の主要な構成要素の経済的被害の住家全体に占める損害の割合）	50%以上	40%以上50%未満	30%以上40%未満	20%以上30%未満	10%以上20%未満	10%未満

■全壊認定の例

一見して倒壊

1階部分が層破損

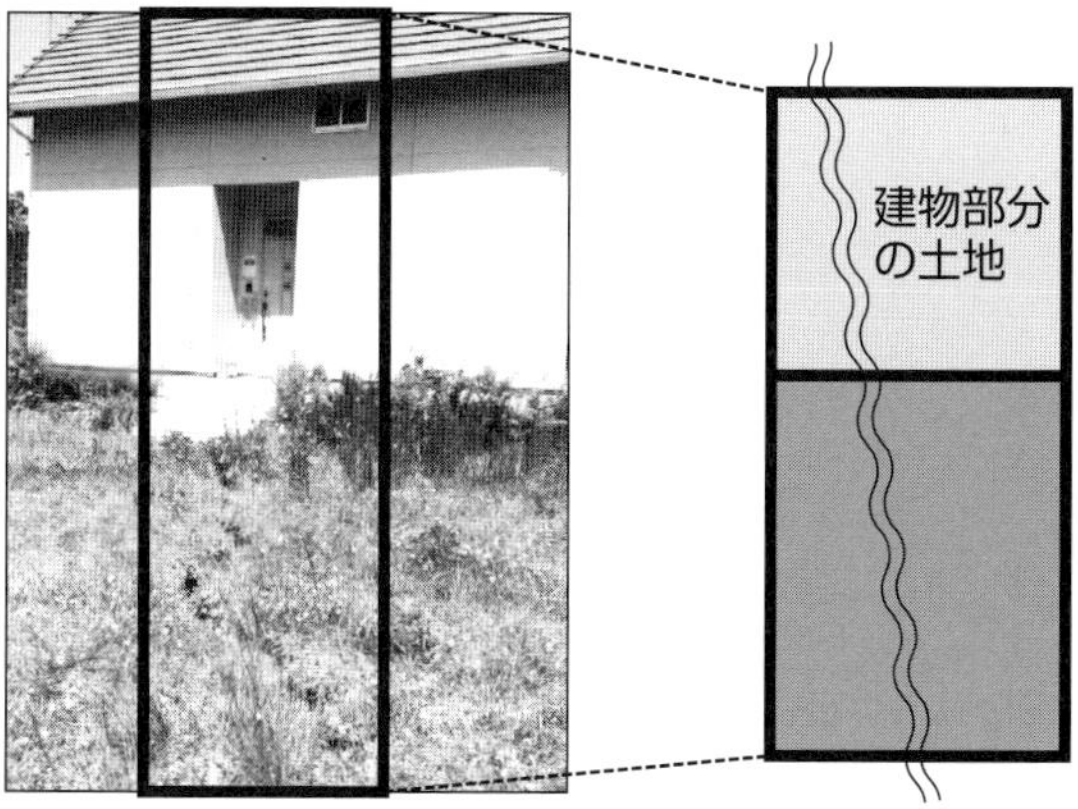

家の直下を亀裂が縦断または横断

※亀裂が対面する2辺と交差

基礎工事の内容や鉄筋量で大まかな安心度がわかる

地盤に合った基礎工法が採用されているか

地面と建物の間にあるコンクリートの部分。これを基礎といいます。建物の荷重はこの基礎を通じて地面に伝わる重要な部分です。「布基礎」と「ベタ基礎」の主に2種類の工法があり、地盤の状態に合わせて選択します。

堅固で良好な地盤で採用されるのは布基礎です。基礎の断面がTを逆さにしたような形になっており、基礎の立ち上がり部分のみが鉄筋コンクリートで形成されます。立ち上がり部分以外は地面に防水シートを敷き、5~6センチ厚でコンクリートを流すことが多く、鉄筋は入っていません。建物を点で支える構造になっています。

一方、やや軟弱な地盤で採用されるのがベタ基礎。立ち上がり部分だけでなく、底版全面を15センチほどの厚さの鉄筋コンクリートで覆い、建物の床全面と立ち上がり部分を基礎と一体化させ、面で荷重を支えるしくみです。

ベタ基礎では底版の鉄筋を二重に施工する「ダブル配筋」もあり、シングル配筋よりさらに強度がアップします。

耐震強度をとるならベタ基礎

布基礎、ベタ基礎ともにメリット、デメリットがあります。布基礎は鉄筋とコンクリート、ともに使用量が少ないのでコストが少なくて済むのがメリット。反対にベタ基礎はともに使用量が布基礎の約2倍となり、コストがかかります。

一方、ベタ基礎のメリットは何といっても耐震性

Check! 基礎工事は地盤に合った工法で行う

■代表的な基礎の工法

布基礎

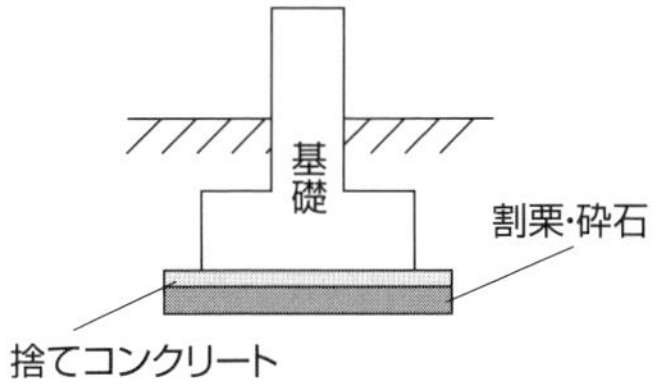

良好な地盤で採用される基礎。建物の外周部分と壁の通る部分に基礎工事を行う。

幅広基礎

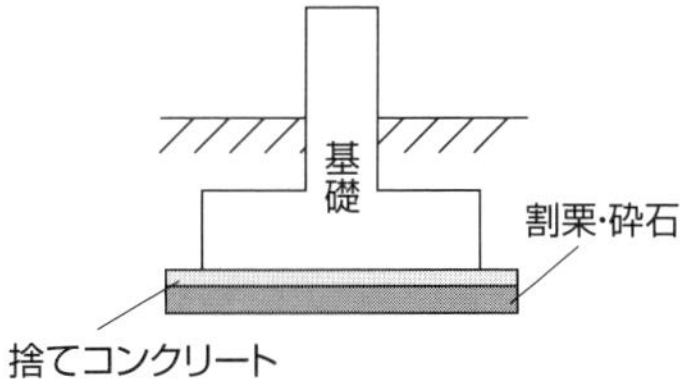

やや軟弱な地盤に用いられる。布基礎の底を広げて荷重を分散させる。

ベタ基礎

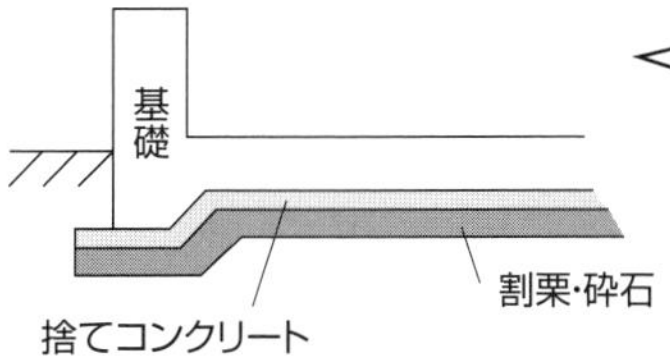

基礎だけでなく底版にも鉄筋が入っているので強度がある。頑丈なので良好な地盤でも採用されることが多い。

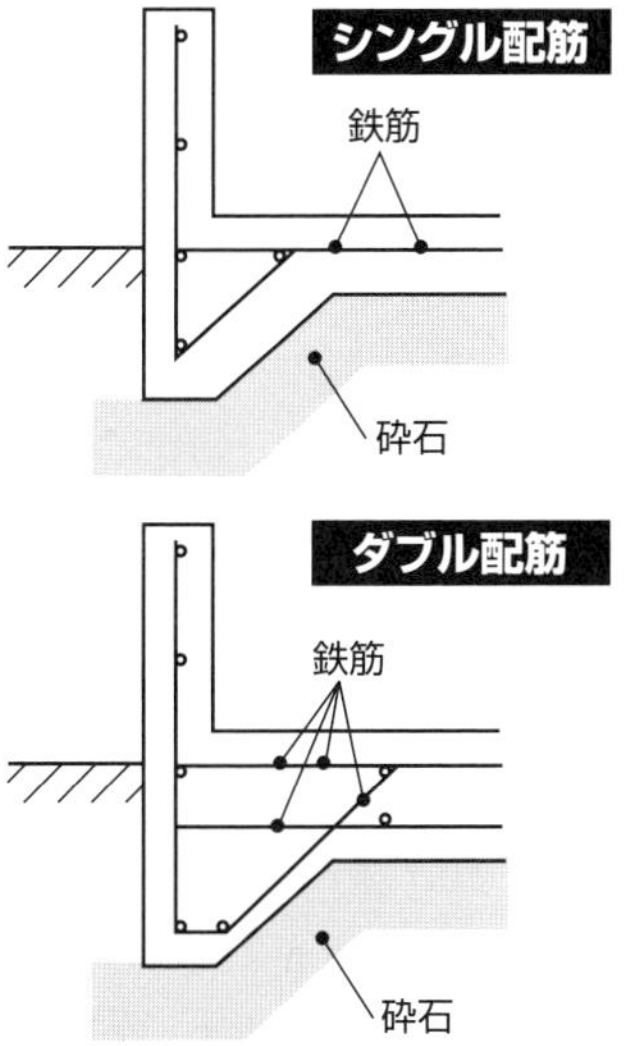

ダブル配筋は鉄筋が二重になっているため、さらに頑丈に。3階建てなど建物が重くなるときや、地盤の一部に弱い部分がある場合などに採用。

ベタ基礎は万能ではない。地盤が傾斜していたり、軟弱地盤の土中にガラが混入している場合は地盤改良など適切な処置が必要

に優れている点です。建物を面で支えるため、たとえ地盤沈下が起きたとしても、建物が均一に沈み不同沈下（62ページ）を防ぎます。

ただし、ベタ基礎も万能ではありません。地盤が傾斜していたり、土中にガラが混入していたりするような場合には、地盤改良など適切な処置が必要になります。

傾斜地は造成時の基礎工事を確認

特に斜面を切り開いて宅地造成された場所などは、その物件が立つ地盤がどのように造成されたかについても要チェックです。

斜面を削って平らにした切土なら安定していますが、土を盛ってつくられた盛土の地盤は軟弱です。したがって、布基礎、ベタ基礎のどちらを選択するかは造成時の基礎工事がどのように行われたのかによって変わります。

なかでも、切土と盛土の境目に建物が立っている場合などは地盤に合った基礎工事を行わないと不同沈下を起こす可能性もあります。

現在は耐震性を重視して、ベタ基礎を取り入れるケースが多くなっています。ただ、寒冷地などはベタ基礎にすると地面が凍結して膨張し、基礎を押し上げてしまうことがあります。そのため通常よりも深い場所に基礎をつくらなければならなくなり、さらにコストがかかります。

その土地の地盤や気候に適した基礎の選択が求められます。

杭の長さや鉄筋の量など構造をチェック

マンションの場合、ほとんどのケースで基礎工事の前に杭工事が行われます。建物の荷重をしっかりと支える支持層まで杭を打ち込む重要な工程で、支持層までの深さは地盤によって異なります。

２０１５年、２０１６年と立て続けに神奈川県で杭が支持層に達していないという事案が発生しました。基礎のコンクリート内で鉄筋が不適切に切断されていることもわかり、全棟建て替えとなりました。

マンションの基礎の不具合は、耐震性が不足するだけでなく、不同沈下による建物の傾きなど大規模な補修、場合によっては建て替えが必要になるほどの大問題です。完成から10年、20年後に発覚するケースもあるので鉄筋の使用量などとともに構造上の問題がないかを確認しましょう。

Check! 地震でも安心できる中古マンションの見分け方

■安全性の第一は、「杭」と「地盤」で決まる！

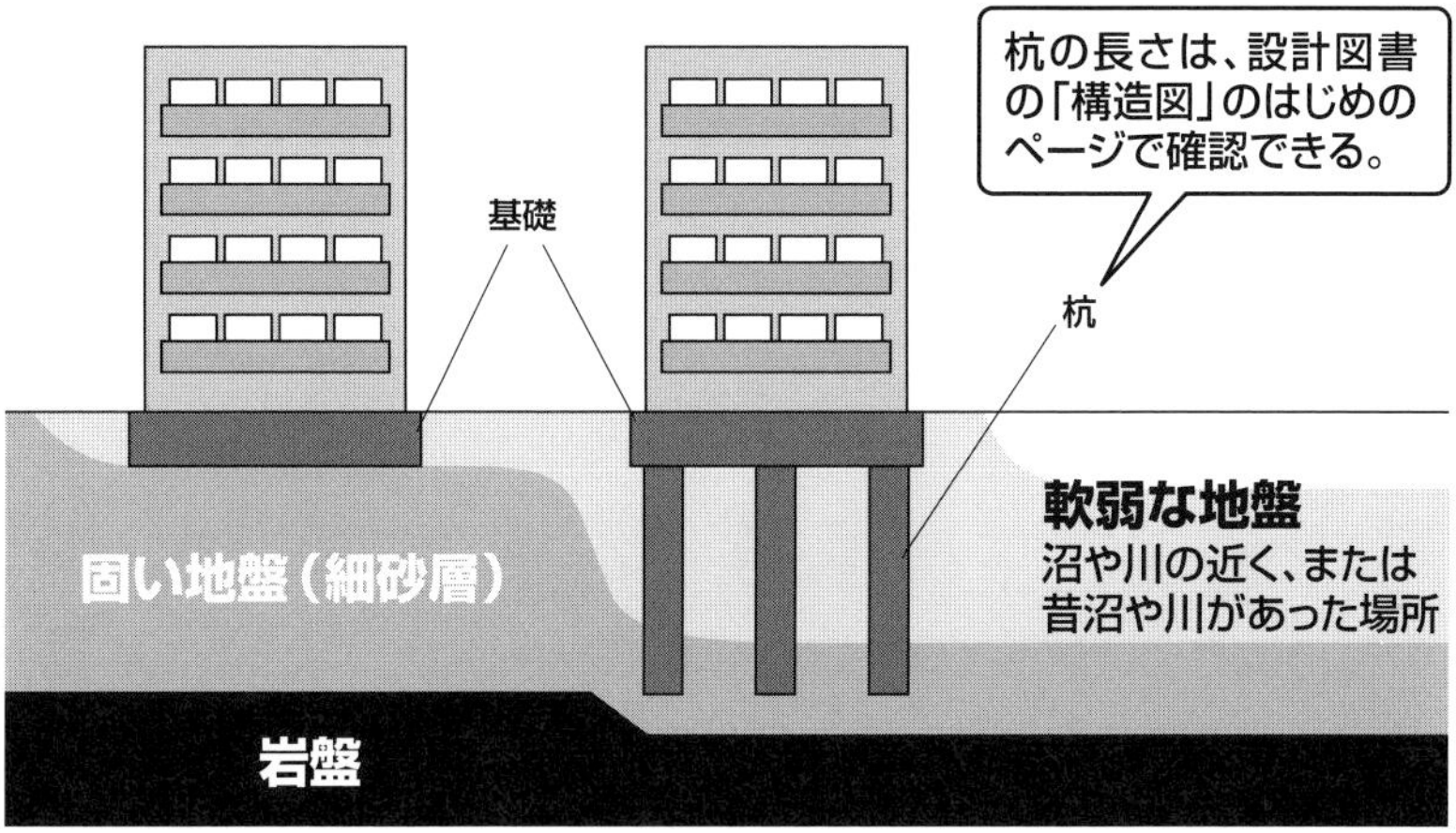

杭が固い地盤まで打ち込まれていれば、多少の地震では、あまり心配はいらない。

▶

ただし、杭の長さが30mを超えるような場所では、液状化現象を引き起こす可能性も！

▶

液状化現象とは、地震で地中の水が地表に押し上げられ、泥水のようになること。建物が傾いたり、沈下する。

■マンションの柱１本当たりに必要な鉄筋量の目安

（kg）

本数／太さ	22mm	25mm	29mm	32mm
4本	52	56	60	65
8本	65	72	80	90
12本	76	88	100	115
16本	89	104	121	140
20本	100	120	141	165
24本	113	135	161	190
28本	125	151	181	215

出所：『危ない建物を見抜く方法』（染谷秀人著／KAWADE夢新書）

※鉄筋量は表の白い部分の重さがあれば大丈夫。1階の柱を基準として算出（kg/㎡）。ただし柱の太さが1m×1mの場合の概算値。

地震に弱い家

自分で見抜く

戸建てでは、耐力壁の「量」と「バランス」に注意する

開口部が多いと耐震性は下がる

木造住宅は地震が起きたとき、建物そのものを変形させて揺れに耐えようとします。揺れが小さく、変形が少なければ建物は破損せずに元に戻りますが、揺れが大きくなると、変形も大きくなって壁が崩れたり、柱や梁の接合部分が損傷したりします。

特に横揺れのような水平方向の力を支えるのが壁で、なかでも外からの力に対して変形しにくい強さを備えた壁を「耐力壁」といいます。具体的には、筋交い入りや、構造用合板や石膏ボードを張った壁などがそうです。

言うまでもなく、耐力壁が多いほど揺れに強くなります。反対に1階部分が駐車場や店舗になっているピロティ構造の建物は開口部が広く、壁や柱が少なくなるため、揺れに弱くなります。窓が広い建物も同様です。

壁や柱の配置のバランスも重要

また、壁の配置のバランスも重要です。次ページの左下図のように、2階の壁の位置と1階の壁の位置がズレていると、構造的にアンバランスなため、揺れに弱くなります。同じく、右下図のように、壁の量はあっても、4辺で偏りがあると、揺れたときにねじれを起こしやすくなります。

第5章でお話ししますが、ここで例に出したような建物については何らかの補強工事が必要です。バランスよく耐力壁などを追加するとともに、特に強い力のかかる、柱や壁の各接合部を接合金物などでしっかりと補強します。

Check! 1階がピロティや駐車場、広い窓など開口部ばかりなのは要注意!

■こんな家はバランスが悪い

〔ピロティ構造の建物〕

1階部分が駐車場や店舗になっている。

〔耐力壁が少ない建物〕

採光や風通しを優先して、窓などの開口部を大きくとっている。

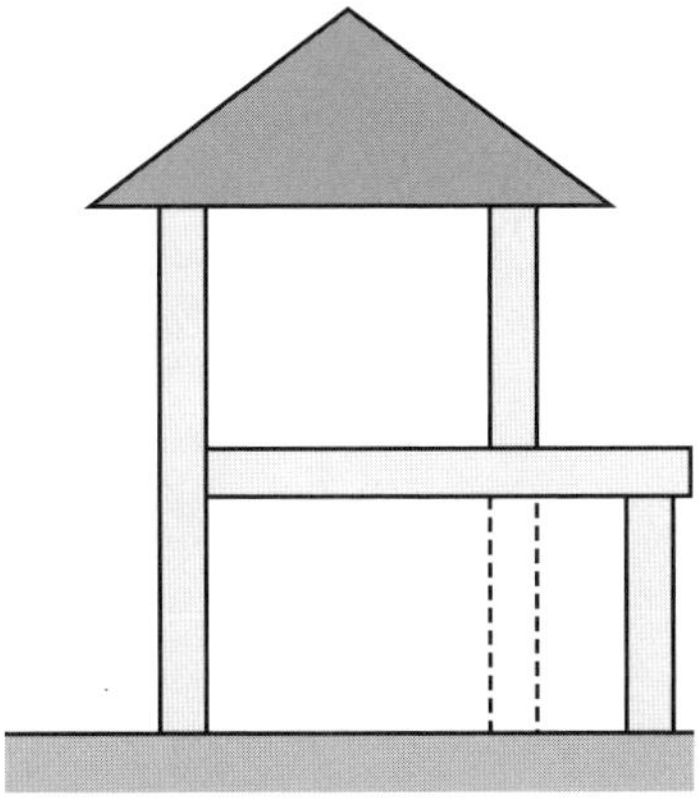

〔階と階で壁の位置がズレている建物〕

2階部分を1階の天井部分が支える形になっている。

壁の配置のバランスが悪い例

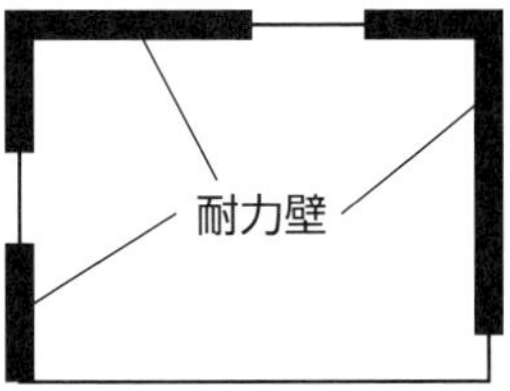

耐力壁の配置に4辺で偏りがあると、ねじれが発生しやすい。

地震に弱い家

自分で見抜く

柱の腐食・シロアリの侵食は倒壊につながる重大リスク

湿気は木造住宅の最大の敵

倒壊リスクは建物の構造自体に問題があるケースもありますが、どんなに耐力壁や接合金物（141ページ）で構造体を強くしても、築年数の経過により柱の腐食が進んでいたり、シロアリが木材を侵食していたりすれば、建物の荷重を支えきれなくなります。

木材を劣化させるいちばんの原因は湿度です。木材がいつも濡れた状態になっていると、木材を腐らせる菌やカビが繁殖します。

床下など日照・通風の悪い場所や、外壁・軒先など雨露にさらされる場所、台所・トイレ・浴室など水回りについては高温多湿を避け、通風のよい環境を保つように窓の配置を工夫したり、換気システムを採用したりするなど、さまざまな方法で対処すべきです。

特にシロアリは1階の柱と床下の土台部分の継ぎ目を集中的に侵食するため、土台が崩れてしまい、本来の耐震性を極端に損ないます。

驚くべきデータがあります。阪神・淡路大震災の後、神戸市東灘区で倒壊した建物を調べたところ、シロアリ被害や腐朽が見られた建物のうち、じつに9割が全壊していました（左図）。

一方、シロアリ被害や腐朽のなかった住宅の全壊は2割に満たず、5割以上の住宅は軽微な損傷で済んでいます。

シロアリは木材だけでなく、畳や発泡スチロールの断熱材、プラスチックなども食べます。湿気対策やシロアリ対策は、耐震対策に直結する軽視できない問題なのです。

Check! シロアリ被害を放置しておくと、大地震で倒壊する恐れも!

■阪神・淡路大震災による住宅倒壊とシロアリ被害・腐朽の関係

東灘調査地域全体の木造住宅（築30年未満）

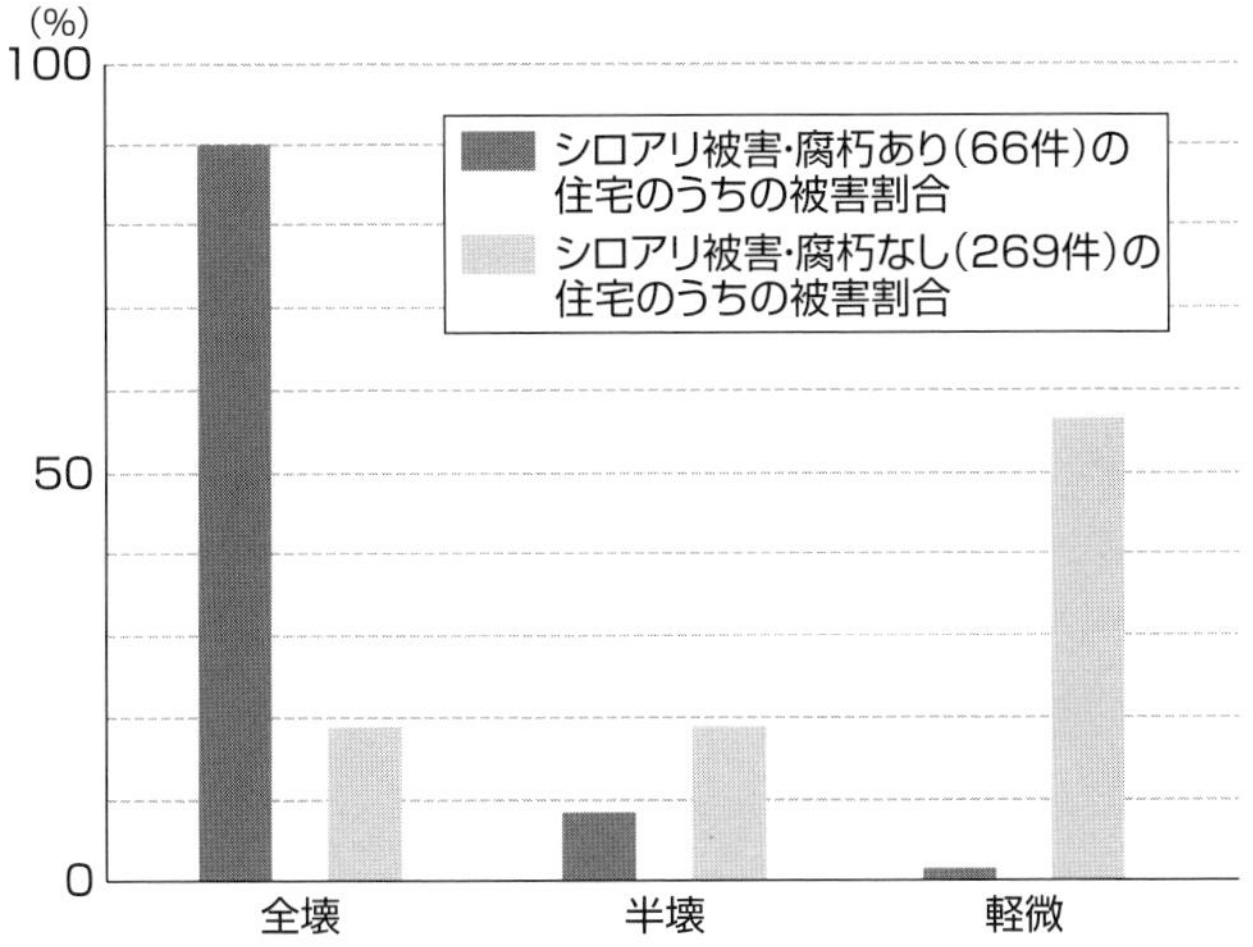

出所：日本建築学会近畿支部「1995年兵庫県南部地震 木造建物の被害」

■築年数別のシロアリ被害発生率

（防蟻処理保証切れの戸建て住宅）

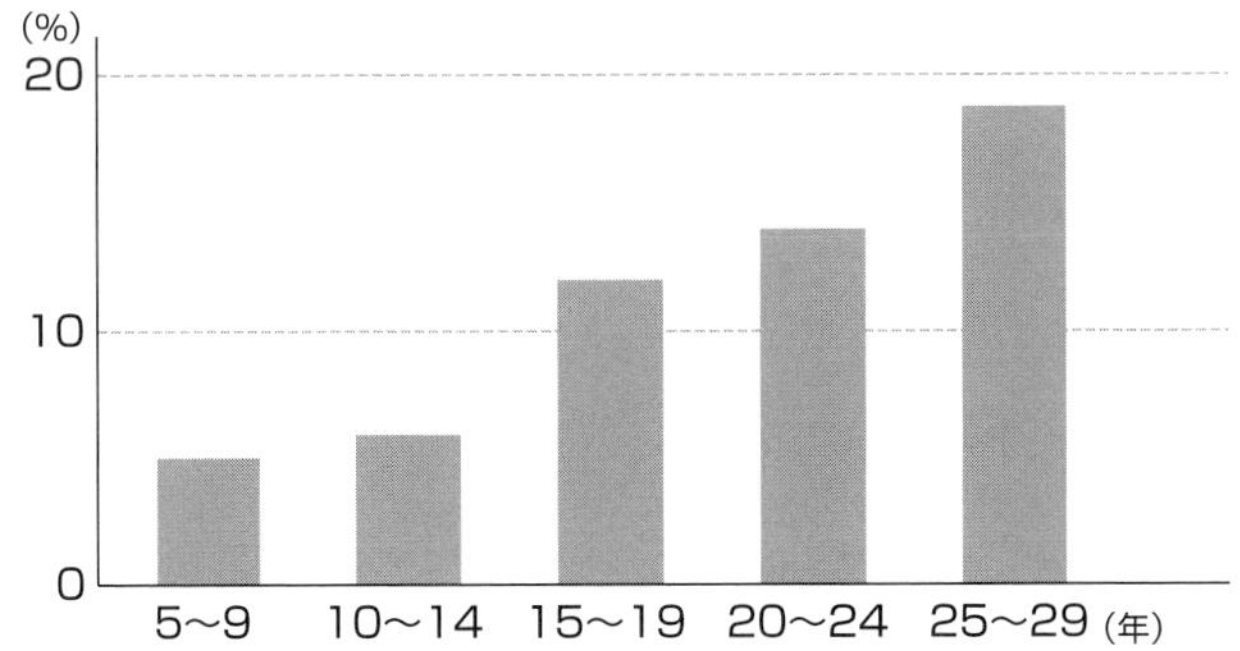

出所：日本長期住宅メンテナンス有限責任事業組合「シロアリ被害実態調査報告書」（2013年）より作成

珍しくないシロアリの被害

しかし、腐朽やシロアリによる被害は、壁の下地や仕上げ材をはがさなければ、なかなか気づきにくいことが問題です。

では、どれくらいの住宅がこうした被害に遭っているのでしょうか。

２０１３年の「シロアリ被害実態調査報告書」によると、築10年頃からシロアリの被害は増え始め、4～6％ほどの住宅が、さらに築25年を超えると、5軒に1軒は被害が発生しているようです。

なお、新築だからといって安心はできません。シロアリは土の中にトンネルをつくって移動し、かなり離れた樹木から住宅の床下まで侵入してくることもあるからです。

5年ごとのメンテナンスの必要性

かつての防蟻薬剤は人体に有害な有機リン酸を含むものが多かったのですが、２０００年以降は安全なベイト剤を用いた薬剤の開発によって防蟻対策が進んでいます。防蟻処理の効果は約5年続くとされています。

左ページにシロアリの存在を疑うべき痕跡をまとめました。中古住宅などの購入を予定している人はよく確認しましょう。場合によっては、専門業者に依頼して調べてもらったほうがいいかもしれません。

というのも、左上表のとおり、シロアリは湿気などが原因で発生します。偶然起きるものではありません。そのため、シロアリが一度発生した住宅は駆除しても再発する確率が高いからです。

またすでに持ち家のある人は日頃からシロアリが発生していないか気に留めておくとともに、防蟻処理の効果が薄れる5年ごとに専門業者にメンテナンスを依頼しましょう。

シロアリの被害は気づかないうちに進行してしまうので、定期的なメンテナンスで耐震性を維持することが大切です。シロアリを駆除しても、侵食された部分が元に戻るわけではありません。

なお、駆除にかかる日数は駆除方法にもよりますが、15～20坪程度の広さで数時間（箇所などにより2、3日かかることもあります）。費用は1坪当たり1万円程度（1平方メートル当たり３０００円程度）が相場ですが、業者によっては3分の1程度の価格で請け負っているところもあります。

Check! シロアリ被害の防止は早期発見と日頃のメンテナンスがカギ

■シロアリの特徴

食べるもの	木材、樹木、断熱材、発泡スチロール、農作物、紙、プラスチック、ゴム類、繊維類、皮革類、ネズミなど動物の死骸、墓地や納骨堂の人骨、レンガ、コンクリート、やわらかい鉛など
好む場所	高温多湿、暗い場所など

シロアリ　　　**クロアリ**

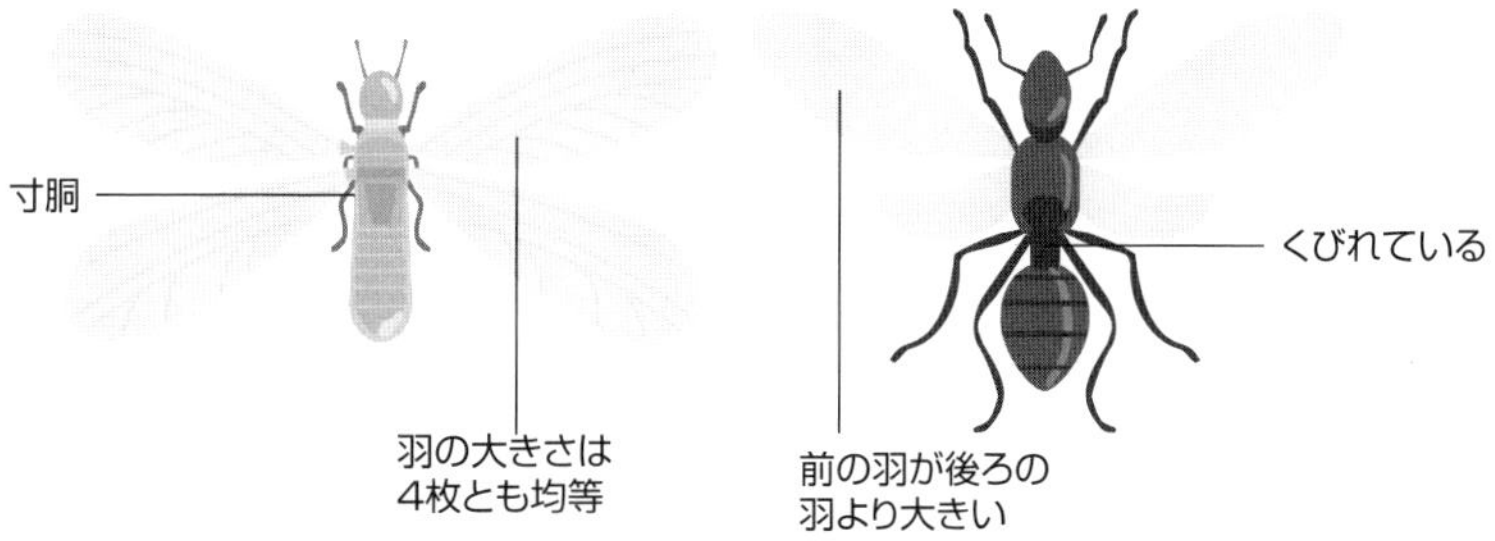

■シロアリの痕跡はここに表れる

- □ 建物の基礎や土台などに蟻道がつくられていないか?
- □ 木材にアリの糞がついていないか?
- □ ふすまや雨戸の立てつけが悪くなっていないか?
- □ 木材の割れ目や継ぎ目に土砂(蟻土)が詰まっていないか?
- □ 木材などにアリの食痕が残っていないか?
- □ 木材を叩いたときに空洞音がしないか?

地震に弱い家

自分で見抜く

マンションのピロティ構造は、地震には弱く、水害には強い

耐力壁不足で地震に弱点

マンションでも、ピロティ構造（85ページ）の建物は、敷地面積に余裕のない物件などでよく見られます。

その半面、戸建てと同様に1階に耐力壁がないため、耐震性ではどうしても劣ります。実際、１９９５年の阪神・淡路大震災ではピロティ構造のマンションに多くの被害が出ました。２０１６年の熊本地震でも、１階の駐車場が崩落して、建物全体が大きく傾いたマンションがありました。

こうしたマンションのほとんどは旧耐震のものですが、新耐震で建てられたものでも、壁の配置がある方向に偏っていたり、L字型など正形ではなかったりする建物では被害が出ています。１階が店舗になっているマンションも同様です。

ただし、旧耐震のピロティ構造でも、左図のように適切な耐震補強工事済みであれば、安心できます。

水害には強いメリットも

一方でピロティ構造は、水害には強いという報告もあります。戸建てのケースとなりますが、東日本大震災では4メートル未満の津波に対しても、多くの建物が流出しましたが、１階が鉄筋コンクリートの柱でつくられたピロティ構造の住宅11棟は流されずに、居住部分はほぼ無傷でした。

高床式のため、浸水被害の影響を受けにくかったようです。新耐震もしくは耐震補強工事済みであることが前提になりますが、海や川の近くでは選択肢の一つになるかもしれません。

Check! ピロティ構造のマンションの耐震補強の有無はここを見る

耐震補強がされていないもの

①〜③のような補強がされていない場合は、補強の計画があるかを確認！

鉄骨ブレースによる補強

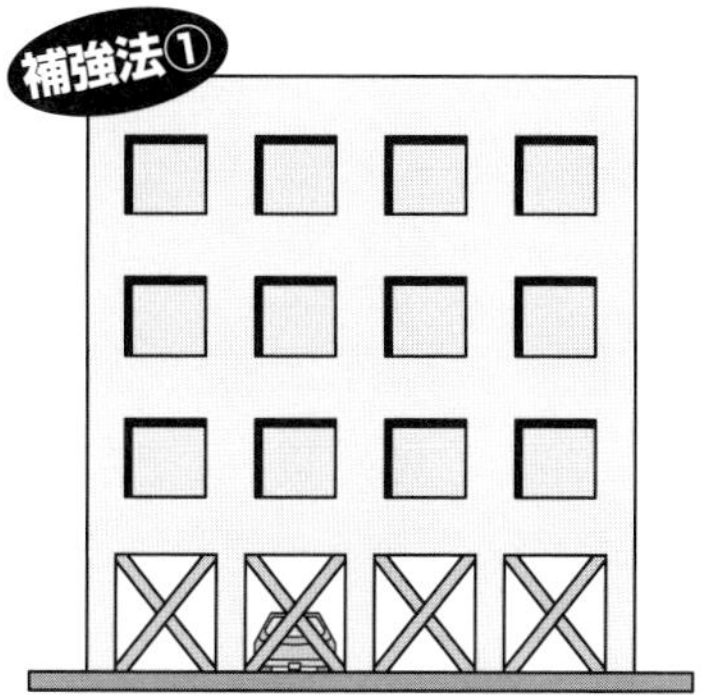

鉄骨をクロスさせることで、両側の柱に均等に力を振り分ける。

鉄筋コンクリート造の壁による補強

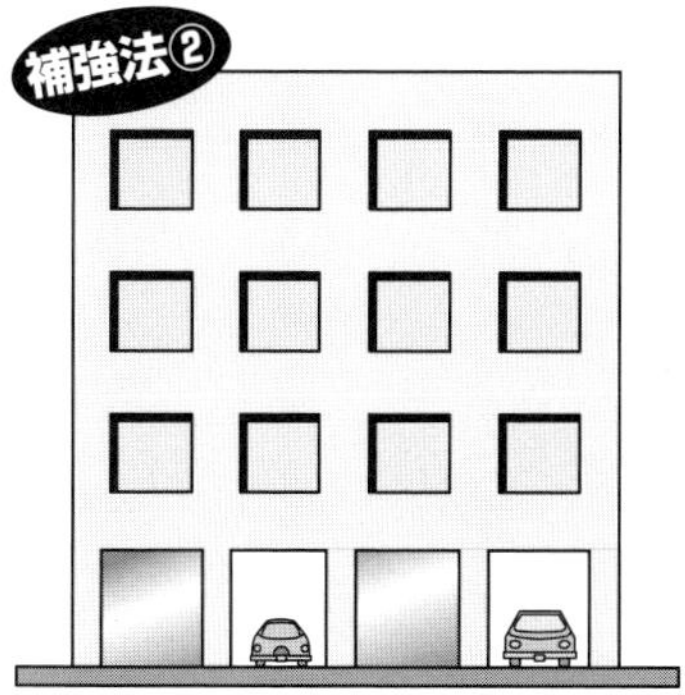

壁を増やして支える断面積を増やしたことで、今までより重い力に耐えられる。

柱に炭素繊維などを巻き付けての補強

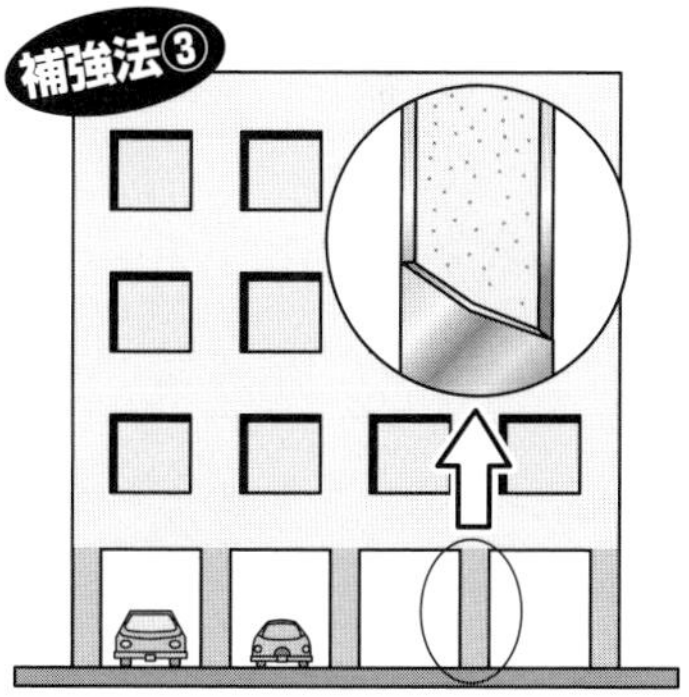

柱に炭素繊維などの補強材を巻き付け、柱が横にふくらんで破壊されるのを防ぐ。

地震に弱い家 自分で見抜く

コンクリートの強度やかぶり厚を確認する

マンションに必要なコンクリートの強度

コンクリートの強度を示すのが「耐久設計基準強度」です。これは1平方ミリメートル当たりどの程度の圧力に耐えられるかという圧縮強度を示した数字で「N値」といいます。30Nなら1平方ミリメートル当たり３０００トンの圧力に耐えられることになります。

コンクリートの強度が高ければ、建物の寿命も長くなります。日本建築学会では設計時の「計画供用期間」ごとにN値を定めています（左表）。一般的なマンションなら、標準の24N以上を満たしているかを確認しましょう。

誤解しがちなのは、同じ鉄筋コンクリート造や鉄骨鉄筋コンクリート造のマンションであれば、コンクリートの品質基準強度も同じという考えです。実際には、個体差があるので注意が必要です。

コンクリートの強度は、「設計図書」で確認できます。新築マンションならモデルルームに備えてありますし、中古物件なら仲介業者に依頼して確認しましょう。

コンクリートの寿命は変わる

前述のとおり、このN値はマンションの構造や階数によって変わります。中低層マンションなら24Nが主流ですが、超高層マンションとなると60Nを超えるような超高強度コンクリートが使われています。また、タワーマンションの1階ともなれば、１５０Nという非常に強固なコンクリートが使用されます。

加えて注意したいのは、耐久設計基準強度は絶対

Check! コンクリートは補修しなければ年数とともに劣化する

■建築物の計画供用期間（鉄筋コンクリート造の場合）

計画供用期間の級（予定供用期間）	計画供用期間（大規模な補修が不要）	供用限界期間（大規模な補修が必要）	耐久設計基準強度（/mm^2）
短期	およそ30年	およそ65年	18N
標準	およそ65年	およそ100年	24N
長期	およそ100年	およそ200年	30N
超長期	およそ200年	―	36N

「計画供用期間の級」は、建築物の計画時または設計時に建築主または設計者が設定するため、同じ鉄筋コンクリート造や鉄骨鉄筋コンクリート造のマンションでも、コンクリートの品質基準強度は違ってくる（構造や階数なども影響）。なお、ここでの「大規模な補修」とは、骨組みに関わる補修のこと。一般的に使われている外壁などの「大規模修繕」とは異なる。

■コンクリートを劣化させる4大原因

雨水

鉄筋が腐食してさびが生じ、体積が膨張することで、ひび割れなどを起こす。

塩害

潮風などによりコンクリートの表面に付着した塩分が、内部に浸透して鉄筋を腐食。

凍害

寒冷地において、コンクリート中の水分が凍結と融解を繰り返すことで劣化。

コンクリート自体の化学反応

コンクリート中の成分がアルカリ反応を起こして劣化。

に保証されているわけではない点です。建造物の立地条件やメンテナンスによって、寿命は変わります。

たとえば、コンクリートはさまざまな要因で劣化します。その一つが塩害です。凍結防止剤や潮風に含まれる塩分によって中の鋼材が腐食し劣化します。海の近くや寒冷地などに立つマンションの場合、適切なメンテナンスを行わなければ設計強度よりも寿命が短くなる可能性がある半面、適切なメンテナンスにより寿命を延ばすこともできるでしょう。

建物の強度や寿命を左右する「かぶり厚」

マンションの骨組みは、鉄筋とコンクリートで構成されています。これはアルカリ性のコンクリートで鉄筋を覆い、酸化、つまりさびを防いでいるのです。このコンクリートの厚みを示すのが「かぶり厚」です。

前述のような塩害も一因ですが、長年風雨にさらされるだけで炭酸ガスの影響などによって表面から徐々に中性化が進みます。そのスピードは1年で約1ミリ進むともいわれています。

この中性化が内部の鉄筋部分まで達すると、さびが発生します。鉄筋がさびて膨張すると、表面のコンクリートの崩落につながります。こうなると建物の強度は大きく損なわれ、寿命が尽きてしまいます。

このような劣化を少しでも遅らせるためには、鉄筋を覆うコンクリートの厚さを十分にとって施工すること。つまり「かぶり厚」の数値が大きければ大きいほど、コンクリートの中性化の進行を遅らせ、建物の寿命を延ばすことができるのです。

最小かぶり厚+10ミリ以上を目安に

かぶり厚は、コンクリートの強度と同様に設計図書で確認できます。建築基準法では「最小かぶり厚」が規定されていますが、「設計かぶり厚」は少なくともそれより10ミリ以上あるかどうかをチェックしましょう。

コンクリート打ち放しの外壁の場合、表面塗装が雑だと中性化が早まる可能性があります。また、タイル張りの外壁では目視による確認ができない場合があります。

中古マンションを購入するような場合、築年数から中性化の進行度を確認するとともに、適切なメンテナンスが行われているか、管理状態や修繕計画のチェックは必須です。

Check! コンクリートの強度が建物の寿命を左右する

■コンクリートはこうして劣化する（雨水が原因の例）

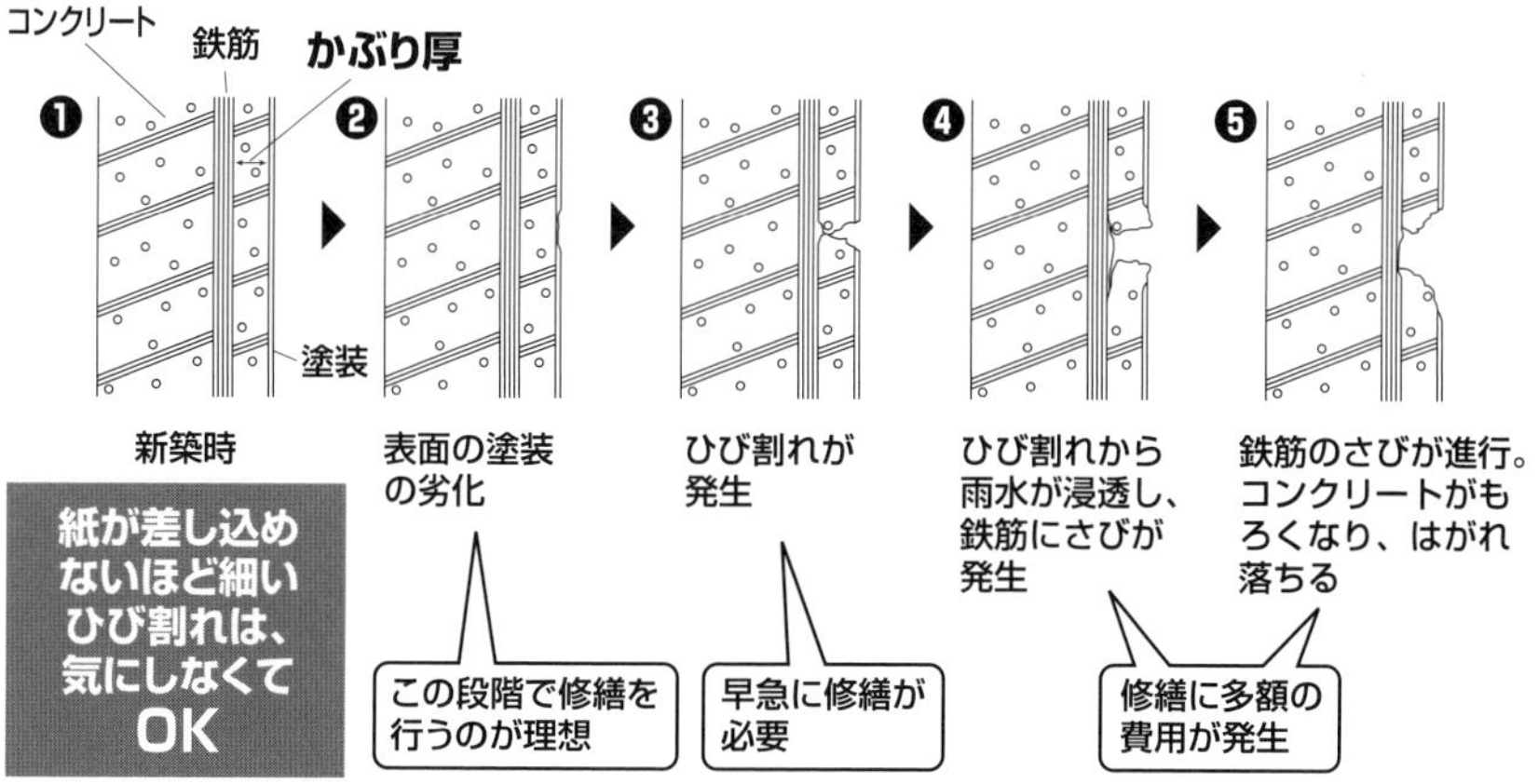

■建築基準法の最小かぶり厚

部位		最小かぶり厚	設計かぶり厚
土に接しない部分	非耐力壁・床	20mm	**30mm**
	耐力壁・柱・梁	30mm	**40mm**
土に接する部分	壁・柱・床・梁・基礎の立ち上がり部分	40mm	**50mm**
	基礎（基礎の立ち上がり部分以外）	60mm	**70mm**

……**設計図書で厚さを確認**

▼

●**最小かぶり厚よりプラス10mm以上が目安**

- 外壁がタイル張りの場合、コンクリートの状態が目視で確認できない場合もある。
- 設計図書で「かぶり厚」を確認。最小のかぶり厚にプラス10mm以上が目安。
- コンクリート打ち放しの外壁は、表面塗装が雑だと中性化が早まる可能性も。

老朽度合いや手抜き工事は基礎、屋根・屋上、外壁に表れる

基礎部分の大きな亀裂は要注意

新築でも中古でも気になるのは手抜き工事です。加えて、中古なら築年数に見合った老朽化は避けられません。どこがどれぐらい傷んでいるのか、補修が可能な範囲なのかを見分ける必要があります。

最初に見るべきはやはり基礎の部分です。表面上の小さな亀裂（クラック）は問題ありませんが、コインが挟まるほどの大きなクラック（幅0・3ミリ超、深さ4ミリ以上）は要注意です（126ページ）。軟弱地盤により不同沈下を起こしている可能性があります。

不具合を見つけやすいのは外壁

老朽化をいちばん見分けやすいのは外壁でしょう。汚れや色あせ、モルタルに大きなクラックや浮きが発生していないか、サイディングの割れや変形などがないか、タイル張りならはがれたり割れたりしていないか、などをチェックします。

モルタルのクラックについては、小さなものなら問題ありませんが、大きな亀裂からは雨水が染み込んで壁の内部や断熱材がカビたり腐食の原因になったりすることもあるので注意が必要です。

サイディングについては、ぱっと見で問題がなくても、ボロボロのモルタルの外壁に上から被せてごまかしているだけのこともあります。表面を強めに押してみて、ボコボコと不安定な感触が多い場合は要注意です。

またマンションでは、窓枠周辺のコンクリートや壁にひび割れが目立たないかをチェックしましょう。壁に大きな窓を設けると強度が低下するので、本来

Check! 老朽化・手抜き工事の判別ポイント（戸建て）

■外回り

雨どい

◎詰まり、はずれ、ひび
◎たわみ

屋　根

◎瓦のズレ、割れ
◎スレートのズレ、割れ、
　さび、色あせ
◎金属板のさび、浮き、色あせ

バルコニー

◎腐食、破損、
　ぐらつき

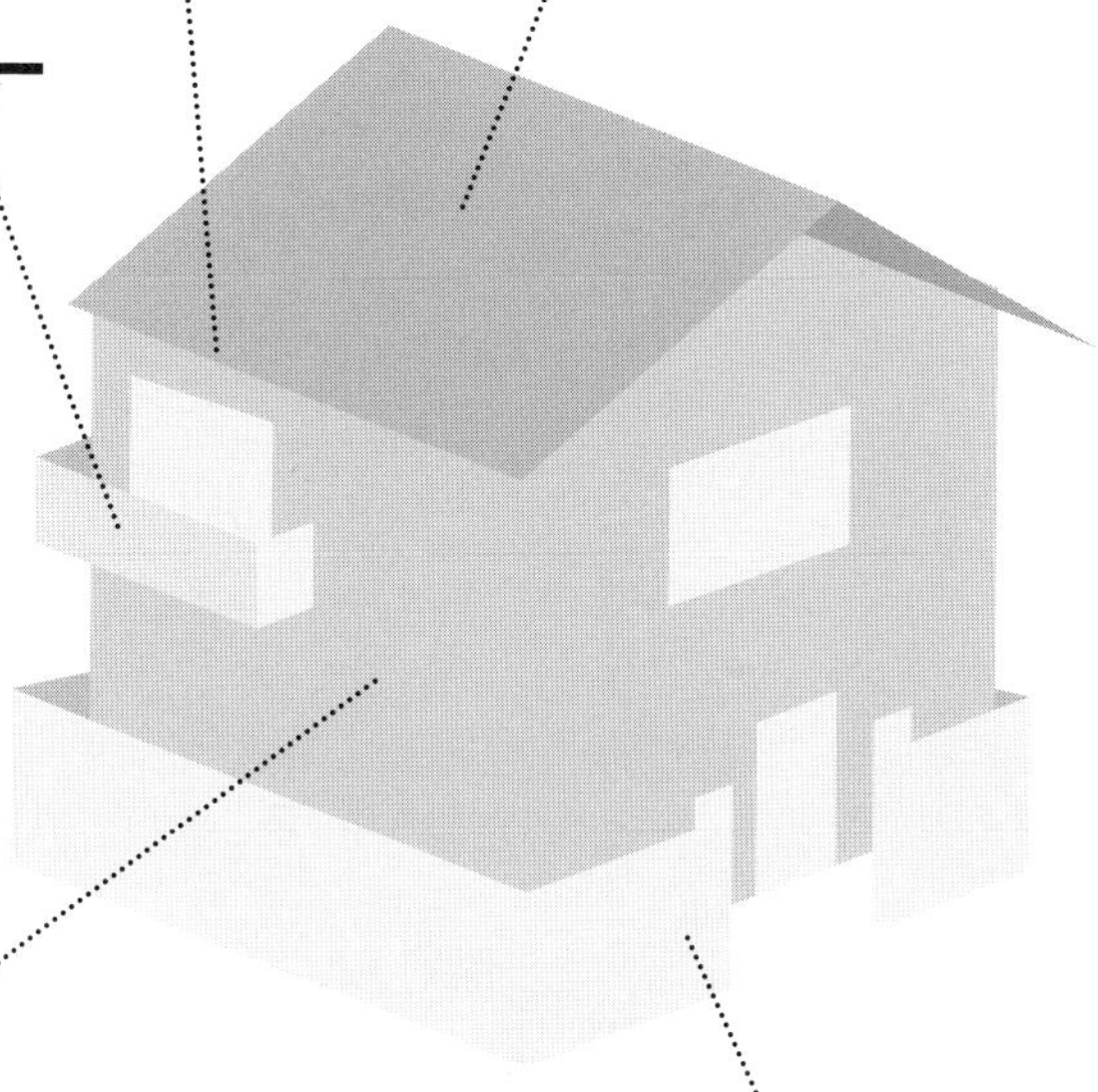

外　壁

◎汚れ、色あせ
◎モルタルの大きな亀裂、浮き
◎タイルの割れ、はがれ
◎サイディングの割れ、変形、緩み、
　さび、シーリング（充填材）の劣化

門扉・外構

◎塀の傾き、はがれ、ひび割れ
◎ポストやインターホンの
　作動不良

は窓枠に補強材を入れなければなりません。ところが手抜き工事で補強材が使われていないと、窓枠周辺にひび割れなどが発生します。当然、壁の耐震性が弱くなってしまいます。

屋根や屋上はリフォーム履歴も確認

自分でチェックするのは少し難しくなりますが、屋根や屋上にも問題点は表れます。戸建てなら瓦のズレや割れを、瓦ではなくスレート葺きであれば、割れやズレ、色あせやさびを確認しましょう。屋根の構造強度が弱いと雨漏りの原因になります。

経年劣化や地震、風雨などによる変形により、屋根材の下に敷いた防水シートに亀裂が生じると、雨漏りが発生し、柱や梁などの構造材の腐食の原因になるので、建物の耐久性が下がってしまいます。

またマンションの屋上であれば、ひび割れしていないか確認しましょう。屋上は平坦で、水はけがよくありません。そこで防水処理を施しているのですが、ひび割れが生じると、そこから雨水が浸入し、雨漏りが発生します。

雨漏りが一度起きてしまうと、被害が拡大していくので、早め早めの補修対策が求められます。

手抜き工事には2タイプある

手抜き工事については、自分で見抜くのは難しいですが、知識として覚えておきましょう。まさかの疑いを持つことは大切です。

代表的な手抜きは、コストを抑えるために、壁や柱に通す鉄筋の数を減らしたり、細い鉄筋を使ったりするケースです。

また、納期を優先するために手抜きをするケースもあります。施主からのプレッシャーや、決算期が迫っていたり、資金繰りの都合上、納品を急いだりしなければならないときに起こりがちです。

具体的には、窓枠の補強など細かい仕上げを省いたり、コンクリートに規定量以上の水を混入して扱いやすくしたりします。

さらに数年前に事件になりましたが、杭が固い地盤まで届いていないのに偽装されていたことが、マンションが傾き始めたことで発覚しました。ひとたび大地震に見舞われれば、命に関わる問題です。

住まいの購入やリフォームに当たっては、業者の実績や評判をよく確認し、場合によっては、プロに安全性を診断してもらうことも視野に入れましょう。

Check! 老朽化・手抜き工事の判別ポイント(マンション)

■外回り・構造

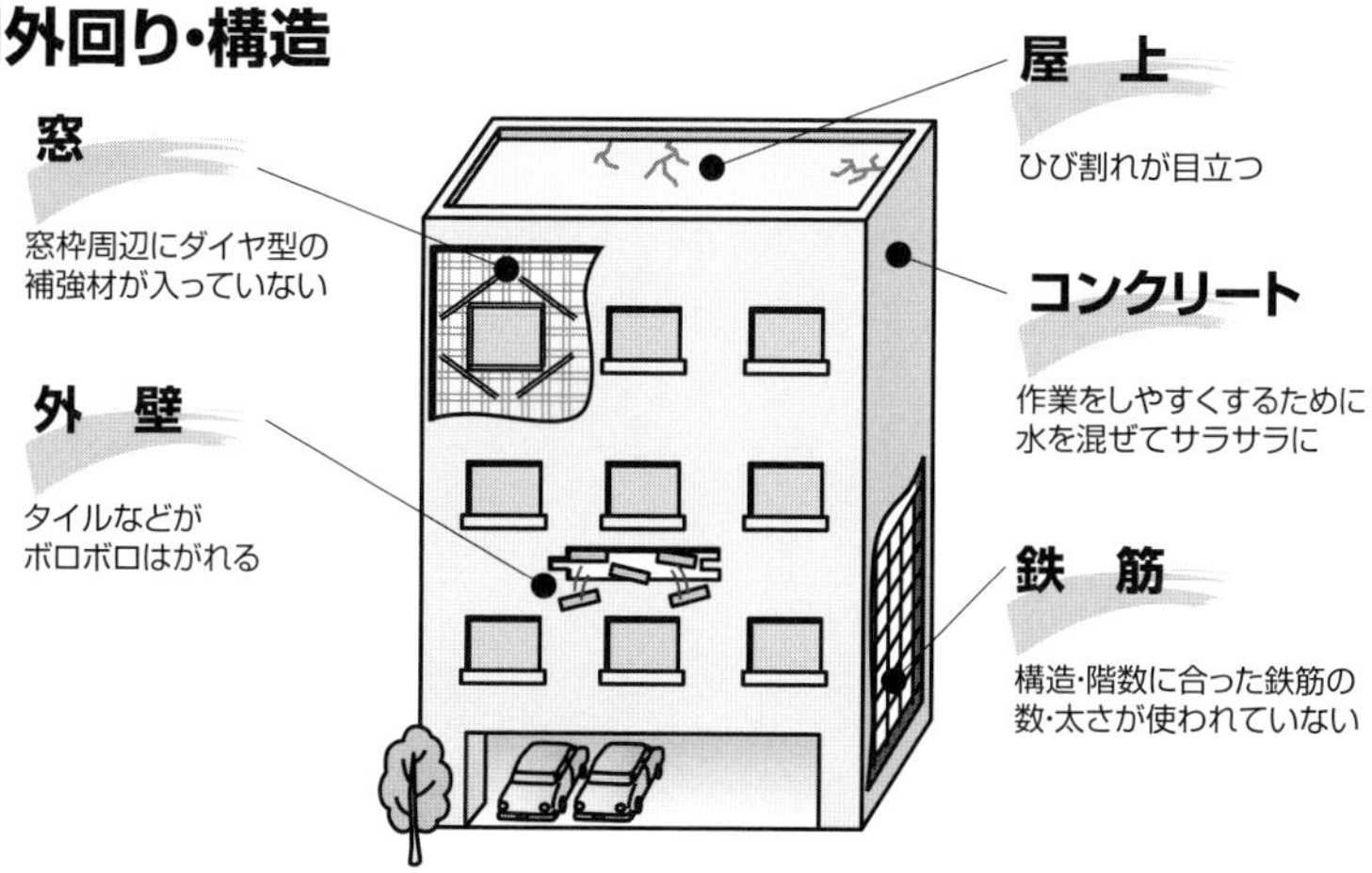

工期を短縮すると人件費も抑えられるため、構造的な手抜きより、時間的な手抜きが行われることが多い。

■バルコニーの手すりもチェック

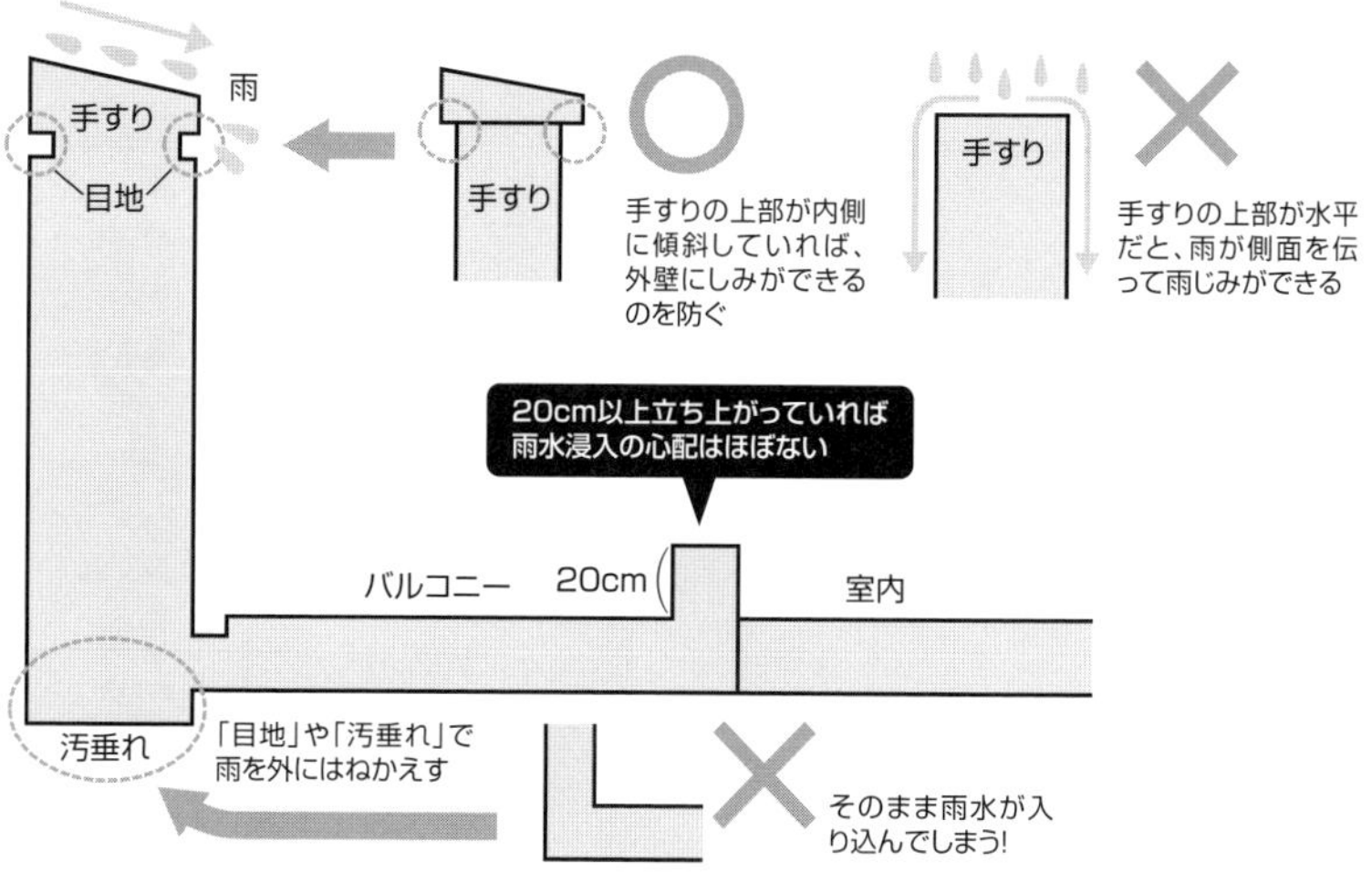

床のきしみや建具の開閉で、建物のゆがみや腐食をチェックする

戸建ての床のきしみは要注意

床のきしみについては、戸建てとマンションでは意味合いが異なります。

戸建ての床の１カ所がギシギシする程度なら、床板の反りやはがれによるものなので簡単な補修で済みます。

しかし、床全体がふわふわと沈んだり、足で踏んだ部分が沈み込んだり、あちこちで床鳴りがしたりする場合には、欠陥工事だったり、土台が腐食していたりする可能性があります。床下収納の収納部分を外して床下の土台の部分を確認してみましょう。湿気やカビ臭などがないか、シロアリ被害がないかなども確認しましょう。

一方、マンションの床はもとの建材がコンクリートなのでフローリングの床の施工時の不具合がきしみの原因であることがほとんどです。構造上の問題ではないため、リフォームでほぼ解決します。

建具はすべて開閉し、ゆがみをチェック

家のゆがみは、ドアや窓、ふすまなどの建具を開閉してみるとある程度わかります。

ドアやサッシなどが開けにくい場合、蝶番のさびや調整不足の可能性もありますが、何度も揺すらないと開閉できないようであれば別です。建物自体が沈んでいたり、ゆがんでいたりすることも考えられます。専門家に調べてもらいましょう。

同様にふすまや障子も完全に閉まらず、隙間ができる場合は、家が傾いていたり、ねじれていたりすることが考えられます。

Check! 建物のゆがみや腐食の室内を中心とした判別ポイント

■室内

窓・ふすま・ドア

□スムーズに開閉できるか?
□閉めたときに隙間ができないか?

壁

□ゆがみによるクロスのよじれがないか?

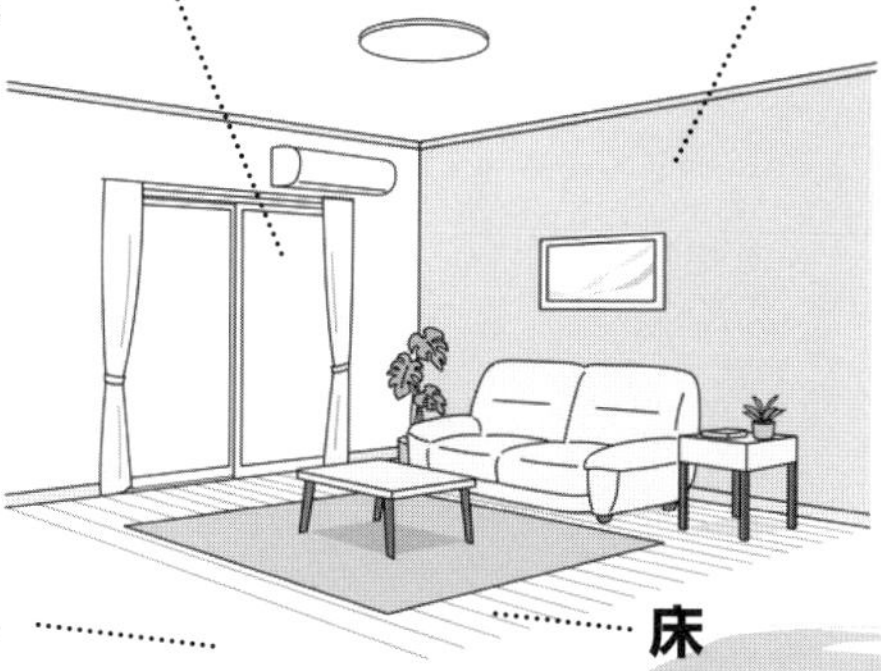

床　下

□湿気がこもっていないか?
□カビ臭くないか?
□シロアリのいる痕跡はないか?

床

□床鳴りはしないか?
□ふわふわ、ペコペコした感触はないか?(特に水回り)
□水平器などで傾きが確認されないか?

床下のきしみは床下構造に原因あり!

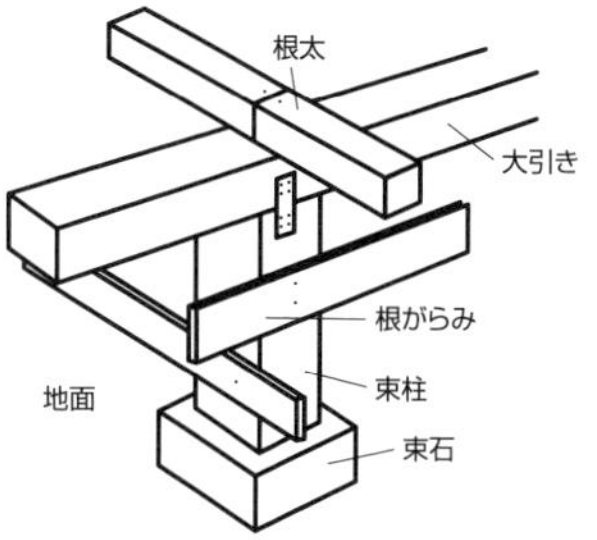

床板を支えるために床下に通っているのが「大引き」(P133)と呼ばれる横梁。それを地面で支えるのが「束柱」と「束石」。この3つに隙間があったり、ズレたりしているなどの手抜き工事があると床がきしむ原因に。床下をのぞいてチェックしよう。

マンションでは、ガスメーターやエレベーターなどの耐震対策もチェック

震度を感知して止まる装置付きか

地震などが起きると、マンションではどのようなトラブルが発生するのでしょうか。

震度5弱以上の強い揺れを感知すると、ガスメーター（マイコンメーター）の安全装置が作動して自動的にガスが遮断されます。ガス漏れなどの問題がなければ、ガスメーターに付けられた説明書どおりにメーターを操作すれば、自分で復旧が可能です。

エレベーターにも揺れを感知する機能付きのものがあり、2009年の建築基準法改正で地震時管制運転装置の設置が義務付けられました。地震の初期微動であるP波を感知すると、最寄りの階に停止し、安全が確認されるまで動かなくなります。

しかし、古いマンションにはこの装置がついていないものもあり、東日本大震災では都内で210件もの閉じ込めが発生しています。

フロアを分けて防災用品を備蓄

エレベーターが止まってしまうと、1階に下りられなくなる可能性があります。そこで高層階、中層階、低層階とフロアを分けて防災用品を備蓄するマンションも出てきています。

また、帰宅はできたものの、1階から上階に上がれない場合に備えて、エントランスやロビーに待機スペースを確保していたり、管理組合が中心となって、毛布や水などを備蓄していたりするところもあります。これからのマンション選びでは、平時の住み心地だけでなく、万が一のときの備えも重要なポイントとなります。

Check! マンションの隠れた耐震対策の例

耐震枠付きドア

安全に脱出できるように、この隙間が揺れによる変形を吸収します

地震時管制運転システム

地震の揺れを感知すると、自動的に最寄りの階で停止します

マイコンメーター

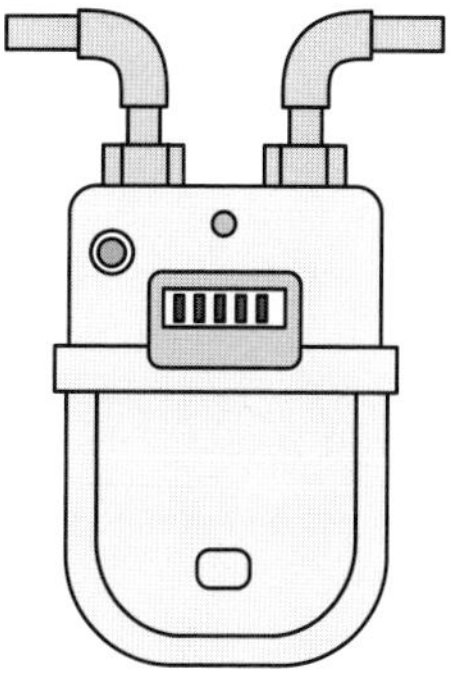

震度5弱以上の揺れでガスをストップします

ユニットバスの固定化

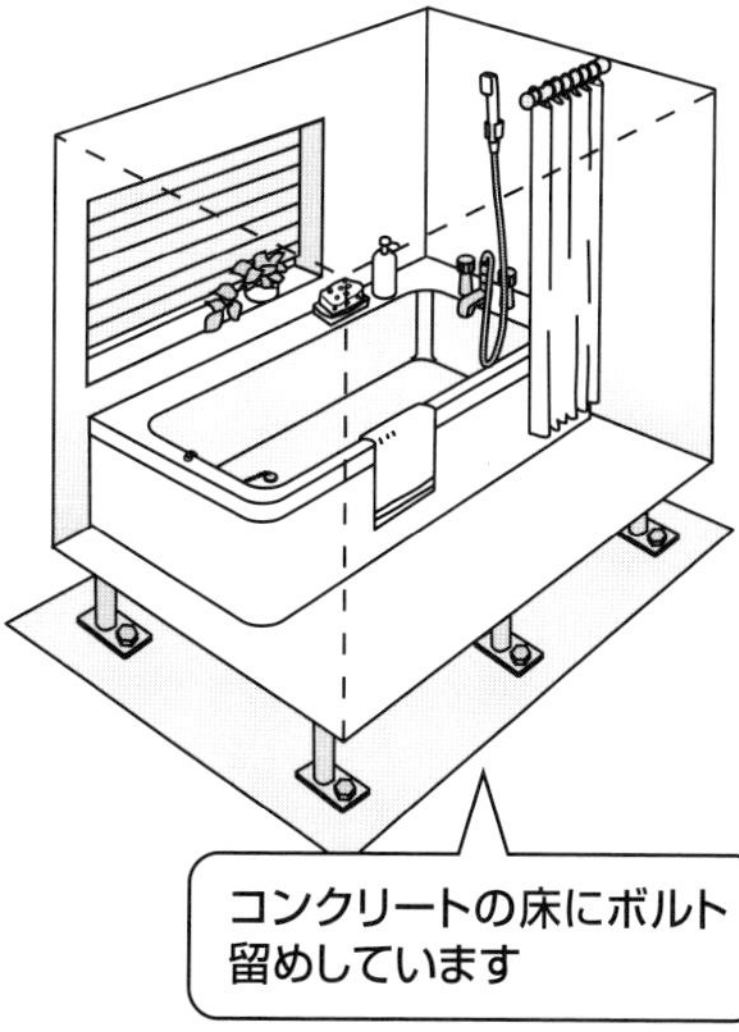

コンクリートの床にボルト留めしています

地震に弱い家

プロを頼る

中古住宅の購入で不安を感じたら、プロに診断してもらう

住宅のプロが客観的に診断

「住宅診断」はホームインスペクションとも呼ばれ、専門的な知識を持った第三者が物件の劣化状況や欠陥の有無、改修が必要な箇所などを検査し、改修の時期や費用などについてアドバイスするものです。

特に中古住宅の売買時には、宅地建物取引業法により、不動産仲介会社は売主に対して住宅診断を行うかどうかを確認し、住宅診断が行われた場合には、その結果を買主に説明することが義務付けられています。ただし、実施自体が義務化されているわけではないため、買主が実施を希望しても、売主の合意が必要です。

診断方法は、外壁や屋根、基礎部分、室内、床下などを目視で行うのが基本です（一次的インスペクション）。さらに詳しく調べる必要のある場合には、破壊検査（二次的インスペクション）を依頼します。

マンションの一次的インスペクションでは、外壁など共用部については設計図書を中心に安全性を確認します。ただ、それだけで手抜き工事は見抜けないため、できれば、勘の働く業者に依頼しましょう。

中古住宅に特化した「安心R住宅」

そのほか、２０１８年4月から国の関与の下、「安心R住宅」という事業者団体向けの登録制度がスタートしています。登録には「耐震性を有している」「インスペクションによって構造上の問題や雨漏りがないと診断されている」「リフォーム済み、または予定である」などの条件を満たしている必要があるため、ある程度安心して購入できます。

Check! 住宅診断（ホームインスペクション）と安心R住宅

■住宅診断のイメージ
（中古住宅の個人間売買のケース）

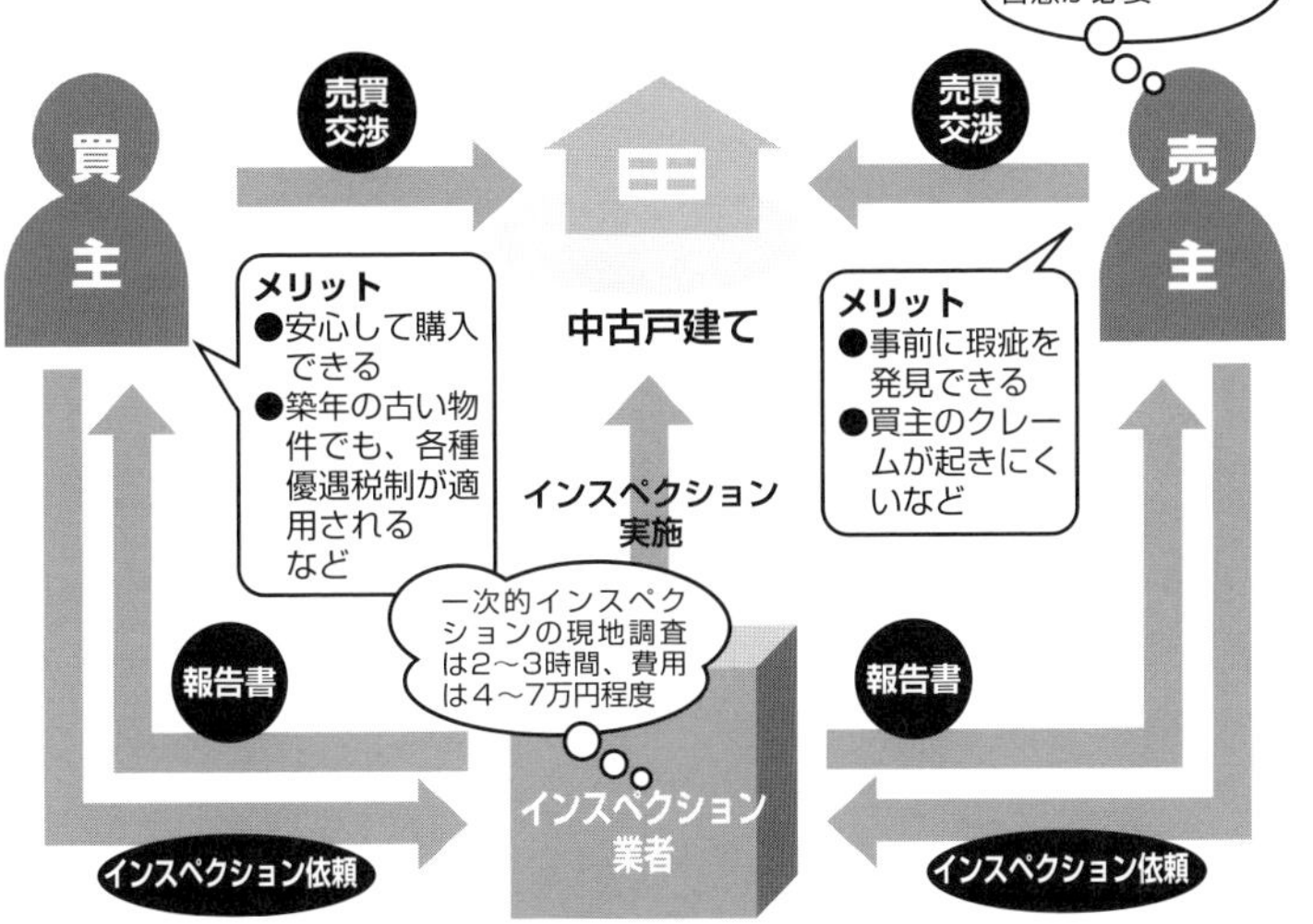

	一次的インスペクション	二次的インスペクション	性能向上インスペクション
概要	既存住宅の現況を把握するための基礎的なインスペクション	劣化の生じている範囲や、不具合の原因を把握するための詳細なインスペクション	省エネリフォームやバリアフリーリフォームを実施する際に、住宅性能を把握するためのインスペクション
目的	●中古住宅の売買時に、補強・補修工事の必要性を確認 ●維持管理のために、耐震性など現況を把握	●一次的インスペクションで詳細な検査が必要とされた場合に実施 ●リフォーム工事前に対象範囲を特定	●リフォーム工事の実施が前提 ●リフォームの要・不要、可能・不可能を判断

安心R住宅

一般社団法人
○○○○協会

・広告に左の標章（マーク）があれば、安心R住宅。マークだけで、登録団体の名称が併記されていない場合は虚偽なので注意。
・広告に表示されている仲介業者が「安心Ｒ住宅」の標章に併記されている登録事業者団体（https://www.mlit.go.jpから該当ページへ）から標章の使用許諾を受けているか、念のため、各団体のホームページなどで確認を。

助成制度もある耐震診断で、ズバリ耐震性をチェック！

住宅診断と耐震診断の違い

前項の「住宅診断」と少しまぎらわしいですが、こちらは「耐震診断」です。両者には次のような違いがあります。

住宅診断は「建物の部位ごとの品質（劣化・不具合）」を診断し、品質維持に必要な修繕工事等をアドバイスするものです。そのため、耐震性の計算などは行いません。

一方、耐震診断は「耐震性が基準値に達しているか」を診断し、達していない場合には、補強が必要な箇所や内容をアドバイスするものです。

自治体の助成があるところも

耐震診断は住宅診断と同様に、建築士などが床下や基礎部分、外周などを目視で行う「一般診断」と、壁や耐力壁などを必要に応じて破壊して調査する「精密診断」の2段階に分けて行われますが、木造住宅の診断の多くは一般診断で済みます。

すでにお話ししたとおり、過去の大規模地震では、旧耐震の建物が深刻な被害を受けています。よって、旧耐震であれば必ず、また新耐震であっても、これまでに雨漏りや結露が発生したり、シロアリの被害に遭っていたりする場合は、ぜひ耐震診断を受けるべきです。

なお、耐震診断の費用は戸建ての一般診断だけであれば、5万~15万円程度です。住宅診断と両方を受けても構いません。また、耐震診断や耐震補強工事の費用の一部を助成（148ページ）している自治体もあります。ぜひ確認してみてください。

Check! 耐震診断を受けて、住まいと命を守ろう!

■耐震診断の流れ
（木造住宅／NPO法人日本耐震防災事業団の場合）

診断の依頼

↓

現地にて打ち合わせ

↓ 基本的な項目の確認
◎設計図書の有無　◎築年数
◎増改築の有無

現地にて目視調査

↓ ◎地盤、地形、基礎の状況　◎屋根葺き材料
◎柱頭、柱脚の固定状況
◎床の構造材の種類

現状の耐震性能の構造計算

↓ (一財)日本建築防災協会編『木造住宅の耐震診断と補強方法』による

耐震性能が不足する場合
現行基準での補強計算、設計

↓ (一財)日本建築防災協会編『木造住宅の耐震診断と補強方法』による

耐震診断報告書の作成

↓

報告書の提示

COLUMN

オール電化住宅は災害に弱い？

火を使わず、室内に二酸化炭素などの燃焼ガスを発生させないことから、オール電化住宅が人気です。ただ、気になるのは、ライフラインが電気一つに絞られてしまう点です。地震などで停電になると、すべての設備機器が使えなくなるのでは、と心配する人も多いようです。

たしかに停電はオール電化住宅の弱点です。エアコンや冷蔵庫といった家電から、IHクッキングヒーターや給湯など、従来ならガスで賄っていた設備も使えなくなります。しかし、地震などの災害時、復旧がいちばん早いのは電気だといわれています。実際、2016年の熊本地震では電気の復旧に1週間、ガスは2週間かかりました。東日本大震災でも電気の復旧に1週間、ガスは5週間かかっています。

もちろん、地域や被災状況によって、電気の供給だけが止まり、ガスは止まらないこともあります。ただし、過去の災害ですべてのライフラインがストップしたケースでは、「電気（→水道）→ガス」の順番に復旧することが多くなっています。その点からは、オール電化住宅は災害に強いといえそうです。

加えてオール電化住宅では火を使わないため、地震後の火災という二次災害のリスクも減らせます。また、電気給湯器によっては、停電時でもお湯が使えたり、タンク内の水を非常用水として使えたりするものもあります。

災害時以外にも、オール電化住宅では電気料金の安い夜間電力を使用するので電気代を安く抑えられます。ガス契約をしなければ、ガス代の基本料金も不要になります。

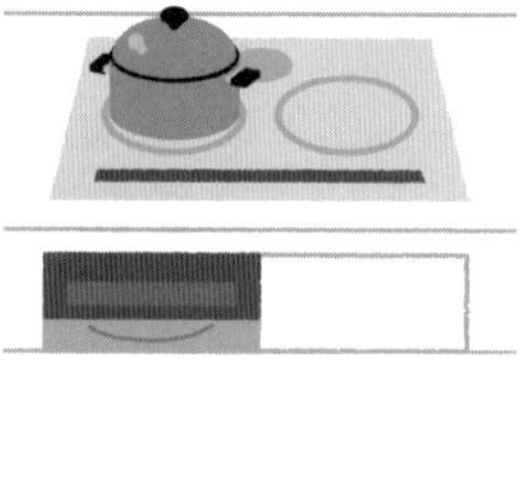

第4章

水害に弱い建物の見抜き方

水害に弱い家

自分で見抜く

戸建ての浸水リスクは床の高さと、ハザードマップで考える

床の高さが浸水リスクに対応しているか

水害が起きると、「床上浸水○○軒、床下浸水○○軒」のように報道されます。

床上浸水は文字どおり、家屋が半壊や倒壊していない状態で、床より上に浸水したもの（土砂竹木の堆積により一時的に居住できないケースも含む）。床下浸水は床上まで浸水していないが、基礎の部分は浸水している状態のことを指します。

建築基準法では、住宅の基礎の高さを30センチ以上、床上の高さを45センチ以上と規定しています。ただし、一般的な戸建て住宅では、外壁側の床面からの雨のうち返しやシロアリ被害の防止も考えて、基礎の高さを40センチ以上、床の高さを50センチ以上と、規定より高く設計しています。

そのため、国土交通省の各種資料でも便宜上、一般家屋の床上浸水を50センチ以上の設定にしていますが、50センチ以上あれば安心、満たなければ危険というわけではありません。低地や窪地にある住宅と高台などにある住宅では、そもそもの浸水リスクに違いがあるからです。

ですから、まずは洪水ハザードマップ（69ページ）の確認が大切です。50センチ以上の浸水リスクのある立地かどうかを調べましょう。そのうえで、予測される浸水リスクに適した床の高さになっているかを判断してください。

床下浸水でもダメージは深刻

万が一、床上まで浸水すると、家屋に与えるダメージは深刻です。畳や柱、壁、断熱材など構造が傷

■浸水が起こったときの生活への影響

① リビングへの影響
- 壁の損傷
- ソファーの損傷
- 漏電・停電
- エアコンの室外機の故障

② 和室への影響
- 畳の損傷
- 床下に土砂が堆積
- 建具の損傷

③ 水回りへの影響
- 水道が使えない
- 洗面台に堆積物が溜まる
- トイレが使えない

④ 車両への影響
- エンジンの故障
- 車内マット・シートの損傷
- 外部の損傷
- 機器の故障

むだけでなく、家具や家電製品なども泥水に浸かり使えなくなります。

床下浸水も甘く見てはいけません。床下に入り込んだ汚水や泥が原因で、木材が腐ったり、金具などの金属にさびが発生したりします。床下の断熱材が水を吸うと断熱効果もなくなります。床暖房などの電気配線が床下にある場合、放置しておくと、火災の原因になりかねません。

浸水からの復旧は大仕事です。床上浸水であれば、まずは畳や家財をすべて家の外に出さなければなりません。そして、床上浸水にしても床下浸水にしても、床下収納口から排水ポンプを入れるなどして汚水を洗い流します。特にベタ基礎は建物の底面をコンクリートで覆っているため、排水作業を行わない限り、汚水が残り続けます。

その後、扇風機などを使って床下を乾燥させます。季節や天候にもよりますが、完全に乾くまで1週間程度かかります。最後に、浸水した箇所をすべて消毒して、やっと完了です。

完了といっても、床上浸水であれば、買い直さなければならない家財も出てくるはずです。住まいの水害対策は見過ごせない問題なのです。

水害に弱い家

自分で見抜く

家のつくりの不自然さから浸水リスクを逆読みする

エリアの浸水リスクを知る

立地から選べるのであれば、浸水する可能性が低い土地を探すのがいちばんの水害対策です。ハザードマップはその手助けとなりますが、ほかに家の不自然なつくりからも、浸水リスクを読み取れるケースがあります。たとえば、あるエリアに水害対策を施した住まいが多いとすれば、そこは浸水リスクの高いエリアだと考えられます。

道を歩いていて、玄関の位置が不自然に高い家を見たことがないでしょうか。これは道路に対して敷地をかさ上げしているときによく行われるものです。もちろん、かさ上げした理由は低地などで浸水するリスクがあるからです。家の基礎を高くして、床の位置を上げている場合も同じです。

半地下タイプの住宅は要注意

近年、地下室のある戸建てや、1階部分が半地下となっているマンションが増えています。道路より下に位置するため、浸水リスクが高いことは言うまでもありません。

特に半地下や地下室のあるマンションでは、光や空気を取り込みやすくするため、左図のようなドライエリアの設置が義務付けられています。部屋の床まで掘り下げるタイプと、高窓程度の高さまで掘るタイプがありますが、いずれも壁に囲まれる形になります。通常、排水ポンプが設置されていますが、集中豪雨などで排水能力を超えた雨水が流れ込んでくると、浸水の危険があります。ドライエリアに水が溜まり、水圧でガラスが割れた例もあります。

Check! 浸水のリスクが高い家のつくり

■玄関が高い位置にある家

低地などで浸水するリスクがあるため、道路に対して敷地をかさ上げし、玄関を高い位置に設置している。家の基礎を高くして、床の位置を上げている場合も同様。

■ドライエリアとは？

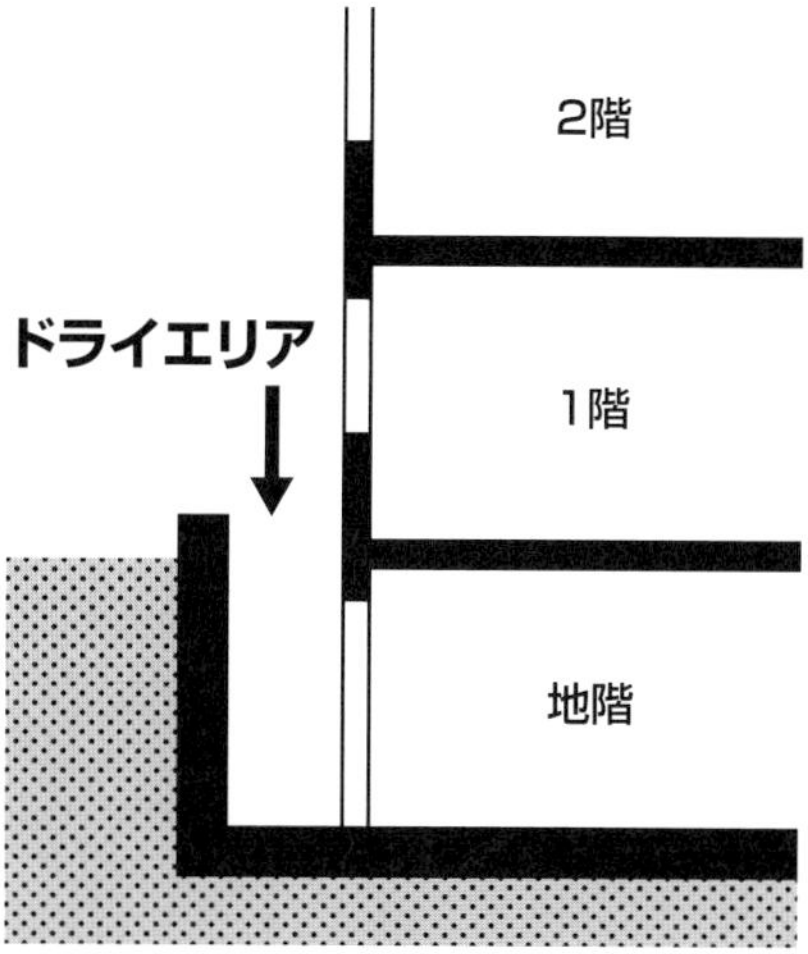

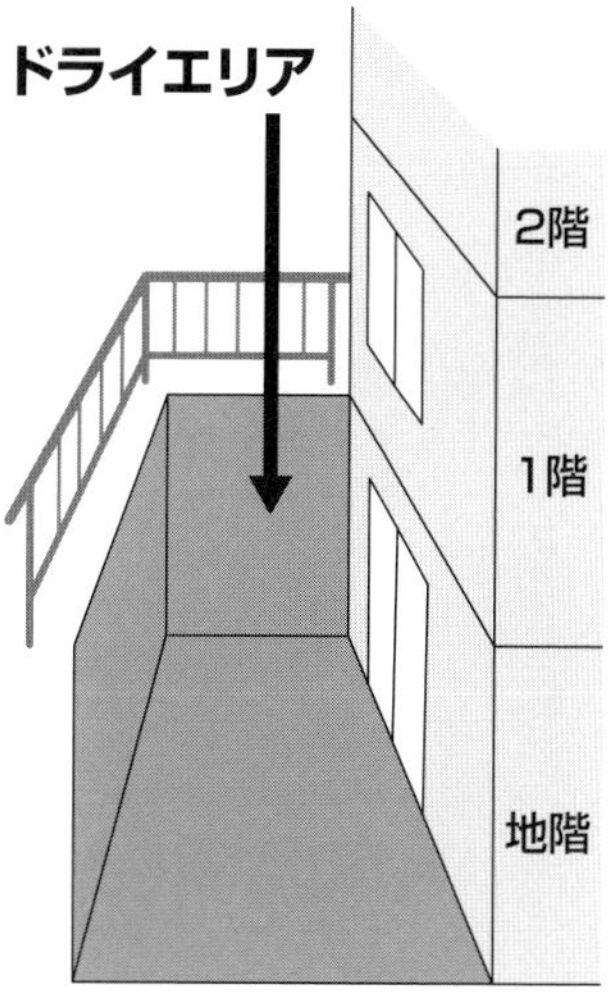

半地下や地下室のあるマンションでは、光や空気を取り込みやすくするため、ドライエリアが設置される。部屋の床まで掘り下げるタイプと、高窓程度の高さまで掘るタイプがあるが、いずれも壁に囲まれる形になるため浸水の危険がある。

水害に弱い家

自分で見抜く

床下換気口の高さと家の周りの花壇に注意！

換気口から雨水が浸入

たとえ基礎を高くしても、床下に水が入り込んでしまうと浸水の恐れがあります。その原因となるのが「床下換気口」です。コンクリートの基礎部分に、穴があいているのを見たことがないでしょうか。それが換気口で、床下に湿気がこもらないように設置されています。

床下換気口の設置は建築基準法で規定されていて、1階の床が木造の場合「外壁の床下部分には、壁の長さ５メートル以下ごとに、面積３００平方センチメートル以上の換気孔を設ける」となっています。

地面から高い位置に床下換気口が設置されているのであれば、多少の雨で水が浸入してくることはありません。一方、地面と同じ程度の高さに換気口が設置されていたり、換気口の前の地面に花壇がつくられていたりすると、そこに水が溜まって、少しの雨でも床下に浸水する恐れが出てきます。左の写真を参考に浸水リスクがあるかどうか見分けましょう。

地震や浸水に強い基礎パッキン工法

なお、最近では、床下換気口の代わりに、基礎の上部と土台の間に2センチほどのパッキンを挟んで隙間をつくって換気口とする「基礎パッキン工法（ネコ土台）」を採用する住宅が増えています。

建物の全周が換気口となるため、全周換気とも呼ばれ、換気効率が高く、穴をあけない分、基礎の耐力を保てるため、地震に強いのもメリットです。左図のとおり、地面からの高さもあるため、浸水リスクも低減されます。

Check! 床下換気口の見分け方と基礎パッキン工法

■2種類の床下換気口

地面と高さが同じ床下換気口。浸水の危険が大きい。

地面から高さが確保されている床下換気口はリスクが低い。

■従来の床下換気口と基礎パッキン工法の違い

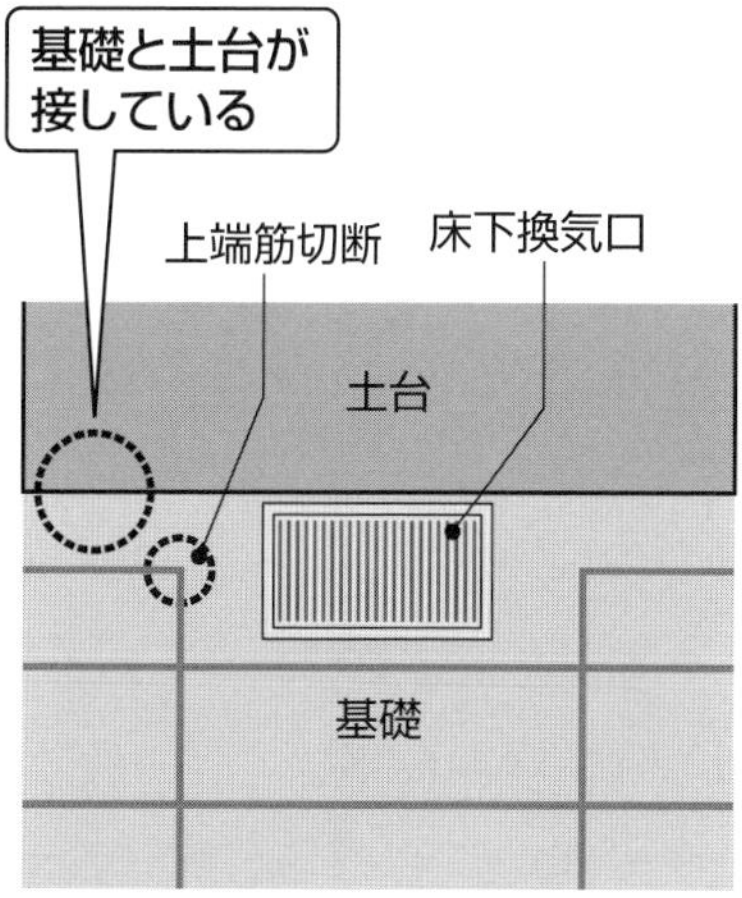

従来の工法

基礎と土台が接しているため、基礎からの湿気によって土台が腐る原因になる。

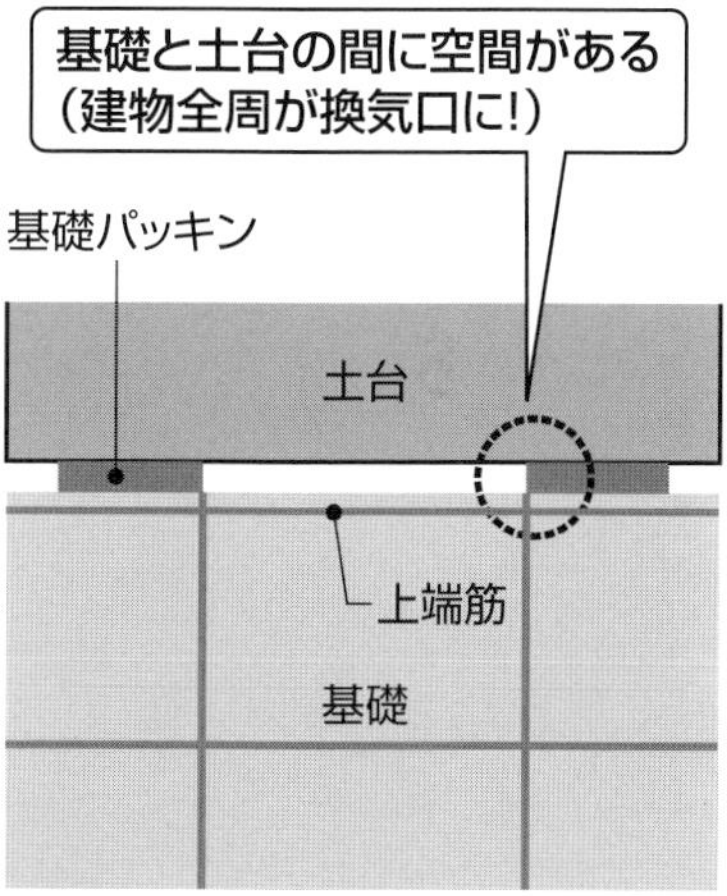

基礎パッキン工法

基礎と土台の間にパッキンを挟んで隙間をつくり、建物の全周を換気口とする。

水害に弱い家

自分で見抜く

半地下、地下の駐車場は車ごと水没する可能性も！

排水ポンプと電気系統のチェックも必須

都心など土地に余裕のないマンションでは、地下に機械式の駐車場を設けている物件が多くあります。しかし、地下鉄の駅ですら浸水するのですから、地下の駐車場に何が起きても不思議ではありません。

浸水対策として、多くのマンションで排水ポンプを設置していますが、日頃のメンテナンスを怠っていると、肝心なときにうまく稼働しない可能性も出てきます。「マンションは管理を買え」とよくいわれますが、水害対策の観点からもうなずけます。

車庫の排水システムを確認

戸建てにおいても、居室スペースを広く確保するため、半地下に駐車スペースを設ける物件が増えています。浸水リスクはマンションと同じです。道路から激しい傾斜になっている駐車場に豪雨によって水が押し寄せ、車が水没するケースも起きています。

そして、こちらも実際に浸水の危機に直面してみないと、排水ポンプなどがどれだけ効果を発揮するかは未知数です。また、設置の際に工事に不備があったとしても気づく機会がありません。

だからこそ、工事を依頼する（あるいは請け負った）業者の技術や経験が重要です。どの業者でも、単に設置等を行うだけならできるかもしれませんが、工事実績の少ない業者も少なくありません。壁の様子を見て、部分的に防水処理を行うなど、実際のリスクを想定したうえでパーソナライズした措置を行えるところは多くないのが実情です。その分野に精通した業者を探しましょう。

Check! 半地下の車庫には浸水リスクがある

■車庫のスロープの傾斜に気をつける

スロープの角度に注意!

大雨によって下水道管が満水状態になると、「逆流水」によって道路が冠水するよりも早く、半地下車庫に浸水してしまう。車庫のスロープがきつい傾斜になっているとなおさらで、車庫のスロープの傾斜には注意が必要となる。

■半地下車庫の浸水リスクの見分け方と対策

- **！ 周辺よりも土地が低くないか？**
- **！ 近くに河川はないか？**
- **！ 過去に浸水被害はなかったか？**

通常の駐車場はここをチェック!

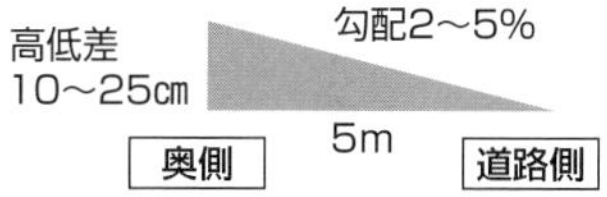

通常の1階駐車場では、水はけをよくするため、奥より道路側が低くなっているか傾斜を確認する。

↓

対策 ハザードマップ等を確認する ➡ 66～69、71ページ

対策 止水板を設置する ➡ 144ページ

対策 排水ポンプを設置する ➡ 112ページ

水害に弱い家

自分で見抜く

屋根や屋上の形状や排水状況をチェック！

軒や庇のない家は雨漏りに注意

　最近、軒や庇のない家が増えています。軒は屋根の一部で、外壁から突き出している部分。庇は窓や玄関といった開放部の上につくられた小さな屋根のようなものです。

　これらは雨風から外壁を守ってくれます。また、太陽の紫外線から外壁を守る日傘の役割も果たします。外壁の塗膜が紫外線で傷つけば、水や汚れが浸入しやすくなりますが、こうしたことを防いでいるのです。

　つまり、軒や庇のない家は傘を差さずにむき出しのまま雨風や日光にさらされているようなものです。どうしても外壁が傷みやすく、雨漏りを起こしやすくなります。

屋根の形状も影響

　外壁の劣化や雨漏りは、屋根の形状にも影響されます。特に雨漏りのリスクが高い屋根の形状としては「片流れ屋根」と「陸屋根」が挙げられます。

　前者の片流れ屋根は、屋根が一方向に傾いているのが特徴です。デザイン性が高く、また太陽光パネルを設置しやすいので人気があり、建売住宅などで多く使われています。ただし、屋根のいちばん高いところには軒がほぼない、もしくはないため、外壁が劣化しやすい弱点があります。また、片側だけに雨水が流れるため、雨どいへの負担も大きくなります。その結果、屋根と外壁との接合部から雨漏りするケースも起きています。

　後者の陸屋根はほとんど傾斜がなく、屋根の形状

Check! 屋根の種類によっては雨漏りリスクの高いものも

片流れ
(リスク高)

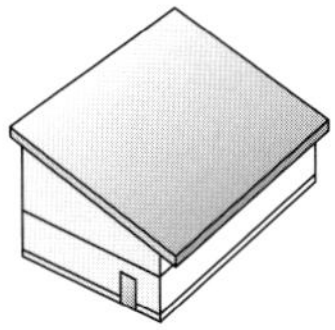

○ シャープでモダンなイメージのため洋風住宅に採用されることがほとんど。
○ ロフトをつくったり、高い屋根側に高窓を設けたりする。

陸屋根
(リスク高)

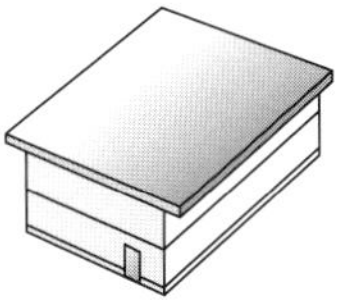

○ 水はけが悪いため木造ではほとんど使われない。
○ 屋上庭園を楽しむこともできる。

切り妻

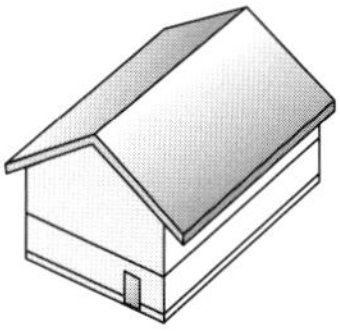

○ 和風、洋風どちらの住宅にも採用されている。勾配をつけやすい。
○ 単純な形状のため雨仕舞いがしやすく、コスト面でも有利。

寄せ棟

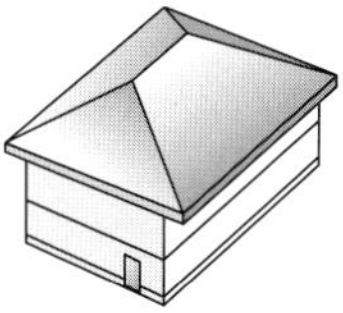

○ 頑丈なつくりの構造にでき、地震や台風などにも強い。
○ 切り妻に比べると雨漏りの可能性は高くなる。

入母屋(いりもや)

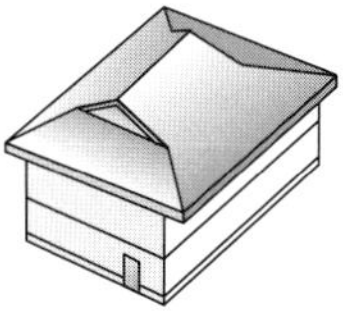

○ 日本の伝統的な屋根の一つで格調高い。
○ 和風住宅に多く、切り妻と寄せ棟を合わせたような形状が特徴。

方形(ほうぎょう)

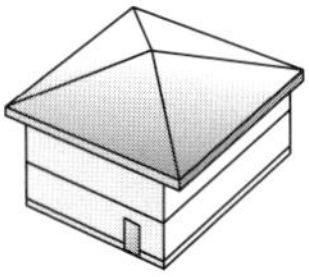

○ 正方形の建物で用いられる、四角錐のような形状の屋根。
○ 雨仕舞いの効果は高いが、屋根裏の換気に注意が必要。

が平坦です。見た目がシンプルで人気が高いだけでなく、屋上をつくれるというメリットもあります。

しかし、屋根に傾斜がない分、雨水が溜まる時間が長くなり、屋根自体や防水層が傷みやすいという欠点があります。

いずれにしても、屋根は人目につきにくい分、メンテナンスを怠りがちです。枯れ葉などで雨どいや排水口が詰まり、水があふれて雨漏りしてしまうケースも多発しています。

屋上やバルコニーでガーデニングをしている人は、雨どいや排水口の詰まりをこまめに点検し、早めに取り除くようにしましょう。

屋上はメンテナンスに注目

続いてマンションの屋上について見ていきます。

マンションの屋上は、形状的には平らな陸屋根のタイプがほとんどです。それだけに決して水はけがいいとはいえません。

さらに屋上には、さまざまな設備が設置されていることが多く、居住している人が屋上に出られないようになっているところが、いまは多くなっています。人目につかないため、どうしても管理が行き届きにくくなっています。

マンションの屋上やバルコニーに溜まった雨水は、雨水管を通って排水されます。そのため、その入り口に泥が溜まると、排水能力が著しく下がります。

そして、泥の溜まった場所に雑草が生えたりすると、さらに排水能力が低下し、水が溜まりやすくなり、屋上の表面に施された防水用の被膜も劣化が進むという悪循環に陥ります。

なかにはプールのように屋上に水が溜まり、そこからあふれた雨水が外壁を伝って滝のように流れ出したり、最上階の天井部へ雨漏りを起こしたりすることもあります。原因の多くは、雨水管の傾斜不足です。傾斜が不足しているため、雨水が流れ切らずに逆流。雨水管に溜まった水が建物とのつなぎ目などから漏れ出すのです。

雨漏りや漏水が発生すると、大事な家財も被害を受けますし、何よりも雨のたびに不安を抱えることになります。

ですから、屋上を開放しているところは減っていますが、購入を考えている場合は頼んでチェックさせてもらいましょう。泥や落ち葉が溜まっているかどうかは、誰でもすぐ判断がつきます。

Check! マンションの屋上にも雨漏りリスクがある

■主なマンションの排水のしくみ

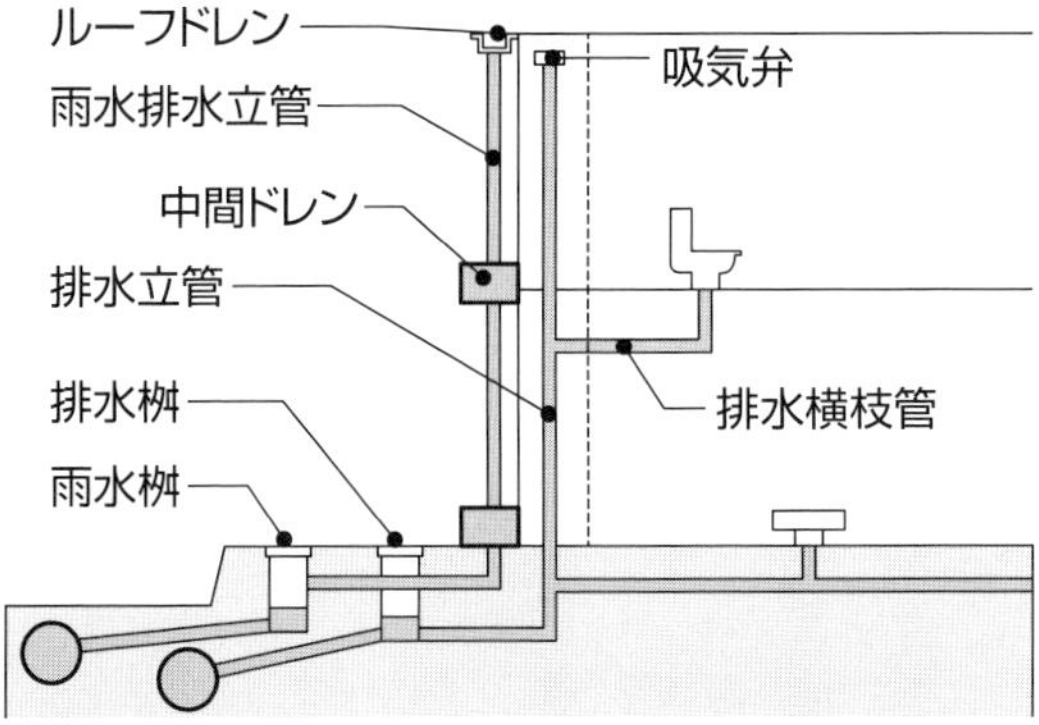

マンションの排水設備には、生活するうえで発生する排水を流す「汚水系統」と、雨や雪など自然現象による排水を流す「雨水系統」の2つがある。屋上に降った雨はルーフドレンを伝い、雨水排水立管に流れ、各階で生じた雨水を合流させ、地上面にある雨水桝に流れ込む。

■ルーフドレンが雨漏りの原因に

▲ひびが入っている

▲ルーフドレン周りにゴミが溜まっている

落ち葉などのゴミ以外に、土ぼこりが長年溜まってヘドロとなってルーフドレンに詰まり、雨水を流さなくなる。その結果、排水されない水が屋上に溜まり、水たまりのようになってしまう。

水害に弱い家

自分で見抜く

エリアの排水方式が分流式であれば安全度アップ

下水道には「分流式」と「合流式」がある

下水道には「合流式」と「分流式」の2種類があります。

合流式は雨水と生活排水などの汚水を同じ管で流します。下水道の直径は大きくなりますが、管が1本で済むのでコストを抑えられるメリットがあります。その半面、大雨などで汚水処理場の処理能力を超えると、川や海に汚水がそのまま流れ込むことになります。

一方の分流式は雨水と生活排水を別々のルートで排水します。管を2本設置し、建物の排水設備も2つに分けなければならないため、合流式よりもコストがかかります。しかし、大雨が降っても原則、汚水が河川などに流れ込むことはありません。

1970年代以降に普及した「分流式」

下水道が普及した当時は合流式が基本だったため、古くから下水道整備が進んでいた地域では、現在でも合流式が中心です。東京23区で分流式が採用されているのは世田谷区と足立区の一部、そのほか晴海周辺の湾岸エリアなどの一部です。

一方、横浜市は約7割が分流式です。１９７０年代に河川の水質汚染が社会問題となったことから、下水道法が改正され、これ以降に整備された下水管の多くは分流式となっています。

もし選べるのであれば分流式の地域をお勧めします。その地域の下水道がどちらの方式を採用しているかは、自治体の水道局などに問い合わせればわかります。

Check! 合流式と分流式の違いをおさえておく

■合流式と分流式

合流式

雨水と生活排水などの汚水を同じ管で流す方式。大雨などで汚水処理場の処理能力を超えると、川や海に汚水がそのまま流れ込んでしまう。悪臭のリスクもある。

分流式

雨水と生活排水を別々のルートで排水する方式。原則として、大雨が降っても汚水が河川などに流れ込むことはない。ただし、管が2本必要となるのでコストがかかる。

選択できるなら分流式のほうがベター！
自治体の水道局などに問い合わせよう。

ブレーカーが1階の戸建て、電気室が地下のマンションに注意

マンションは電気室の設置が必須

現代の暮らしに欠かせないのが電力です。戸建てとマンションではこの電力供給のしくみが異なります。

戸建てでは、市中に張り巡らされた送電線から配電所経由で供給された高圧電流を、電柱に設置されている変圧器で低圧電流に変換してから引き込み線を通じて各戸に供給します。

一方、マンションでは、一棟に多くの世帯や人が入居しているため、一度に大量の電力が使われます。そこで一定以上の規模のマンションであれば、電柱の変圧器を通さず、高圧のまま電力を引き込み、敷地内に設置した変圧器（電気室）で低圧電流に変換し、マンションのそれぞれの住居に分配します。

電気設備への浸水対策は万全か

マンションで使われる電力は、それぞれの住居で使用されるものだけではありません。共有スペースの照明やエレベーター、自動ドア、また上の階へと水を送る給水ポンプなども電力によって動いています。電気室が故障するとこれらへの電力の供給が途絶えてしまうので、各戸が停電するだけでなくマンションの機能自体がストップしてしまいます。

28ページでもお話ししたとおり、多くのマンションは電気室を地下に設置しています。戸建ての場合も、1階にブレーカーがある家が多いでしょう。精密機械のため高温になる場所や風通しの悪い場所は避けるべきですが、もし1階に浸水の可能性があるなら、2階以上に設置するなど工夫が必要です。

Check!

停電時に何が起こるか あらかじめ知っておく

■マンションの停電で起こること

オートロックの扉が作動停止に

電気錠を利用したオートロックの扉は使えなくなり、マンションのセキュリティが機能を失う。

エレベーターが緊急停止する

古いタイプのエレベーターには非常用のバッテリーがなく、エレベーターは使えなくなる。高層階の住民は注意が必要。

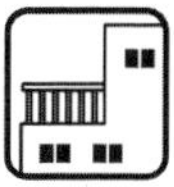

共用部分の照明が消える

階段や廊下、エントランスなどの共用部分の照明が消える。非常用のバッテリーが作動している間に懐中電灯を用意。

機械式駐車場が使えなくなる

機械式の駐車場の場合、車の出し入れができなくなり、水害の場合は車が水没する可能性もある。

断水する可能性もある

増圧ポンプを使用しているなど、給水方法によってはポンプが使用停止になり、断水する恐れもある。

オール電化はすべての機能が停止

コンセントにつなぐタイプの家電製品だけでなく、IHクッキングヒーターも使えなくなる。もちろん、お湯も出ない。

家電製品・インターネットが使えない

照明やコンセントなどの電気類が使用できなくなる。スマホやパソコンは使えてもインターネットが使えなくなることもある。

水害に弱い家

自分で見抜く

基礎のひび割れのリスクは隙間の広さと方向で判断する

基礎のひび割れは浸水の原因にも

建物をいちばん下で支える基礎。この基礎が低い建物は浸水の被害に遭いやすくなることは、110ページでも説明しました。なるべくなら地面から、基礎の高さ40センチ以上、床の高さ50センチ以上を確保するのが基本です。

同時に気をつけたいのは、壁もそうですが、特にコンクリートの基礎に入ったひび割れです。ひび割れには、紙が差し込めないほど細い「ヘアークラック」と、ひびの隙間が空いている「構造クラック」の2種類があります。

ヘアークラックは幅0・3ミリ以下、深さ5ミリ未満のひび割れのことです（国土交通省で規定されています）。コンクリートの収縮や膨張によって生じた表面上のひびのため、すぐに構造に影響を与えることはありません。そのため、急いで補修する必要はありませんが、後述するように、長期的には、雨水が染み込んで隙間が広がっていく可能性があります。特に横方向のクラックは縦方向のクラックより雨水を受け止めやすいため、経過観察は必要です。

構造クラックは早期に補修が必要

一方、幅0・3ミリ超、深さ5ミリ以上のひび割れは、ひび割れが外壁の下地にまで及んでいる構造クラックの疑いが強まります。構造クラックの発生は、ヘアークラックから進んだり、地震に起因したりするなど、原因はさまざまですが、放置しておくと、雨水が住宅の内部まで浸水し、建物の劣化を早めます。早急な補修が必要です（160ページ）。

Check! 2種類のクラックの違いと建物に与える影響

■ヘアークラックと構造クラック

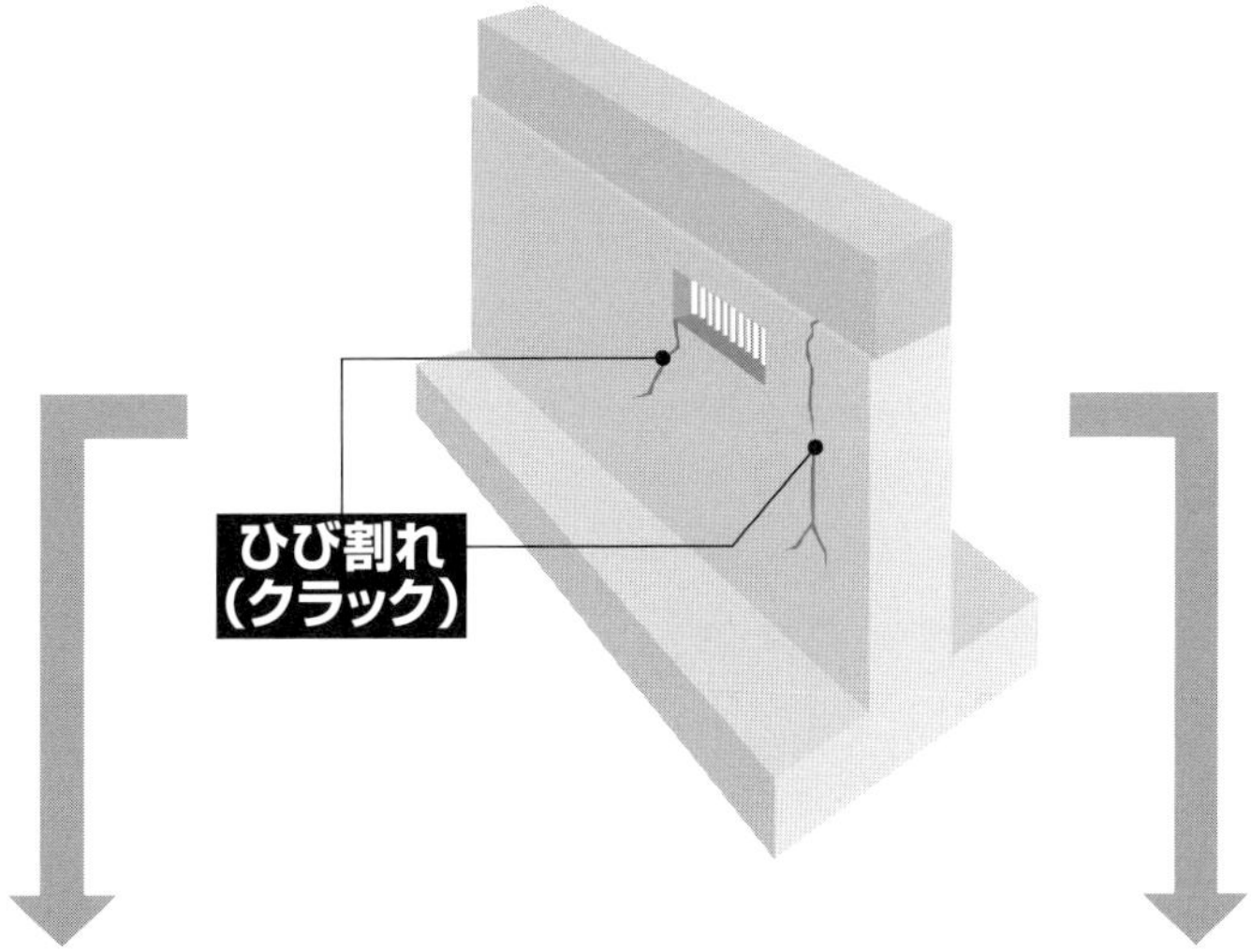

ヘアークラック

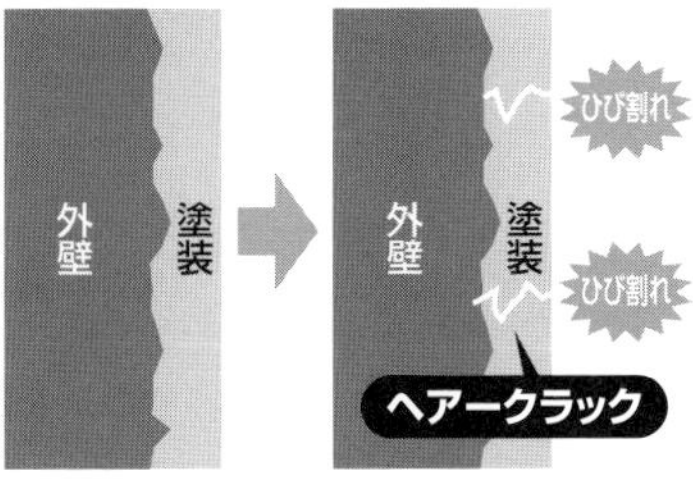

コンクリートの収縮や膨張によって生じた表面上のひび割れ。すぐに構造に影響を与えることはないが、時間が経てば雨水が染み込んで隙間が広がっていく可能性がある。

構造クラック

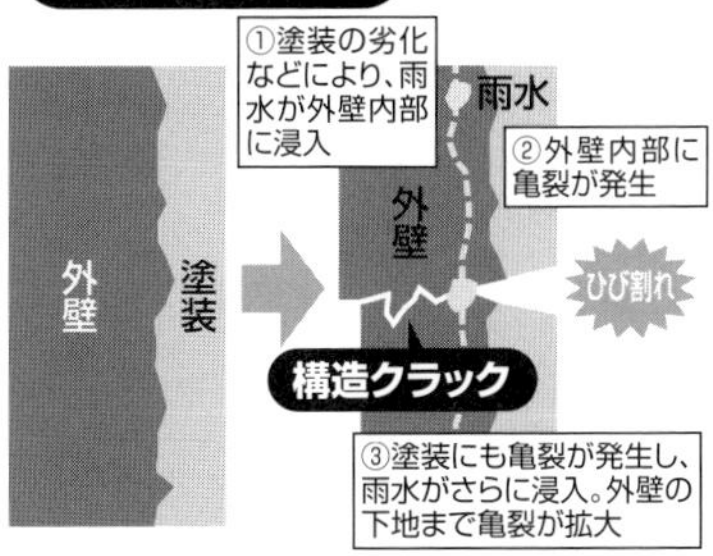

ひび割れが外壁の下地にまで及んでいるもの。放置しておくと雨水が住宅の内部まで浸水し、建物の劣化を早めるため、早急な補修が必要となる。

COLUMN

マンションは防災のソフト面もチェック

マンションなどの集合住宅の場合、災害で建物が無事だったとしても、その後が問題です。近年は災害に備えて、飲料水、食料、毛布、ラジオなどを備蓄する倉庫やマンホールトイレの設置を、設計段階から盛り込むところが増えています。さらにこれから求められているのは、住民同士のコミュニティの連携と事前の防災対策。ライフラインが復旧し都市機能が回復するまで、安全に乗り切れるかどうかはこのソフト面にかかっています。

特に世帯数が多い大型マンションでは、日頃から防災訓練を行うなどしてオペレーションを確認するだけでなく、住民同士の顔を知っておくことが大切です。防災マニュアルがあるだけでは、非常時に実行できるか不透明ですが、どこの階のどの部屋にどんな人が住んでいるか、情報を互いに共有できていれば、災害時にどのような行動や助けが必要かも理解しやすいはずです。

また、2019年の台風19号で甚大な被害を受けたタワーマンションでは、無料通信アプリのLINEのオープンチャットを利用して、仮設トイレ設置などの情報共有を図りました。このようなデジタルの活用も準備しておくべきでしょう。

一方、アナログの例としては、マンションの各戸に旗などを配っておき、異変がなければ玄関に掲げておくと決めているところもあります。各階でリーダーを決めておき、玄関を見回るだけで各戸の安否を確認できるようにしています。簡単で誰でもでき、労力や時間をあまり必要としません。

こうした工夫を凝らしているところが、ソフト面において、災害に強いマンションといえるでしょう。

Q&A

地震・水害・防災リフォームの素朴な疑問

ここでは８つのクエスチョンに答える形で、これまでの内容のポイントと、続く第5章の防災リフォームの概要を、写真中心に見ていきます。

Q1 住まいの災害対策は本当に必要ですか？

A 手遅れにならないうちに必要です。

ポイント

❶❷それほど古くない建物でも、バランスの悪いところから倒壊します。❸瓦は対策を打たないと危険。❹バランスの悪いピロティ部分から倒壊。❺❻地盤の重要さがわかります。❼床上浸水。立地選びが大切。❽山の麓はできれば避けたい立地です。❾平地でも周囲との高低差が大切なことがわかります。❿雨が降っていなくても、川の状況などによって発生。⓫一般的な戸建てでも要注意。エアコンもダメになる可能性も。⓬浸水すると、復旧には多大な費用と時間がかかります。

戸建て

熊本地震（2018年）／熊本県益城町

阪神・淡路大震災（1995年）／兵庫県神戸市

熊本地震（2018年）／熊本県熊本市

マンション

熊本地震（2018年）／熊本県

液状化現象

東日本大震災（2011年）／千葉県浦安市

熊本地震（2018年）／熊本県

九州北部豪雨（2017年）／福岡県朝倉郡東峰村

台風19号（2019年）／福島県郡山市逢瀬川氾濫

2019年／千葉県

台風19号（2019年）／福島県郡山市駅前

写真提供：❷⓬（一財）消防防災科学センター

令和2年7月豪雨（2020年）／熊本県人吉市

西日本豪雨（2018年）／戸建て

Q2 ツーバイフォーのほうが在来工法より安心ですか？

ツーバイフォー（2×4）工法

面で支える。設計の自由度は低いが、気密性は高い

木造軸組工法（在来工法）

柱、梁、筋交いで支える。設計の自由度が高い

A 新建築基準法（2000年6月）以降の物件は変わりません。

ポイント

日本の伝統的な戸建て住宅の工法が木造軸組工法（在来工法）。北米で発達し、一部ハウスメーカーが扱う工法がツーバイフォー（2×4）工法です。

在来工法は、木材を構造材に、柱や梁、筋交いなどの骨組みで建物の強度を保ちます。一方、2×4工法は、木の枠組みに構造用合板を張った板状の構造を使って、床（1面）・壁（4面）・天井（1面）の6面を囲んで家を支えます。

こうした違いから地震の揺れの負荷のかかり方が異なり、ひと昔前は2×4工法のほうが地震に強いといわれていました。しかし、新建築基準法になってからは、耐震基準そのものがアップしているため、どちらの工法で建てた家でも、耐震性に差はありません。

よって、古い住宅同士で比べれば、2×4工法のほうが耐震性に優れますが、2×4でも劣化具合やシロアリなどの被害があれば、高リスクになります。耐震性を考えるに当たっては、工法よりも個々の家の状態が大切です。

Q3 基礎と土台の違いがよくわかりません。

A 上の写真のとおりです。

ポイント

「基礎」は建物を地盤に固定するもの。「土台」は基礎の上に沿って固定される角材のことです。何のために土台を付けるかというと、基礎はたいていコンクリート造のため、土台を木材にしたほうが、ほぞ穴などを介して、柱などを接合しやすくなるからです。

なお、左と下の写真は、80ページでお話しした「布基礎」と「ベタ基礎」の実際の工事の様子です。布基礎は立ち上がり部分以外（底版）に、鉄筋は入っていません。一方、ベタ基礎は底版にも鉄筋が入っていることがわかります。

布基礎

ベタ基礎

コンクリートを流し込む前

コンクリートで固めた後

Q4 危険な兆候は建物のどこに出ますか？

A 詳しくは第3章、第4章、そして続く第5章を参照してください。ここでは、主だった兆候を写真で紹介します。

建物の傾斜

ポイント

❶千葉県内の交番ですが、液状化現象により正面から見て右側が沈下しています。液状化に限らず、地盤が軟弱だと、戸建てやマンションでも同じことが起こり得ます。

基礎や外壁のクラック・破損

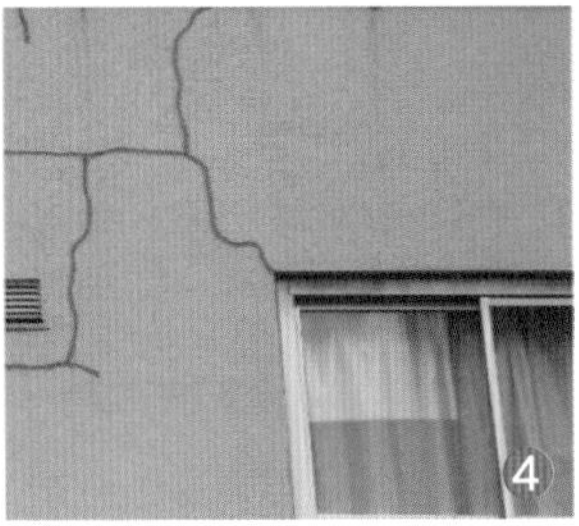

床下の湿気

ポイント

❷❸基礎部分にクラックや破損が発生した場合は早急な対応が必要です。❹窓などの開放部のクラックにも要注意！❺床下の大敵は湿気。木材の腐朽やシロアリの発生の原因になります。❻シロアリの食害痕です。

柱の腐食

ポイント

⑦は浴室、⑧は土台部分の柱の腐朽です。木材の腐朽は菌類の繁殖で起こります。そのため、湿気対策が不可欠です。⑨⑩結露が頻繁に発生するようなら注意が必要。寒暖差対策のため、窓そのものを替えたほうがいい場合もあります。

室内の結露

天井のしみ

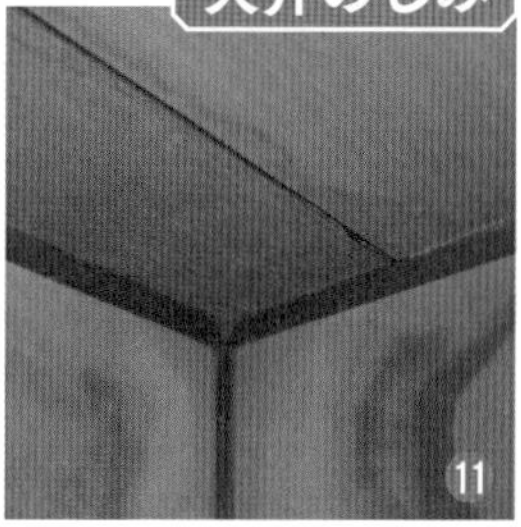

浴室のカビ

ポイント

⑪⑫天井のしみは、雨漏りや屋根裏の結露が疑われます。⑬⑭⑮浴室のカビですが、そのほか住まいの中でカビが発生している箇所は湿気の多い箇所。注意が必要です。

屋根のしみ 1

屋根の傷み ⑯

塀からの浸水 ❷

塀の痛み ⑰

ポイント

⑯⑰、❶～❺のいずれも普段の生活では見過ごされがちですが、大災害が発生したときに、大問題に発展するものばかりです。⑯⑰❶❷の補強・補修工事はもちろんのこと、❸であれば、原因を究明して、詰まりを直しておく。❹であれば、土を足すなどして低い所のない状態にする、もしくは道路側の地面が低くなるようにして水はけを改善する。❺であれば、早急な解決は難しいため、玄関に止水板を設置するなどの対策を打っておくべきです。

道路上の逆流 5

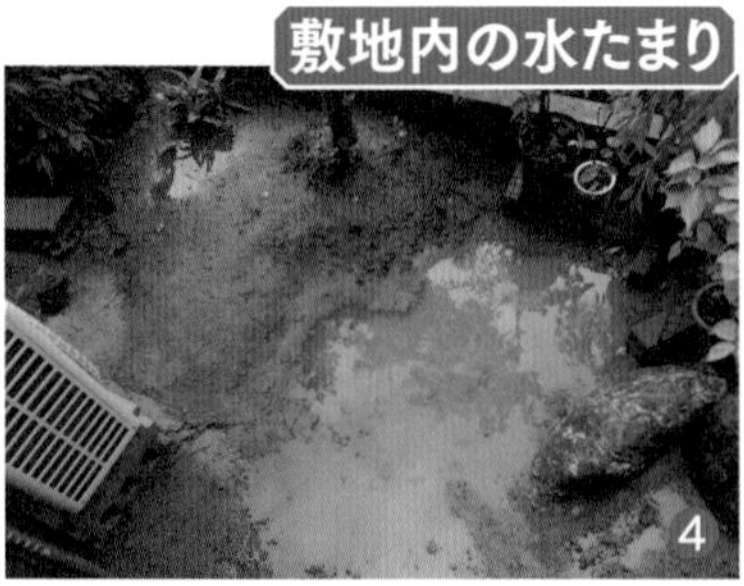
敷地内の水たまり 4

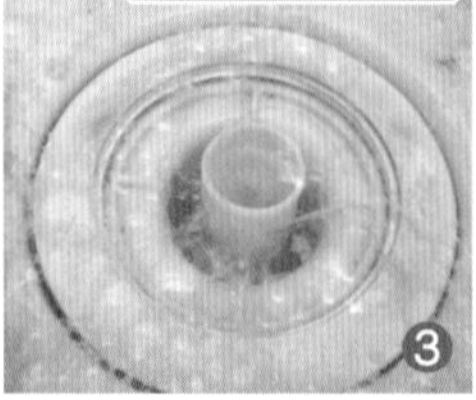
排水の逆流 3

Q5 自分でも耐震診断はできますか？

A 正確な診断にはプロの診断士の力が必要ですが、154ページのとおり、一般の人でも、クラックの見方などを覚えれば、おおまかに危険性を判断することはできます。

レクチャー❶ クラックの見方

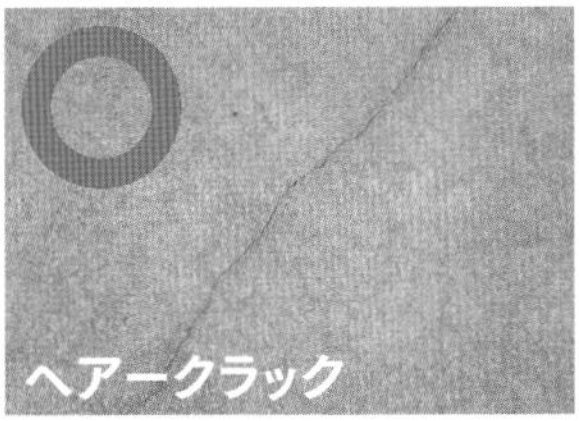

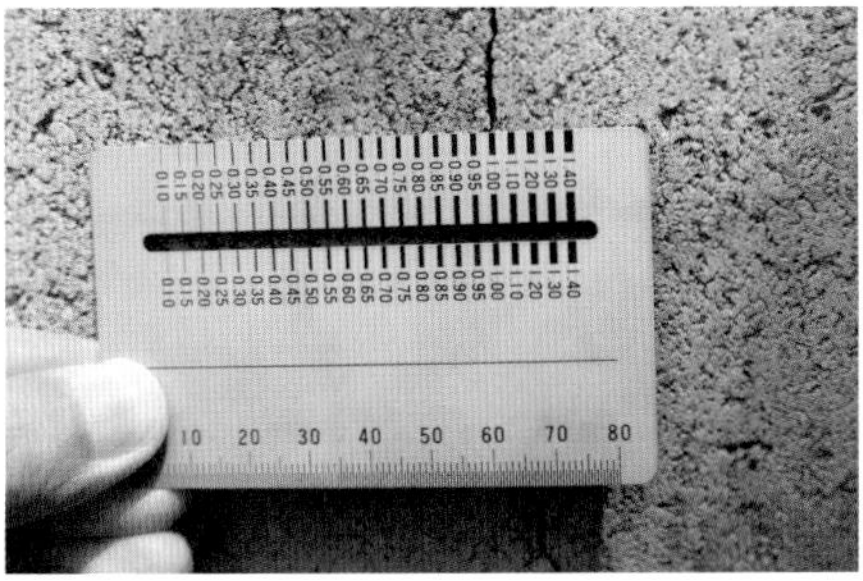

ポイント

これまでにも何度か出てきましたが、建物の外壁や内壁、基礎などにできる亀裂やひび割れをクラックといいます。その中でも、幅が0・3ミリ超、深さが5ミリ以上のものを「構造クラック」、それに満たないものを「ヘアークラック」といいます。クラックの大きさを測るには、上の写真のようなクラックスケールを用います。ホームセンターなどで、2000円程度で購入できます。

レクチャー❷ 点検口はココ！

浴室

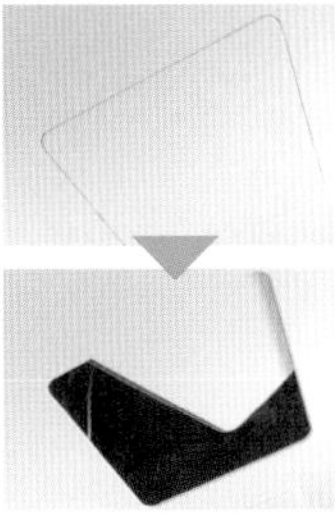

天井

床下

ポイント

基礎や屋根裏をチェックできるように（マンションも配管チェック用に）多くの建物で点検口が設置されています。場所はさまざまですが、床下点検口は床下収納庫を兼ねているケースが多く、収納ボックスを取り外すと床下をのぞけるようになっています。

Q6 防災リフォームの効果は本当にありますか？

A ありります。耐震補強や水害対策済みの建物とそうでない建物では、リスクは雲泥の差です。

文部科学省による実験

模型ではありません！実際の住宅を移設しての実験です

阪神・淡路大震災相当の振動を加えると……

耐震補強の効果は一目瞭然！

ポイント

実際の建物で効果は実証済み

上の写真は、文部科学省「大都市大震災軽減化特別プロジェクト」の一環として、2005年11月に独立行政法人防災科学技術研究所のE-ディフェンス（実大三次元震動破壊実験施設）で行われた実験です。

この実験では、1981年の建築基準法改正以前に建てられた、ほぼ同仕様の実際の木造住宅を実験場に移設し、1棟は無補強のまま、もう1棟は耐震補強工事を行い、阪神・淡路大震災に相当する振動を加え、補強工事の有効性を検証しました。

耐震補強をしなかったほうの住宅はわずか5秒前後で倒壊。一方、耐震補強工事を行ったほうは、扉が外れるなどしましたが、構造体そのものは無事でした。

筋交いなどを使った内壁だけの一般的な補強のため、費用は110万円程度。それでも効果は歴然でした。

eパワーウォールの実験

耐震補強工法の開発風景

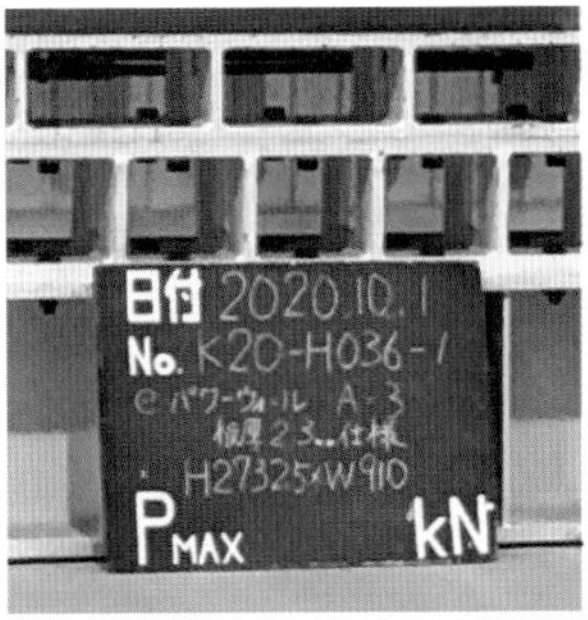

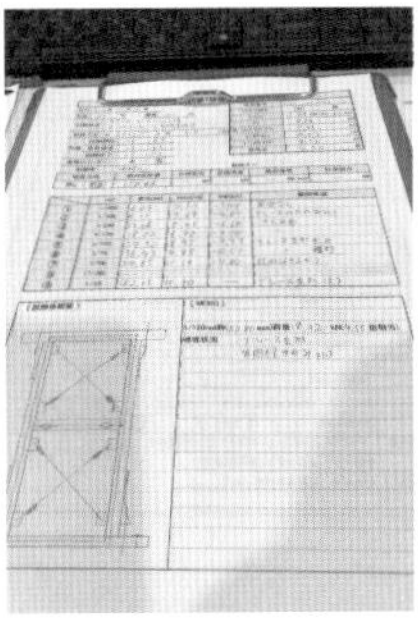

開発に当たっては、実験と検証試験を繰り返して改良。最終的には、第三者機関の「(公財)日本住宅・木材技術センター」における強度実験により、耐震性を実証したうえで商品化されている。

専門家の耐震診断を受けよう

143ページで、内壁ではなく外壁から行える（＝暮らしたまま行える）最近の耐震補強「eパワーウォール」の工法例について紹介していますが、同工法も上の写真のような大がかりな実験を何年も、何回にもわたって行われて開発されています。

耐震補強工事は、効果を確かめられるのが実際に大地震に遭ったときとなるため、「効果は本当？」「補強工事なしでもまず倒壊はしないでしょう？」という人がいるのもわかります。

しかし、仮に倒壊はしなかったとしても補強工事を施してある建物とそうでない建物では、その後の再建や暮らしやすさが違ってきます。日々の暮らしも安心して過ごせるはずです。

実際、過去の大地震において、周囲の建物のほとんどが被害を受けている中、無傷に近い状態で済んでいるのは、補強済みの住宅です。その効果については、被災を経験した多くの証言者がいます。

損害を被ってから再建にかかる費用や時間を考えれば、補強工事の費用は決して高くありません。一度は専門家による耐震診断を受けて、安全性を確かめましょう。

Q7 耐震補強工事にはどんなものがありますか？

A さまざまな工法やツールがありますが、補強部位で分けると、「基礎」「耐力壁」「接合部」のいずれかに分類されます。

基礎

増し打ち

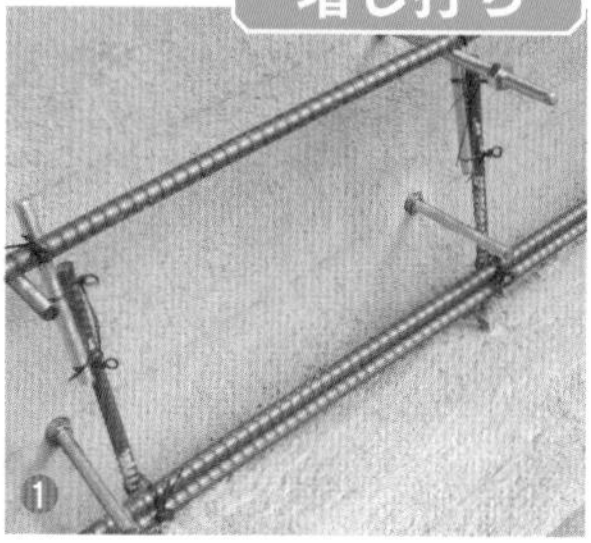

増し打ち

ポイント

❶元の基礎に鉄筋を差し込み（写真の状態）、その前を板状のもので囲ってコンクリートを流し込み、基礎を増します。❷基礎に特殊なシートを張り、その上から樹脂などを塗って補強します。

⇓160ページ

耐力壁

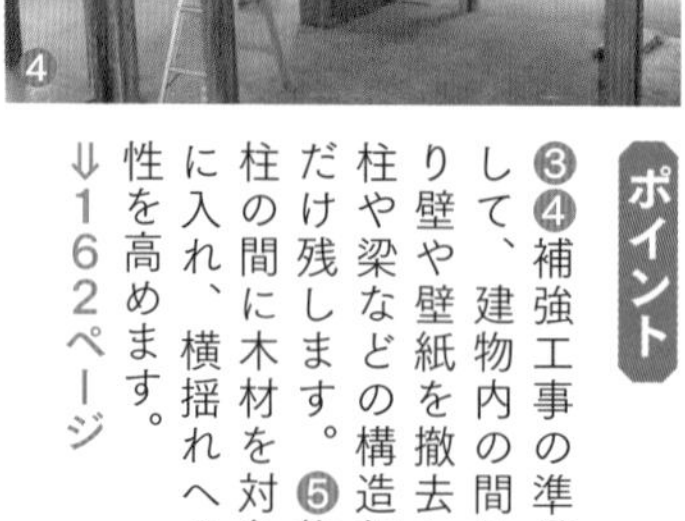

ポイント

❸❹補強工事の準備として、建物内の間仕切り壁や壁紙を撤去し、柱や梁などの構造部分だけ残します。❺柱と柱の間に木材を対角線に入れ、横揺れへの耐性を高めます。

⇓162ページ

筋交い

接合部

建物の内からの補強

ポイント

❻❼❽柱や梁、筋交いなどの継手部分に使用するもので、接合金物といいます。写真以外にもたくさんの種類があり、呼び方もさまざまです。

⇒166ページ

建物の外からの補強

ポイント

❾❿本文では取り上げていませんが、家の土台・基礎・柱部分に、建物の外側から取り付けて耐震性を高める工法例（写真は「DSG倒壊防止システム」）。建物内の工事が不要のため、一時転居などが不要です。

Check!

建物の外側からの補強工事の安全度は？

eパワーウォールの設置風景

メリットの大きい外付け補強

前のページを見て、建物の内側からの耐震補強工事は大がかりな分、外付けの工事よりも耐震性に優れているような印象を受けるかもしれません。しかし、マンションの耐震補強工事はほぼすべて外付けで行われますが、倒壊した例は皆無です。

工事が建物の内からなのか外からなのかは、耐震性とは関係がありません。家の周りに十分なスペースがなく、外からの補強が難しければ、必然的に内からの工事になります。ただし、工事の間、部屋を使えないなどのデメリットがあります。

一方、外からの補強は暮らしながら工事を行え、工期も短くて済みます。その分、通常、工事費も安く済みます。問題は外観を損なうことでしたが、eパワーウォールのように、いまは上からサイディングできるものが多く、デメリットだった部分は薄れています。

内か外かは、家の状態とそれぞれの好みで選択すればいいでしょう。

マンションの耐震補強は外付け！

模型で見る「外付け耐力壁」の効果

左右に揺らす　　揺らす前

屋根のない状態

屋根のある状態

上の状態から壁を補強

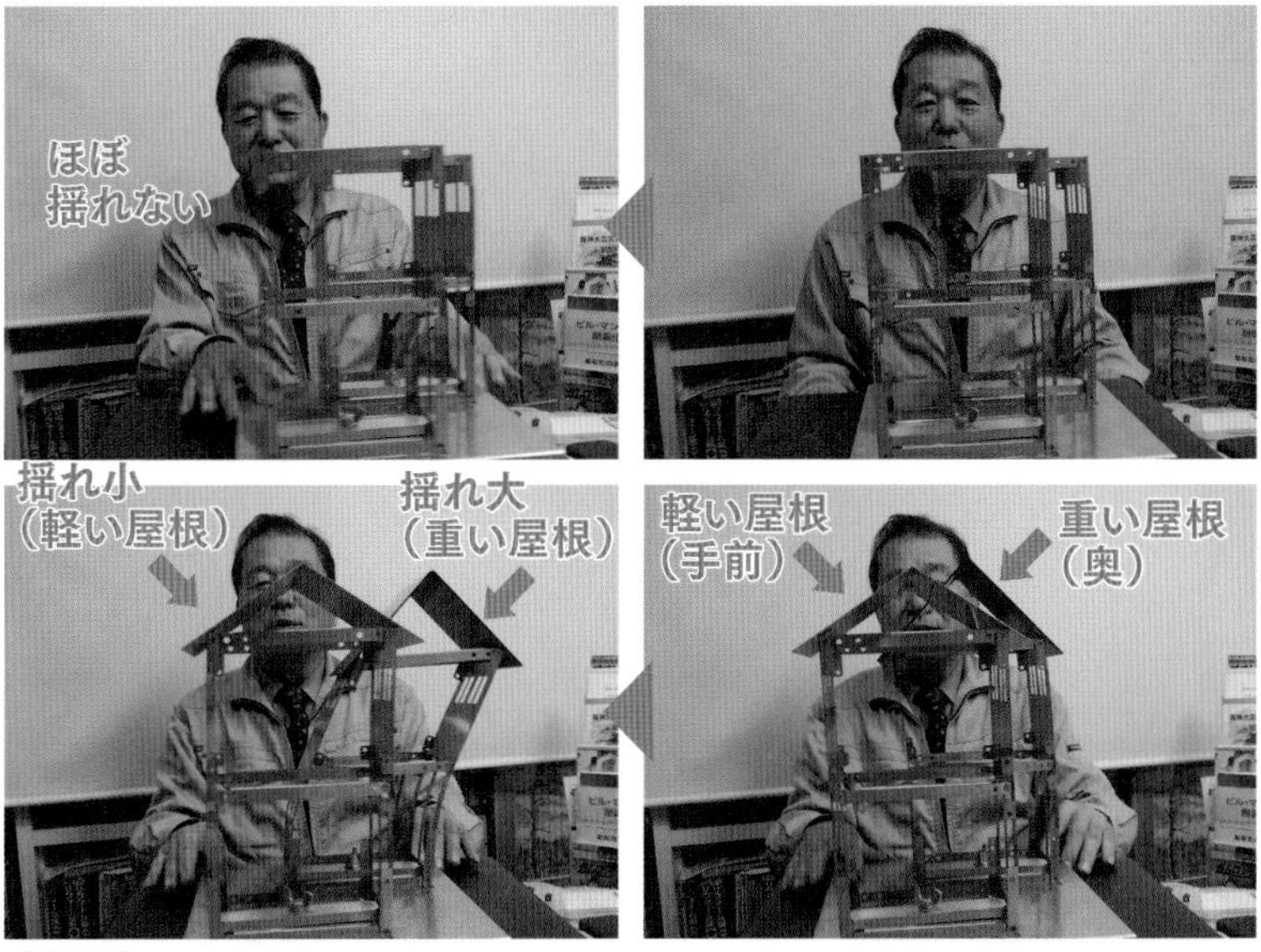

画像提供：株式会社ケアンズ・イノベーション

重い屋根でも耐震補強されていれば、軽い屋根の補強なしよりも揺れない！

Q8 水害対策の補強工事にはどんなものがありますか？

A 詳しくは第4章、この後の第5章を参照してください。ここでは、主だったものを写真で紹介します。

塀・止水板の設置

雨漏り対策

地面のかさ上げ

ポイント

❶〜❹はいずれも水の流入を防ぐもの。❶塀を新設。❷玄関が半地下のため、階段の一段目を道路より高く設置。❸❹半地下の駐車場、換気口に止水板を設置。❺ベランダに防水シートを敷設。❻外壁のクラックを「Uカットシーリング材充填工法」（160ページ）で修繕。❼新築の盛土の例。既存住宅でも、地盤沈下している場合などは、建物をジャッキアップして改修する方法も。

第5章

地震・水害に強い住まいにする防災リフォーム

災害に強い住まいにする防災リフォームとは？

知って損はない補強工事の知識

地震・水害に強い家にするための補強工事は一般に防災リフォームなどと呼ばれています。耐震診断などでその家の弱点を見つけ、補強する工事です。

水害対策も含めて、どこに弱点があるかは、立地や建物によって変わるため、図面などの書類や現地調査によって診断し、その結果を見て、どこをどのように補強するのかを設計し、工事を行います。

後の項目で詳しくお話ししますが、対象となる部位は、基礎部分、壁、屋根、接合部分などが主です。

特に旧耐震基準で建てられた建物については、現在の耐震基準に合うように補強する必要があります。

防災リフォームの知識はすでに持ち家のある人だけでなく、これから住まいを購入しようとする人にとっても重要です。新築、中古を問わず、防災リフォームのポイントを知ることで、「駅に近いから」「間取りがいいから」「壁紙が張り替え済みできれいだから」といった表面的な情報で衝動買いしてしまうようなことも避けられるでしょう。

住宅は高価な買い物です。防災リフォームにしても、次項でお話しするように、それなりの費用がかかります（命を守るという意味では、格安ですが）。失敗を糧に学んでいくわけにはなかなかいかないものです。そもそも命がかかっているのですから、業者任せにせず、自分でもある程度の知識を学んだうえで臨むようにしましょう。

防災リフォームをした分、リスクは下がる

防災リフォームを行うに当たり、通常は予算に限

■新耐震基準を満たしていても安心とは言い切れない

熊本地震（2016年4月）による益城町中心部における木造住宅の倒壊率

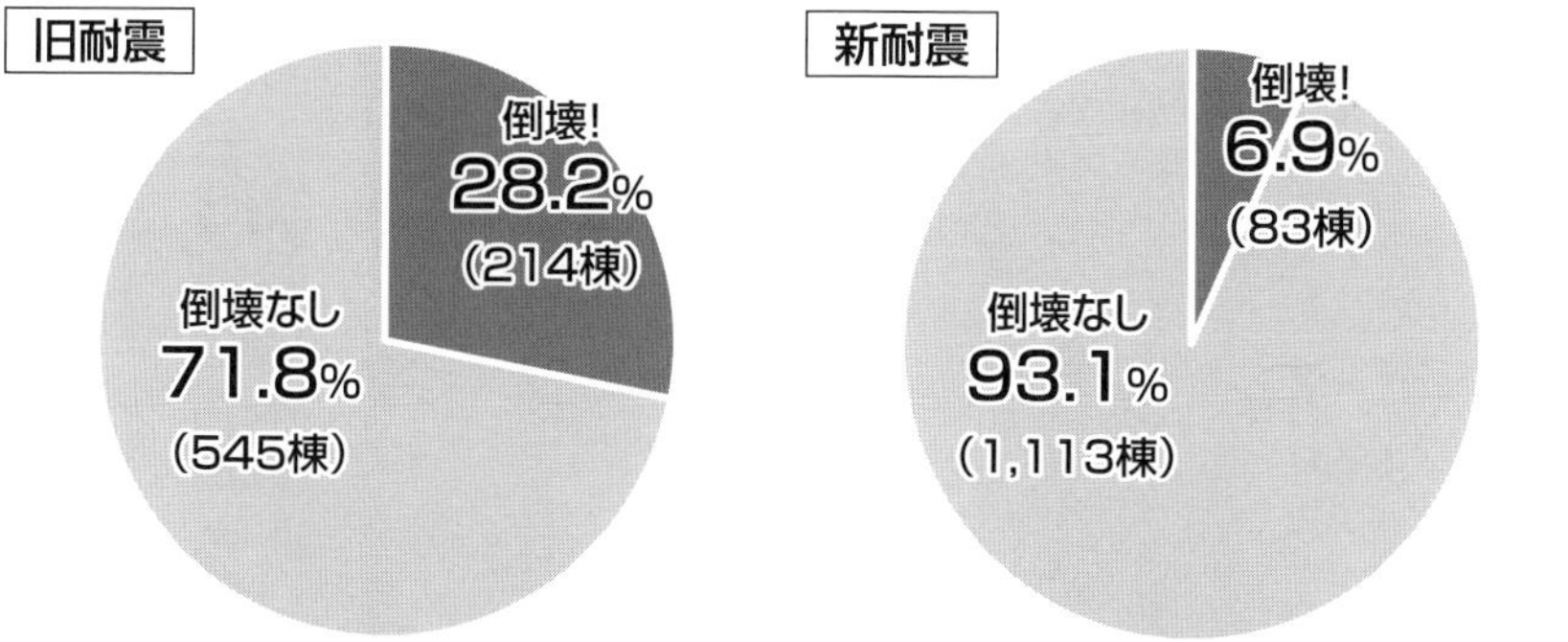

出所：国土技術政策総合研究所「熊本地震における建築物被害の原因分析を行う委員会報告書」

「倒壊なし」の建物は、倒壊していないだけで、被害がゼロとは限らない。実質的に再建困難なものや、再建には柱など大規模な補修が必要なものも含む。

りがあります。その場合には、ハザードマップなどから予想される「災害リスク」の種類と、「命」「暮らし（原状回復のハードルが高い）」「利便性（原状回復が比較的容易）」など災害時のリスクの程度との掛け合わせで優先順位を決めるといいでしょう。もちろん、第一優先は、災害リスクが高く、被災したときに命に関わるものです。

ただし、柱や土台など骨組みだけに解体しての防災リフォームは、工事期間中、仮住まいが必要になります。すぐ実行するのが難しい場合には、損傷が激しい箇所から手をつけるのも現実的な選択です。補強を行えば、その分、確実に災害時のリスクは下がります。よくあるケースとしては、瓦屋根から軽量の屋根材への変更、外壁面の改修、漏水やシロアリで被害を受けた土台部材の取り換え、止水板の設置といったものです。

こうした部分的な工事であれば、やや不自由はあっても、基本的には普通に生活しながら行えます。

また、最近では、建物を解体せずとも、強力な耐震性を得られる新しい工法も出てきています（142ページ）。勉強熱心で良心的な業者探し（150ページ）も重要です。

防災リフォーム

補強のキホン

費用の目安は150万円！補助金や減税制度を活用しよう

家の構造変更がなければ150万円が目安

日本木造住宅耐震補強事業者協同組合が２００６年４月から２０１９年７月に行った耐震診断の基本データによると、耐震補強（改修）工事の平均施工金額は１６７万６６３７円、施工金額中央値は１４０万円（平均築年数37・9年）でした。

補強内容や補強する箇所によって金額にはかなりばらつきがありますが、災害により建物を建て替えることになれば、最低でも２０００万円程度（一般的な戸建ての建て替え費用の全国平均は土地を除いて、３５００万円程度）かかることを考えると、住まいの弱点は早めに手当てしておくべきでしょう。安心して暮らせますし、住まいを売却する場合も、売りやすくなります。

なお、マンションの場合は、個人で補強工事は行えないため、不安がある場合は管理組合に働きかけ、早めの解決を図りましょう。

自治体の補助制度を利用しよう

自治体によっては、建物の防災リフォーム（耐震補強や水害対策）を助成金（補助金）で支援しているところもあります。詳しいことは各自治体に問い合わせるしかありませんが、一般的な注意点として、次の2点に気をつけましょう。

一つは、申請期間が限られているケースがあること。「○月まで」または「予算がなくなり次第終了」としているところがあります。ただし、新年度になると改めて利用できるところもあるので、４月まで待ってみてもいいでしょう。

■地方公共団体における住宅リフォームに係わる支援制度検索サイト

一般社団法人住宅リフォーム推進協議会のサイトより各自治体のリフォーム支援制度が検索できます。支援内容などを選べるようになっていて、「耐震化」や「防災対策」などの条件で検索できます。

https://www.j-reform.com/reform-support/

もう一つの注意点は、補助金の支給は原則、工事完了後に自治体の検査を受けてからになること。工事費の支払いなど、計画的に進めるようにしましょう。

所得税・固定資産税の減税制度も

また、期限が限られていますが、旧耐震の住宅に対しては減税制度も用意されています。

1981年5月31日以前に建築された住宅に、2021年12月31日までに自分の居住用に現行の耐震基準に適合する耐震改修工事を行った場合、「改修に係る耐震工事の標準的な費用の金額」の金額の10%に相当する額（上限25万円）がその年分の所得税額から控除されます。

また、1982年1月1日以前に建築された住宅に、2022年3月31日までに現行の耐震基準に適合する耐震改修工事を行い、その改修工事費が50万円超だった場合、翌年度分の固定資産税額（120平方メートルまで）が2分の1まで減額されます。

なお、耐震改修工事を、一般のリフォーム工事と同時に行った場合、ほかの補助金制度（助成金など）と併用できるケースもあります。

信頼できる業者、危険な業者の見分け方は？

不安をあおる業者は要注意

耐震補強の工事でよく聞くトラブルは、「無料で耐震診断します」などと訪問してくる業者です。屋根裏や床下などを簡単にチェックした程度で不安をあおり、契約を迫ります。

最近では自然災害で被害を受けた家屋に対して「状況を確認します」と上がり込み、被災者の不安に乗じて契約するトラブルも発生しています。

耐震診断は書面による予備調査、次に現地調査というように段階を追って行いますし、結果を持ち帰って報告書を作成するのが通常の手順です。現場をちょっと見ただけで契約を迫るような業者は避けましょう。補強の根拠と方法をきちんと説明してくれるような、信頼できる業者を選びましょう。

よくある追加工事は事前に把握を

防災リフォームでは、当初の見積もりどおりに工事が進まないケースがあります。「壁紙をはがしてみたらシロアリが発見された」「図面では入っているはずの筋交いがなかった」など、着手してから新たな問題点が見つかることも少なくないからです。

見つかった問題をそのまま放置できないため、追加工事が発生します。工事を始める前に、どんなケースが考えられるかを業者に確認し、その分の費用や工期についても見積もっておきましょう。

耐震診断や防災リフォームに実績のある事業者リストは、各自治体に問い合わせれば見せてくれます。また耐震診断などを行う事業者の団体に問い合わせるのもよいでしょう。

Check! 補強内容をきちんと説明してくれる信頼できる業者に依頼しよう

■信頼できる業者診断チェックリスト

①電話の応対や訪問時の態度は丁寧ですか?　こちらの話をじっくり聞いてくれますか?　YES　NO

②耐震診断、耐震補強の実績のある業者ですか?　施工実績を写真などで確認できますか?　YES　NO

③耐震診断のできる建築士が在籍していますか?　YES　NO

④事前調査に時間をかけてくれますか?　契約を急がせませんか?　YES　NO

⑤予算を確認し、それに見合った提案を行ってくれますか?　YES　NO

⑥複数の提案を用意し、各提案のメリット、デメリットをきちんと説明してくれますか?　YES　NO

⑦説明は専門用語が少なくわかりやすいですか?　質問に面倒がらずに答えてくれますか?　YES　NO

⑧金物だけの補強を勧めてきませんか?（※耐震工事について詳しくない可能性があります）　YES　NO

⑨相場に比べて極端に安い値段ではありませんか?（※部材や工事に手抜きの可能性も）　YES　NO

⑩最悪の場合の費用の目安を教えてもらえますか?　工期をきちんと提示してくれますか?　YES　NO

■耐震補強の見積書例

部分的な耐力壁の新設

工事内容	単位	数量	単価	金額
1.既存壁の解体、撤去	一式			25,000
			小計	25,000
2.壁補強工事				95,000
・筋交い(45×90㎜)	本	1	1,000	1,000
・筋交いプレート設置	枚	2	500	1,000
・手間工事費	一式		22,000	22,000
・巾木取付	m	12	1,000	12,000
・廻り縁取付	m	12	1,000	12,000
・石膏ボード張り(厚12.5㎜)	㎡	2.2	2,000	4,400

防災リフォーム

補強のキホン

防災リフォームの流れを知っておこう

耐震診断で弱点を見つけ、耐震補強を行う

防災リフォームの中でも、特に重要なのが耐震補強です。耐震補強を行うには、まず「耐震診断」を行い、現在の建物の状態を確認します。１０６ページでお話ししたとおり、耐震診断には、一般診断と精密診断があり、通常は一般診断だけで済みます。

耐震診断（一般診断）の流れとしては、設計図書や増改築の有無などの情報を集める予備調査、実際に建物を目視し現況を調査する目視調査、そして調査結果を専門家が診断して、建物の耐震性能を計算する耐震性能の構造計算の3段階で進めます。

耐震診断の結果、耐震性能の不足が指摘された場合には、その不足分を補う「補強計画書」が作成され、この計画書に沿って補強工事が行われます。

診断と施工、別の業者への依頼も可能

耐震補強工事の内容を理解できたら、工事金額の見積もりを出してもらい、契約に移ります。

見積もりを依頼する業者は複数にお願いするのがベストです。もちろん耐震診断をお願いした業者に工事まで依頼してもよいのですが、第三者の視点が入ることで診断内容のチェックにもなり、トラブルを防げる利点があります。

最近は耐震診断を格安で行う代わりに、工事代金にその分の費用を上乗せして契約をとろうとする業者もいるので注意が必要です。水害については地震のような診断制度が確立されていませんが、地震と同様に最終的には命に関わるものです。無料や格安といった言葉に騙されないように注意しましょう。

Check! 耐震補強の大まかな流れを知っておこう!

■耐震補強の流れ
（木造住宅／NPO法人日本耐震防災事業団の場合）

1 診断の依頼

↓

2 耐震診断

●予備調査・現地にて打ち合わせ

基本的な項目の確認
◎設計図書の有無
◎築年数
◎増改築の有無

●現地にて目視調査

◎地盤、地形、基礎の状況
◎屋根葺き材料
◎柱頭、柱脚の固定状況
◎床の構造材の種類

●現状の耐震性能の構造計算

（一財）日本建築防災協会編
『木造住宅の耐震診断と補強方法』
による

↓ **耐震性能が不足する場合**

3 補強計画書の作成

●現行基準での補強計算、設計

（一財）日本建築防災協会編
『木造住宅の耐震診断と補強方法』
による

●耐震診断報告書の作成

↓

4 報告書の提示

↓

5 工事内容・スケジュールなどの確認

↓

6 工事

防災リフォーム

補強のキホン

専門家の診断を受ける前に自己診断してみよう

自分でもある程度は診断できる

耐震診断の流れは前項のとおりですが、実際に依頼するとなると、5万~15万円程度の費用がかかります。

ですから、その前に、耐震診断を行う必要があるかどうか、自分の目で「簡易診断」を行ってみるといいでしょう。

次ページが、日本耐震防災事業団が作成した簡易診断用リストです。見ておわかりのとおり、簡単な質問に答えるだけで、およその耐震レベルの判定ができるようになっています。

いずれも目視で確認できるか、暮らしていれば直感的に答えられる質問ばかりです。ぜひチェックしてみましょう。

状態が悪い場合は精密診断を

簡易診断用リストでチェックしてみて、該当箇所が3つ以上あった場合には、専門家に耐震診断を依頼することをお勧めします。一般診断の場合、簡易診断と同様に目視で行われますが、一般の人には難しい、床下や天井裏に入り込んで骨組みの様子を観察するなどの調査を行います。

もし簡易診断用リストで、該当箇所が8つ以上あった場合には、はじめから「精密診断」を依頼しましょう。というのも、一般診断は一般の建築士や工務店でも行えますが、精密診断は家屋の構造の専門知識を持った建築士が行うのが一般的だからです。床板や壁紙を一部はがすことになりますが、軸組みなどの状況まで精密に調べることができます。

Check! 自分でできる耐震診断。こんな家が地震に弱い！

①
□ 窓の周りの外壁にヒビがある。

②
□ 基礎にひび割れや欠けができている。

③
□ 床をパチンコ玉が転がる。

④
□ シロアリの被害を受けたことがある。

⑤
□ 近く（敷地から10m以内）に川がある。

⑥
□ ドアや襖の開け閉めがしにくい。

⑦
□ 新築後、アンカーボルトを点検したことがない。

⑧
□ 押し入れの中にカビを発見したことがある。

⑨
□ 1階に店舗や車庫がある。

⑩
□ 屋根の瓦が重い。

⑪
□ 増改築を行った。

⑫
□ 床下の土台に腐朽が見られる。

⑬
□ 階段の上り下りに揺れを感じる。

⑭
□ 基礎の高さが40㎝以下である。

⑮
□ 近くの道路を大型車が通るとサッシがガタガタ鳴る。

⑯
□ 吹き抜けがある。

⑰
□ 壁が一方に偏っている、または壁が少ない、壁全長の1/5に満たない面がある。

⑱
□ 地震情報より揺れを大きく感じる。

⑲
□ （役所の）完了検査を受けていない。

⑳
□ 昭和56年（1981年）以前に建てた家である。

㉑
□ 強風が吹くと揺れを感じる。

YESの合計

YESが3個未満＝問題ありません。
YESが3〜7個＝調査の必要があります。
YESが8個以上＝精密検査と補強対策を考えましょう。

専門家と相談しながら補強計画を立てよう

要望は遠慮なく伝える

耐震診断の結果をもとに、具体的にどの部位をどのような方法で補修するのかを専門家に考えてもらうのが補強計画です。

壁のなかった部分に新しく耐力壁を設けたり、現在の壁をはがして筋交いや構造用合板で補強したり、柱の足もとなどに金物を取り付けたりするなど、補強方法はいろいろ考えられます。補強計画に関する技術的な判断や提案は専門家が行いますが、最終的な判断を下すのは、依頼する本人です。要望があればきちんと伝えておくことが大切です。

その際、補強によってどの程度の耐震性を求めるかも話しておくといいでしょう。「どんな地震にも耐え得るだけの補強を行い、安心して暮らしたい」「ある程度壊れるのは覚悟しているが、命に関わるような倒壊は避けたい」など、目標設定によって、補強内容もずいぶん違ってきます。当然、費用にも跳ね返ってきます。

予算や将来を考えた段階的な計画も

予算に限りがある場合は、補強を一度で済ませることにこだわらず、段階的な計画を組むことを考えてもいいかもしれません。現状の保有リスクを十分に把握したうえで、ひとまず優先度の高い工事から着手し、数年がかりで耐震性を高めていくのです。

特に将来、リフォームを考えている場合は、補強工事と時期を合わせるのが効率的で、費用を抑えることができます。こうした予定も含めて、専門家と相談しながら計画を固めていくといいでしょう。

Check! 補強計画を検討する前に専門家に伝えておきたいこと

1 用意できる予算はいくらか？

いくら専門家でも、予算が決まらなければ、補強内容を提案することはできない。限られた予算を上手に配分するのも、こうした専門家の仕事の一つ。予算の多寡は気にせず、正直に相談しよう。

2 工事の間も住むのか？ 家を離れるのか？

補強工事の間、家を離れて暮らすのか、それとも住みながら工事を行うことを希望するのかで、工事内容の選択肢が違ってくる。仮に家を離れる場合は、可能な時期や期間も考えておこう。

3 耐震性をどこまで求めるか？

たとえば、壁面積を増やせば増やすほど、耐震性は高められるが、その分窓などの開放部が犠牲にされる。費用や工事期間にも関わることなので、考えを固めておこう。

4 将来的にリフォームの計画はあるか？

柱を１本増やしただけで、できるリフォームが制限されることもある。また、壁の撤去費用などは補強工事でもリフォームでも発生するので、いっぺんに行うと費用を抑えられる。

防災リフォーム

耐震対策

戸建ての耐震性のポイントは「基礎」「壁」「接合部」

家の傾きが一定以上になると倒壊する

　戸建てのほとんどである木造住宅は、地震の横揺れのような水平力が加わったときに、建物自体が変形することでその力に耐えようとします。

　揺れが弱ければ建物の変形は小さく、壁や窓なども壊れずに元に戻りますが、揺れが強くなると変形も大きくなり、壁が壊れたり、柱や梁の接合部分などが損傷したりします。さらに激しく揺さぶられて、建物が一定の角度以上に傾いてしまうと、重力の働きで建物が倒壊してしまうこともあります。

　建物は、骨組み・壁・床・屋根などで支えられています。骨組みが主に上下方向にかかる力に対して主要な役割を果たし、壁は主に水平方向からの力を支えます。外からの力に対して変形しにくい強さを持つ壁のことを「耐力壁」といい、木造住宅の耐震性を高めるための大きなポイントになります。

接合部は木造住宅ならではの部位

　建物に水平方向の力が加わると骨組み・壁・床などの各接合部にも強い力がかかります。コンクリートを型に流し込んでつくる鉄筋コンクリート造では、軸組み・床・壁などの各部位は一体構造となっていますが、木造住宅は、柱と床、柱と梁など接合部が多数あります。ですから、木造住宅では接合部の性能も建物全体の強度に大きく影響するのです。

　耐力壁をバランスよく配置し、接合部を固く結合させることで、構造力を高め、水平方向の変形に耐える。それが木造住宅の耐震性を高める基本的な考え方です。

Check! 建物倒壊の3つのメカニズム

耐力壁がないと……

〈どうなる?〉

○耐力壁の量が少なかったり、壁に筋交いが入っていなかったりすると、小さな地震でも大きく揺れ、倒壊の危険がある。

○壁量のバランスがとれていないと、家に回転しようとする力が働き、ねじれを生じて、弱いところから倒壊する。

〈対策〉

○バランスよく耐力壁を配置し、筋交いで補強する。

横揺れ

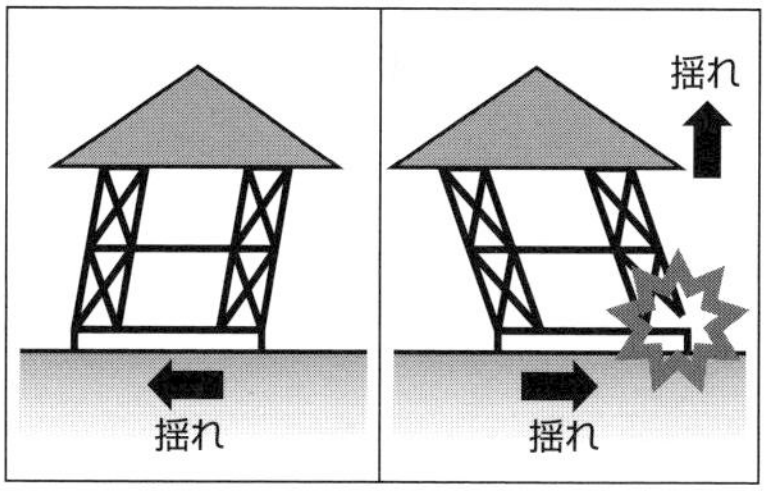

〈どうなる?〉

○引き抜き力が柱に生じ、柱は土台から引き抜かれて倒壊する。

〈対策〉

屋根が重ければ軽量化を、建物の腐朽が原因と考えられる場合は柱や土台の交換を。

縦揺れ

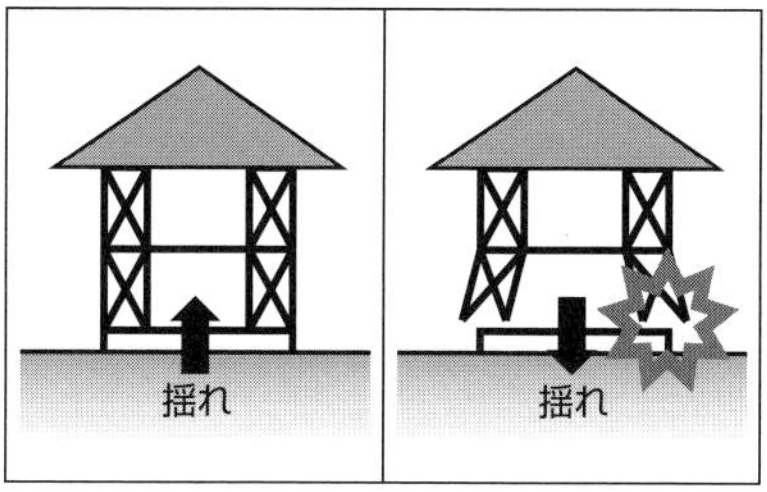

〈どうなる?〉

○縦揺れにより、家全体が突き上げられ、柱が土台から抜ける。

〈対策〉

強度が不足している部分を、金物などで補強する。

基礎部分の構造クラックはただちに補修する

2000年6月以前の戸建ては安心できない

新築戸建ての基礎といえば、現在はほぼ鉄筋コンクリートですが、1960年代の後半までは、柱ごとに束石（平たい石）を置き、その上に柱を立てる「束基礎」が一般的でした（101ページ）。

その後、1981年6月に建築基準法で基礎コンクリートに鉄筋を入れることが義務付けられるようになりましたが、それ以降に建てられた鉄筋コンクリート造の戸建てでも、必ずしも安心はできません。なぜなら、2000年6月に新たな建築基準法に改正されるまでは、基礎の設計基準は曖昧で、鉄筋についても、その太さなどは設計者の判断次第だったからです。

そのため、2000年6月以前に建てられた鉄筋コンクリート造の戸建てで、基礎に深いクラック、すなわち構造クラック（126ページ）が入っている場合や、前述の束基礎になっている場合は、しっかりと耐震補強しないと、地震の揺れに負けてしまう可能性があります。

左図のように既設の基礎に沿うように新たに鉄筋コンクリートを打ち、双方を連結するなどの補強が有効です。

基礎のひび割れは浸水の原因にも

一方、構造クラックがあっても、現在の基準に適合した鉄筋コンクリート造の場合には、もう少し簡単な方法での処置が可能です。主に3つの補修方法があります。

一つは、ひび割れ部分を10～15ミリほどU字型に

■基礎の損傷が大きい場合の補強方法

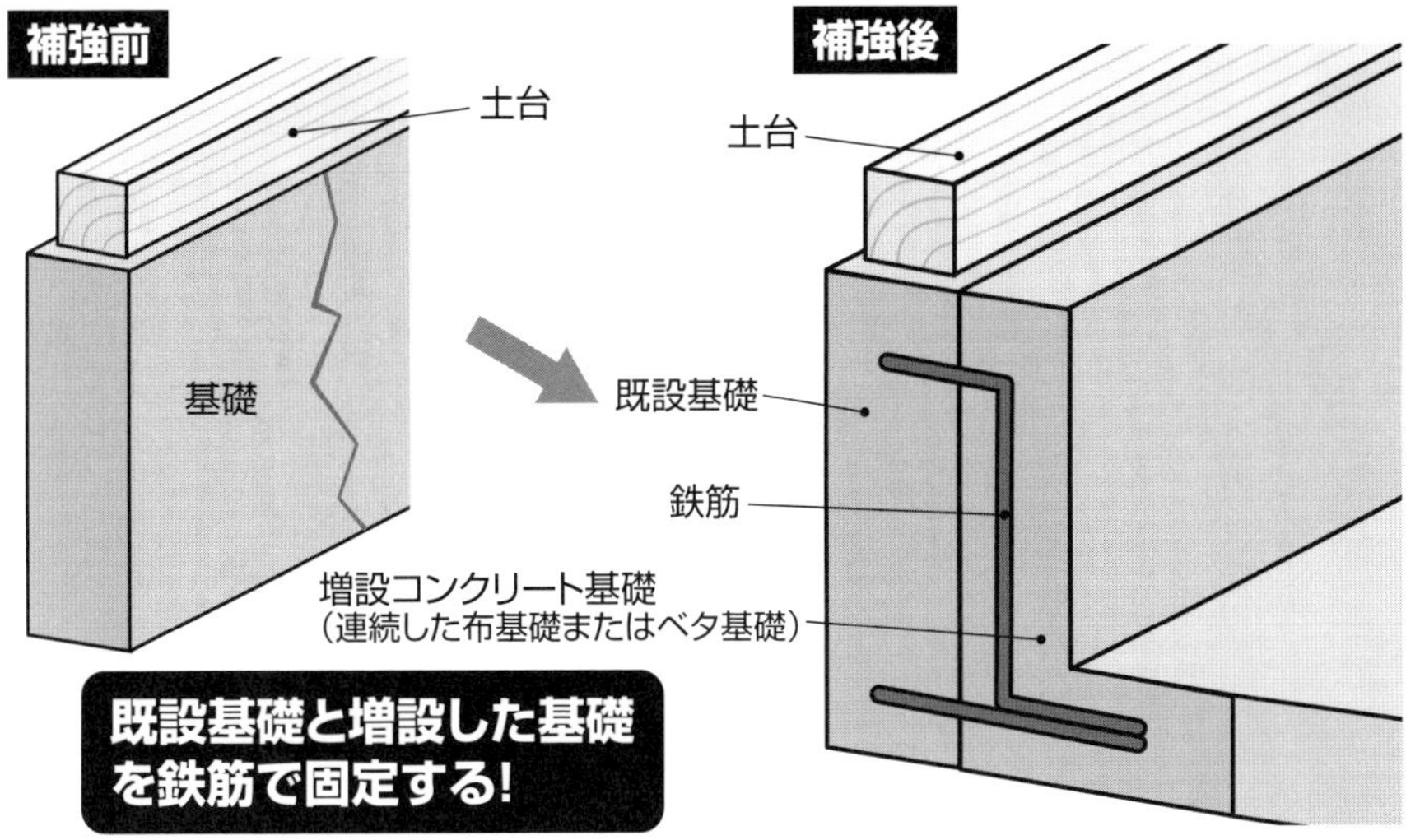

カットし、弾性シーリング材などで埋める「Ｕカットシーリング材充填工法」です。あえてカットすることでクラックの厚みを均等にして、シーリング材がムラなく行きわたるようにします。費用の目安としては１カ所当たり５０００～１万円程度です。

もう一つは、ひび割れの表面にゴム製の特殊注入器具を設置し、エポキシ樹脂を注入する「ビックス工法」です。こちらは幅０・１ミリ以下のひび割れにも樹脂を充填できます。費用は１カ所当たり、１万～２万円程度です。

広範囲の補修なら「アラミド繊維シート工法」

そして、アラミド繊維という航空機などにも使われる強度の高い素材のシートを張り付け、その上からモルタルなどで塗装する「アラミド繊維シート工法」もあります。

より強度を高めるために、アラミド繊維とエポキシ樹脂のハイブリット工法を採用するケースもあります。

こちらは１カ所当たり、２万～３万円程度かかります。仮に基礎部分のクラックを全面的に補修した場合でも、30万円程度で収まります。

防災リフォーム

耐震対策

壁の強度を「筋交い」「耐震パネル」で高める

「筋交い」で壁の強度を高める

１５８ページでお話ししたとおり、戸建ては、地震の揺れに壁が耐えられなかったり、柱や梁の接合部が破損したりするなどして倒壊します。

壁の耐震性を高める方法の一つが「筋交い」です。左図のように柱と柱の間にたすき掛けに木材を入れて、横からの揺れによる変形を防ぎます。

筋交いの組み方や部材の大きさによって、耐力壁の強さは2、3倍違ってきます（１６５ページ）。たとえば、一方の対角線にだけ木材を入れる「片筋交い」では、木材が2本から1本になる分、費用は安く済みますが、強度は下がります。

費用の相場（材料費＋工事費）は、内壁・外壁のどちらを撤去して工事するかにもよりますが、０・5間（91センチ）の壁にたすき掛けの筋交いを入れた場合、10万～20万円程度かかります。

面で支える「耐震パネル」

また、筋交い以外に構造用合板など、「面」で補強する方法もあります。近年は構造用合板以外の素材を使った耐震パネルを取り付ける方法も広がっています。

耐震パネルは、筋交いをたすき掛けにした場合に比べると強度が下ですが、片筋交いよりも上で、十分な耐震性を得られます。

さらに、実際の建物では、筋交いよりも耐震パネルのほうが、耐震性に優れるといわれています。というのも、筋交いで家を建てた場合、窓の上下のスペースにまで筋交いを入れないからです。それに対

Check! 地震の揺れから家を守る筋交いのしくみ

■筋交いは耐力壁の主要な部材

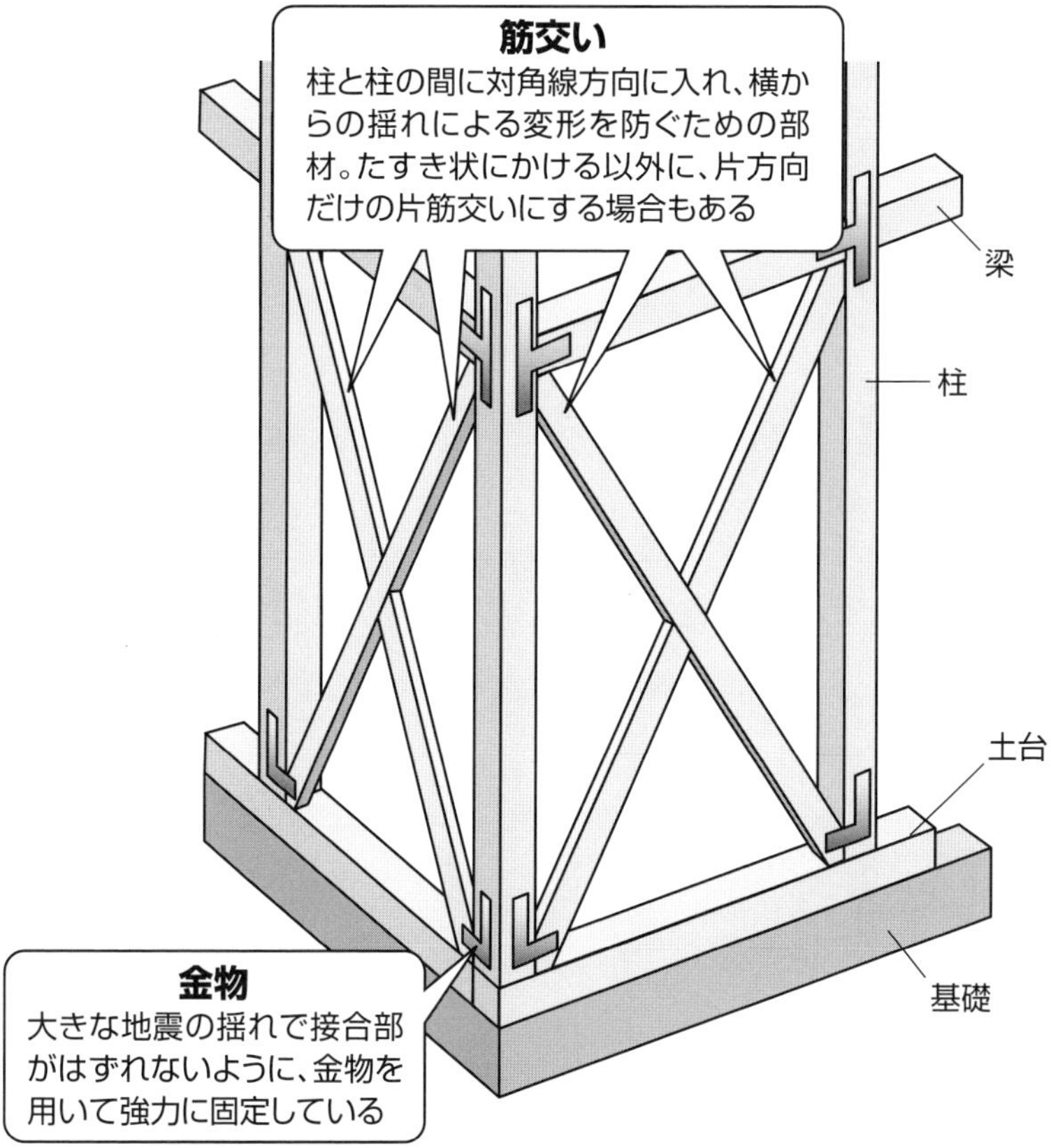

木材の代わりに丸い断面の金属製ブレースをたすき掛けにしたり、平たい金属プレートを用いたりするブレースという工法もある。ブレースは外壁に設置することができ、視界や通風、採光をさえぎらないというメリットもある。

して、構造用合板や耐震パネルは窓の上下にも隙間なく敷き詰められます。そのため、家全体としては耐震パネルのほうが揺れは小さくなります。

また、断熱材との相性や防火性についても、筋交いより耐震パネルのほうが優れていて、はじめから断熱材を組み込んだ耐震パネルもあります。なお、工事費用は０・５間当たり、材料費30万～40万円、工事費25万～35万円程度が相場です。

「内」と「外」どちらから工事するか

壁の補強に限らず、防災リフォームにおいては工事を、建物の「内」と「外」のどちらから始めるかも検討課題です。

内からの工事は、室内側から壁や天井、床などの内装仕上げ材をはがして行います。外観を損なうことなく、天井裏や床下の骨組みに至るまで、抜本的に補強できるのが特徴です。

ただし、工事中はその部屋が使えなくなり、家具の移動も必要になるなど、住み手に負担がかかるという大きなマイナス点があります。

これに対して、外からの工事は、現在の外壁の仕上げ材を撤去して耐力壁や筋交いを追加します。住みながら工事を進められるのはメリットですが、いったん外壁の仕上げ材などを撤去するため、仕上げ工事に不備があると、雨漏りなどのトラブルが発生する危険性があります。

また、物理的に家の外周りに作業スペースが確保できず、工事が難しいケースもあります。

「外付け」の選択肢も

内外装には手をつけず、外壁の上から金属製の筋交いなどを取り付けて補強する「外付け」という工事方法もあります。

壁をはがさずに工事ができるので作業も簡単ですし、工事日数もあまりかかりません。費用も抑えられるのはメリットです。もちろん、こちらも居住したまま工事が可能です。

１４２ページで紹介したｅパワーウォールも、外付けの補強方法です。すでにお話ししたとおり、こちらは鉄骨の補強材を取り付けた後、仕上げにサイディングを装着するため、仕上がりが美しく、外観からは耐震補強が行われたことがわかりません。「いかにも耐震補強した」という見た目になることを避けることができます。

Check! 補強法の違いによるメリット・デメリットを知っておこう!

■耐力壁の強さの比較

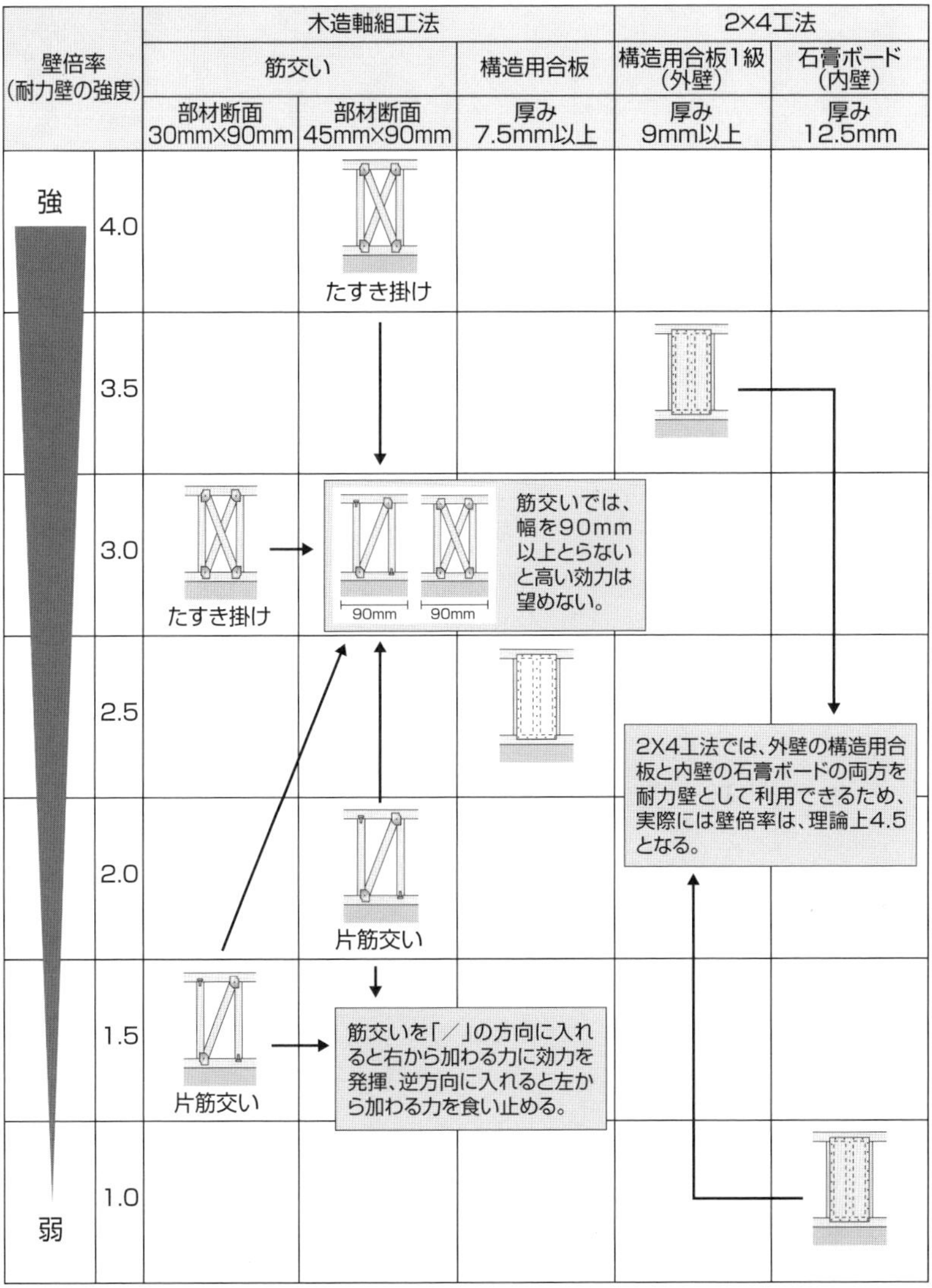

柱と土台の接合を強化！腐った木材は取り換えも

接合部分は接合金物で固定

戸建てで、基礎や壁の強化と同様に重要なのが、接合部の耐震補強です。

現行の建築基準法では、土台から上の構造物は基礎と一体化することが義務付けられていますが、改正前の２０００年６月以前は、こうした規定がありませんでした。

そのため、建築基準法の改正以前も以後も、柱の先につくった凸部（ほぞ）を、土台につくった凹部（ほぞ穴）に差し込むことで柱を立たせるのは同じですが、改正以前はその接合方法については「くぎやその他の金物を使用」としているだけで、接合の強度はまちまちでした。

その結果、強い横揺れが長く続くと、揺れ幅が徐々に大きくなり、柱がほぞ穴から抜ける現象が起こります。これを「ほぞ抜け」といい、柱が抜けたことで、１階部分が潰れるように倒壊し、２階より上階部分がそのまま地上に落下します（もちろん、強い縦揺れでも、ほぞ抜けは起こります）。実際、１９９５年の阪神・淡路大震災では、倒壊の原因の約７割が、このほぞ抜けによるものでした。

よって、補強対策はシンプルです。ほぞ抜けが起きないように、柱と土台を接合金物でしっかりと固定します。

なお、耐力壁を強化する場合（84ページ）、柱と土台の接合部についても、改めて安全性を確認する必要があります。というのも、バランスを考えずに耐力壁だけ厚くするなどして重さを増すと、揺れた際に接合部にかかる負荷がより大きくなるからです。

Check! ほぞ抜けによる倒壊のしくみと接合金物による補強

■ほぞ抜けによる倒壊のしくみ

〈通常時〉

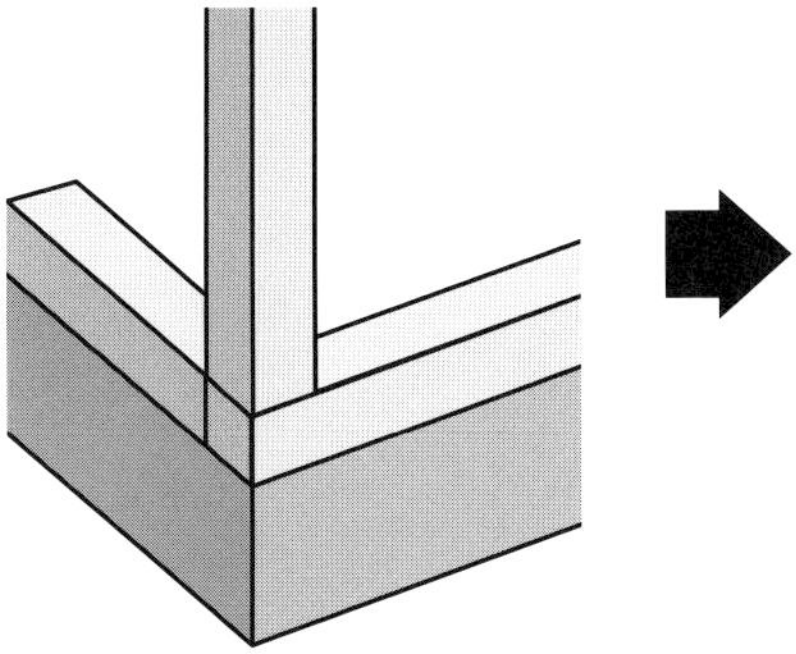

通常は土台のほぞ穴に柱のほぞがきちんと差し込まれていて、真っすぐ立っている。この状態であれば、かなりの重さ（上階）を支えられる。

〈地震時〉

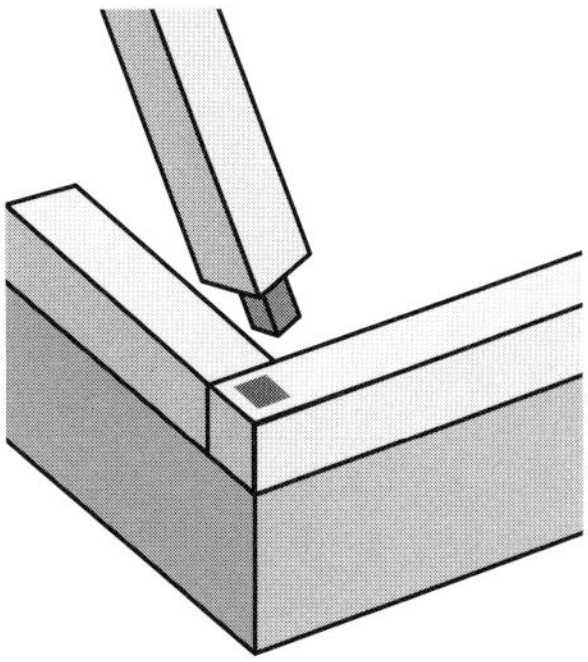

震度6弱以上の横揺れが長く続いて左右に大きく振られたり、激しい縦揺れに見舞われたりすると、柱がほぞ穴から抜けて、1階部分が倒壊する。

〈補強例〉

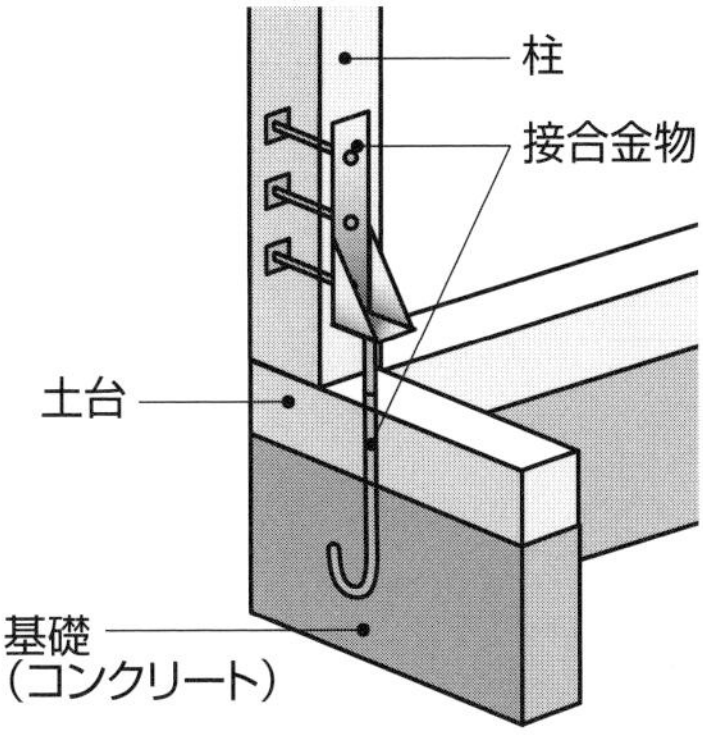

ほぞ抜けが起きないように、接合金物（ホールダウン金物とアンカーボルト）で、基礎に固定する。

実際にはあり得ませんが、耐力壁が発泡スチロールの場合と、鉄板だった場合を想像してみてください。揺れが発生したときに、どちらが接合部分の負荷が大きくなるかは一目瞭然でしょう。

こうしたこともあるため、災害リフォーム、特に耐震補強を行うに当たっては、専門家のアドバイスを受けるようにしましょう。

腐った部分を取り除いて接ぎ木する

また、接合金物で固定されていても、取り付けている木材自体が腐ってしまっていることがあります。そうなると、強い揺れで結合部が簡単に緩んだり、揺れの力に耐えられず、腐っている部分から柱が折れてしまうことも起こります。

木材が腐る原因の一つは、屋根や外壁からの漏水、結露などです。またシロアリの被害も原因となります（86ページ）。こちらも放置しておけません。

具体的には、まずは劣化した部分を取り除き、新しい木材と交換して、接合金物や板などでしっかりと固定します。さらに、木材劣化の原因である湿気対策として、布基礎なら防湿シートを敷き詰めて、地面からの湿気を防ぎます。また、壁面は外壁と断熱材の間に防湿シートを張ったうえで、空気の通り道となる隙間を設けて湿気を逃します。

ただし、防湿シートを敷いても、水漏れを起こしていると、逆にシロアリの温床となります。浸水対策も、併せて行う必要があります。

接合部分は接合金物で固定

では、接合金物はどのようなものを使用するのでしょうか。接合金物自体の種類はさまざまですが、２０００年6月の建築基準法の改正で、基礎と柱の接合については「ホールダウン金物」（１４１ページ）の使用が義務付けられています。

ホールダウン金物は柱に取り付けるもので、その中に、コンクリートに固定するためのネジ「アンカーボルト」を通して、土台の下のコンクリート（基礎）と緊結させて、ほぞ抜けを防ぎます。

アンカーボルトはホールダウン金物にも用いますが、土台と基礎を直接固定する際にも使用します。

なお、業者の中には、必要のない金具まで取り付けて、工事費を上乗せしようとするところもあります。繰り返しになりますが、信頼できる業者を選ぶことが大切です。

Check! 柱と基礎は「ホールダウン金物」と「アンカーボルト」で接合する

■腐った木材を取り換える場合

〈施工前〉

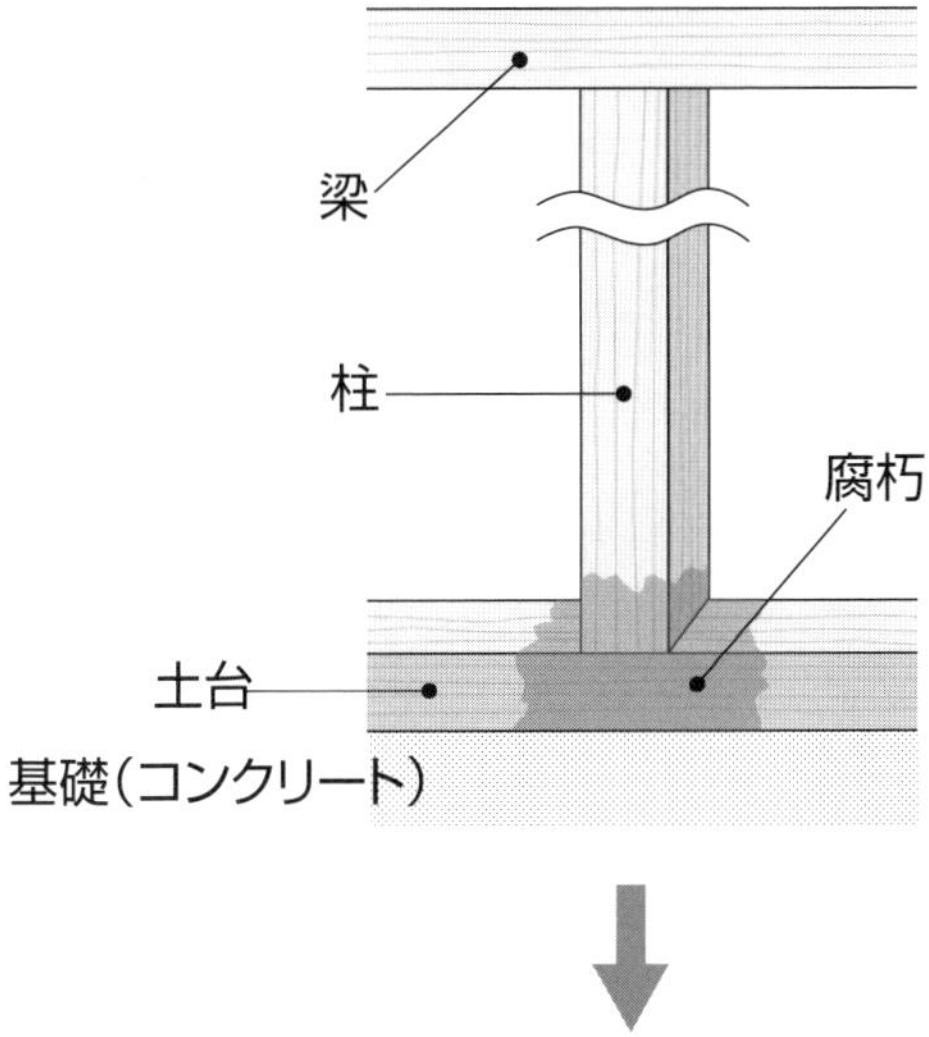

〈施工後〉

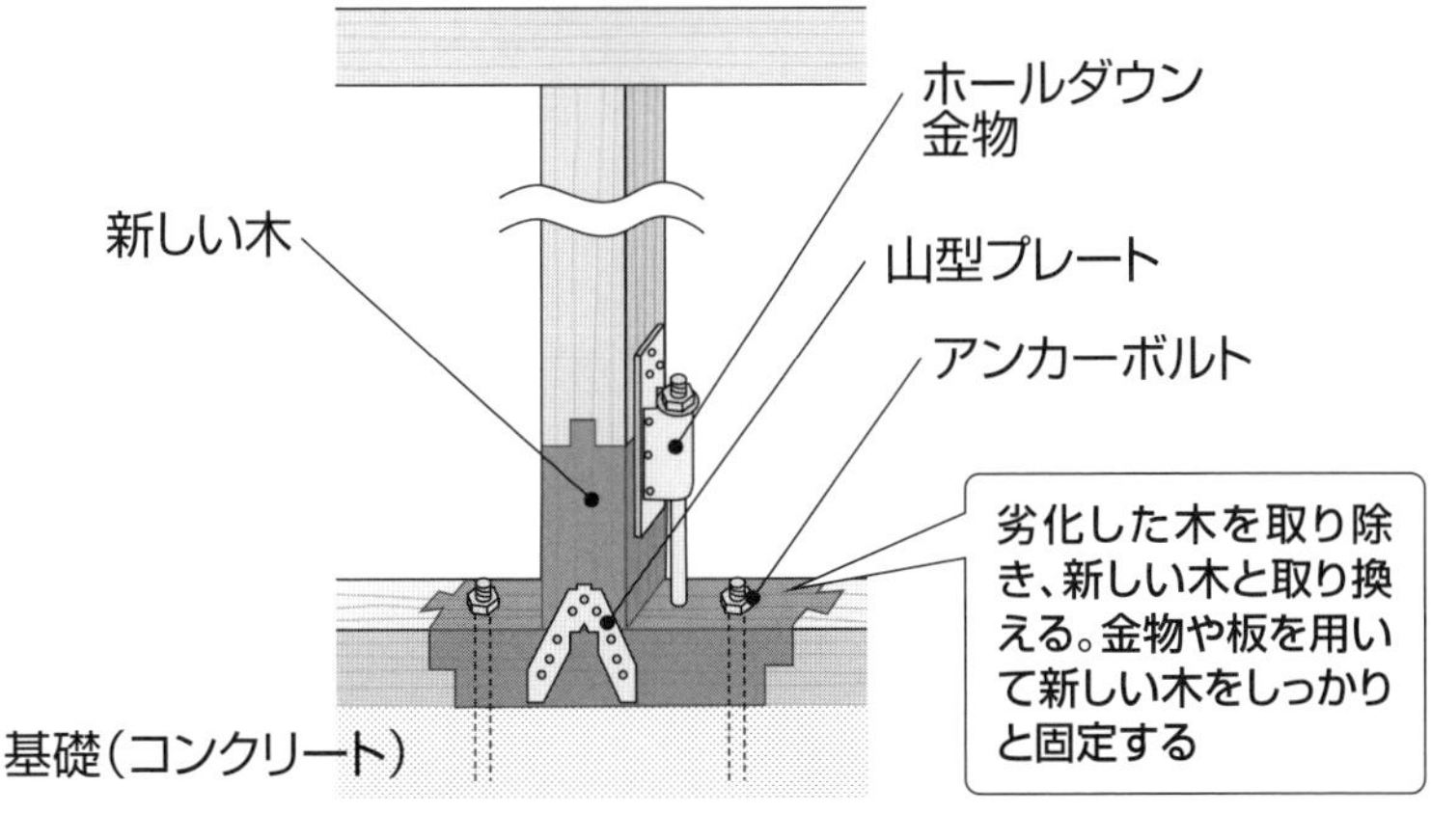

防災リフォーム

耐震対策

屋根は「軽く」がセオリー！　防災瓦や金属屋根などに交換を

屋根は素材で重さが大きく違う

屋根は「軽く」が鉄則です。重い屋根が揺さぶられると、建物全体に荷重がかかり、変形が大きくなって倒壊の危険が高まります（１４３ページ）。

専門家による構造計算などで屋根が重いと診断された場合、耐力壁を増やして補強する方法もありますが、屋根の老朽化が進んでいるならば、屋根を金属板などの軽い素材に交換してしまうのも一案です。

屋根は材質によって、重さが大きく異なります。昔ながらの瓦屋根（陶器瓦）と金属素材の屋根では、約10倍も重さに違いがあります。30坪の広さの家の屋根でいうと、瓦屋根の場合、軽自動車が8台分（約６０００キログラム）、それに対して金属屋根は軽自動車１・３台分（約１０００キログラム）となります。

建物全体のバランスが重要

ただし、瓦屋根が、必ずしも地震に脆弱なわけではありません。たとえば、各瓦を１本ずつ釘で留め、建物と一体化すると耐震性が高まります。また、近年は瓦同士をジョイントで固定できるようにしてあったり、素材自体を軽量化して防災面を意識した「防災瓦」も普及しています。耐震の専門家に相談して、屋根だけではなく、あくまで建物全体のバランスで補強計画を立てることが重要です。

なお、屋根をすべて交換する場合、その下の防水シートも交換するため、雨漏りのリスクも下がります。費用は材質や屋根の大きさにもよりますが、70万～１５０万円程度が相場です。

Check! 屋根の素材の違いによるメリット・デメリットをチェック！

■主な屋根材

瓦（陶器）

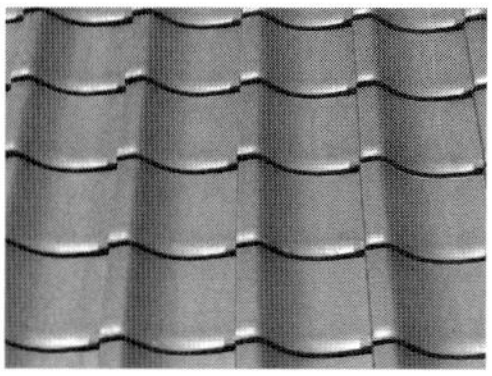

樹脂繊維セメント瓦

スレート

金属屋根

■屋根材の比較

※〈 〉内は商品名

屋根材	素材	耐久性	重さ	価格*
瓦（陶器／いぶし／素焼き）	粘土	50～100年	約60kg/㎡	8,000円/㎡～
樹脂繊維セメント瓦〈ルーガ〉	セメントと繊維、樹脂膜で包まれた気泡	30～40年	約21kg/㎡	8,000円/㎡～
（化粧）スレート〈コロニアル〉	セメントと繊維	20～30年	約20kg/㎡	5,000円/㎡～
金属屋根〈ガルバリウム鋼板〉	アルミと亜鉛、シリコンの合金	30～50年	約5kg/㎡	6,000円/㎡～

*材料費＋施工費

2017年度のフラット35「住宅仕様実態調査」によると、屋根材のシェア第1位は金属屋根の37.8％で、5年前の調査に比べて9.6％アップ。ほかの各種データでも、この傾向は現在も続いている。

防災リフォーム

耐震対策

傾いたブロック塀はリスク大！新たな基礎と鉄骨で補強

ブロック塀の寿命は30年

１９８１年6月の建築基準法改正で、ブロック塀についても基準が強化されていて、それ以降につくられたものについては、震度7までであれば、基本的には安心できます。

ただし、高さ１・６メートル、横幅1メートルのものでも、重さは３２０～４００キログラムに及びます。一部が破損して人に直撃しただけでも、大事故につながる恐れがあります。

一方で、ブロック塀は一年中外気にさらされているため、約20年で鉄筋がさびついてくるといわれています。さびると鉄筋は膨張し、ひび割れを加速化します。そのため、日本建築学会では、ブロック塀の耐久年数を約30年としています。

補強と交換の2つの選択肢

旧耐震基準のブロックはもちろんのこと、新耐震基準であっても、ブロックの表面に「ひび割れがある」「一部がはがれている」「傾いている」「押すとグラグラする」ような場合は、補強工事もしくはブロック塀の交換を考えたほうがいいでしょう。

現状のブロックを残したまま、倒壊を防ぐ方法としては、左図のようなものがあります。また、交換する場合は若干費用が高くなりますが、ブロックではなく、フェンスも選択肢となります。

なお、費用の目安は、1平方メートル当たり、小さなひび割れの補修が５０００～１万円、塗装が同じく１５００～３０００円、撤去が必要な大がかりな工事が５０００～２万円程度です。

Check! ブロック塀の耐震基準と代表的な補強方法

■新耐震基準を満たしているブロック塀

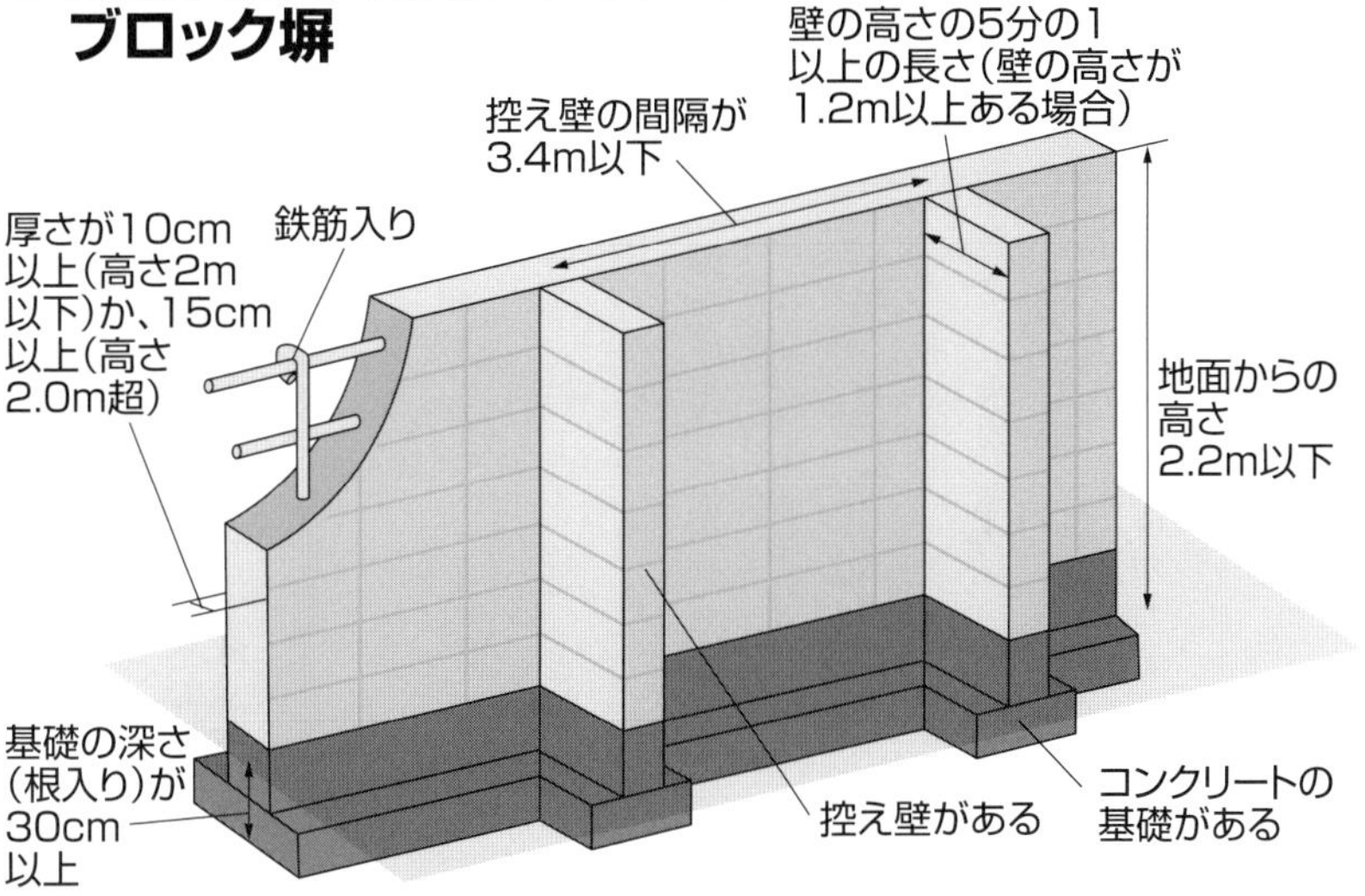

■既存のブロック塀の補強方法

〈工法1〉

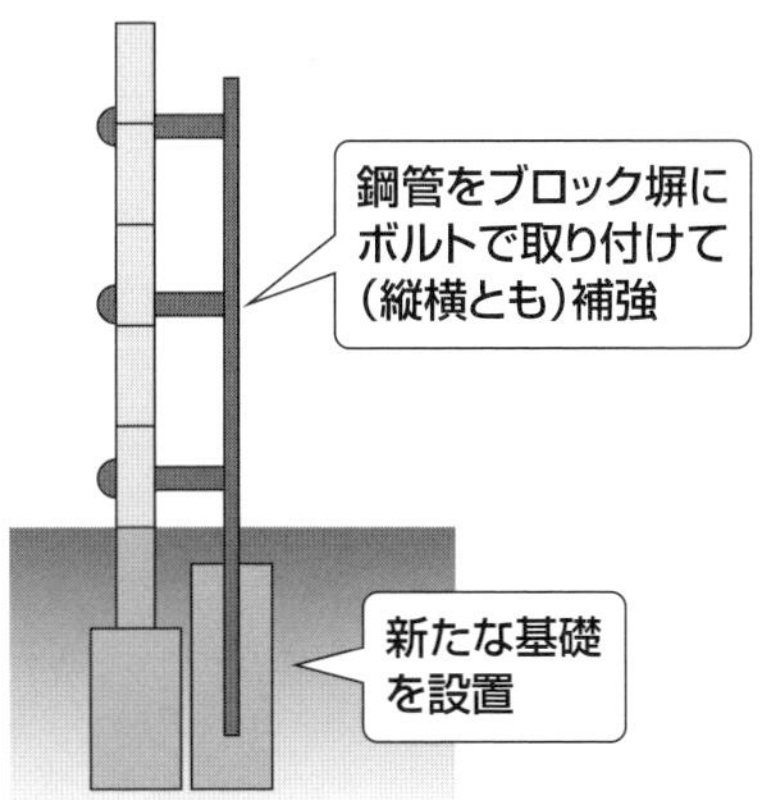

〈工法2〉

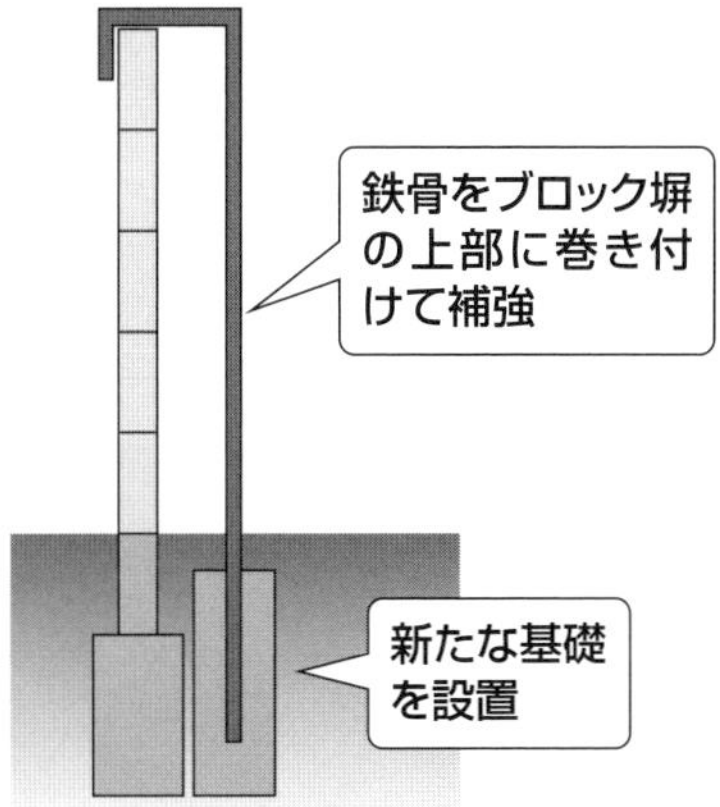

「免震」「制震」工事で揺れのエネルギーを吸収する

「耐震」「免震」「制震」の違い

これまで説明してきた「耐震」は、壁や柱など建物の構造自体を強化し、地震の揺れのエネルギーを受け止める技術です。そのほかにも、地震の揺れに対しては「免震」「制震」という技術があります。

建物にはそれぞれに「固有周期」という揺れ方のテンポがあるのですが、この周期が地震の揺れの周期と重なる「共振」が起きると、建物の揺れが激しくなる現象が起こります。そこで共振を防ぐために建物の固有周期を変えるのが「免震」です。地面と建物の間に設置した免震装置によって揺れのエネルギーを吸収し、建物に伝わる振動を減らします。

一方、「制震」は鋼鉄やゴムなどでできたダンパーを壁や柱、屋上に設置して建物に伝わる揺れのエネルギーを熱エネルギーに変換して吸収します。

基本の耐震に「制震」を追加

コスト面から考えると、免震工事はとても大がかりで費用もかさみます。そのため、耐震以外の選択肢としては制震工事が一般的といえます。

制震補強では、一部の壁を解体して小型のダンパーを内部に取り付けるだけで済むため、工事も簡単です。部材の耐久性も高く、メンテナンスがほとんど不要な点もメリットです。さらに過去の大地震で建物倒壊の原因とされている余震に対しても、安定して揺れを抑制する効果が確認されています。

ただ、これまで高層ビルなどに使われてきた技術であり、戸建てへの施工については歴史が浅く、未知数な部分もあります。まずは耐震補強が基本です。

Check! 3つの地震対策！ 耐震・免震・制震の違い

耐　震

【概要】壁を増やす、金具で補強するなどして、建物や基礎を頑丈にして倒壊を防ぐ。地震対策の基本

【揺れの軽減率】0％（揺れ自体の大きさは、基本的には変わらない）

【費用】部位別のため、ケース・バイ・ケースだが、それほどかからない

免　震

【概要】基礎と建物の間に、ローラーなど特殊な装置を設置し、揺れを吸収して、建物に力を伝えない

【揺れの軽減率】80～90％程度

【費用】300万～500万円程度

※軟弱な地盤、リフォーム時の工事は難しい。地下室の設置も不可

制　震

【概要】壁の中など建物の一部に稼働装置を設置し、揺れを吸収する。耐震に比べて家具などが転倒しにくい

【揺れの軽減率】20～70％程度

【費用】50万～100万円程度

※防災リフォームによる設置可能。設置場所を絞り込めれば、費用は軽減

防災リフォーム

耐震対策

地盤沈下の放置は危険！揺れのエネルギーを吸収する

ライフラインがストップするリスク

地盤沈下していると、地震時にガスや上下水道などが引っ張られて破損しやすいだけでなく、浸水のリスクも高まります。建物を元の状態に戻すには、時間と費用がかかりますが、放置は危険です。

地盤沈下を修正する工法はいくつかありますが、建物が立っているため、地中で重機が使えず、人が手作業で工事を行います。基礎下の土をどの程度掘れば固い地盤に届くのか、沈下は終息しているかなど、状況によって選べる工法も限られます。

費用は大だが、再沈下を防ぐ工法も

「アンダーピニング工法」は軟弱地盤が深く、沈下が進行中でも行える、最も確実な工法です。基礎下の土を掘り、家の荷重とジャッキの力を利用して鋼管杭を固い地盤に差し込み、家の傾きを修正します。再沈下の危険性は低いですが、工期は１～２カ月、費用は６００万～１０００万円程度かかります。

「耐圧盤工法」は、基礎の下に穴を掘り、耐圧盤を敷いて地盤を押し固め、そこから建物を基礎ごと持ち上げる工法です。工期は２～５週間、費用は３００万～４００万円程度ですが、軟弱地盤が浅い場所で、沈下が終息してからでないと行えません。

「土台上げ工法」は土台を基礎から切り離し、土台から建物を持ち上げて、土台と基礎の間にできた隙間にモルタルを流し込む工法です。工期は２～３週間、費用は２００万～３００万円ですが、基礎は傾いたままで地盤の補強効果はなく、余震による再沈下の恐れもあります。

Check! 地盤沈下の修正工事の3つのおもな方法

〈アンダーピニング工法〉

鋼管を溶接して継ぎ足し、支持層まで圧入。支持層からジャッキアップする工法。軟弱地盤が厚いところでも支持層が確認できれば工事は可能になる。

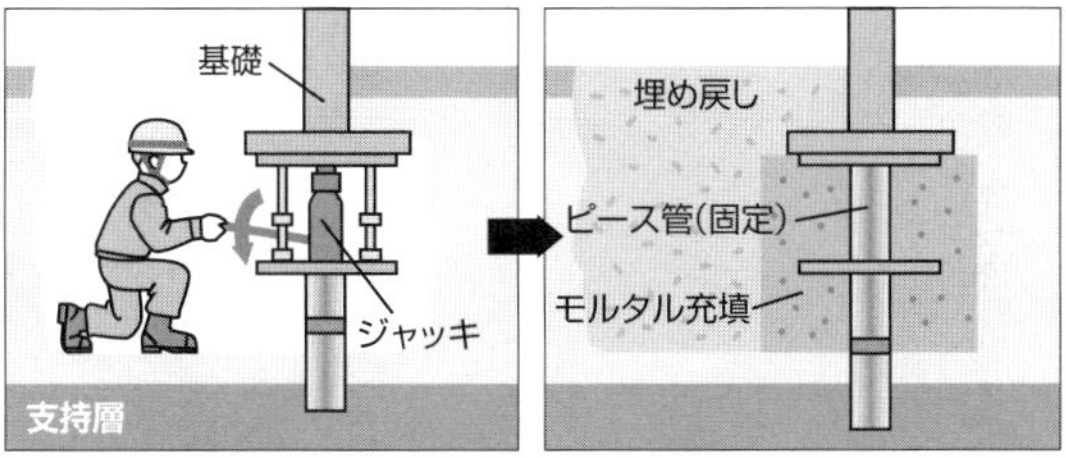

ポイント
沈下が進行中でも工事ができて、再沈下の危険性も低いが、費用が高い。

〈耐圧盤工法〉

基礎の下に耐圧盤をセットし、ジャッキアップする工法。地盤に支持力があり、建物の沈下がおさまっている場合に可能。

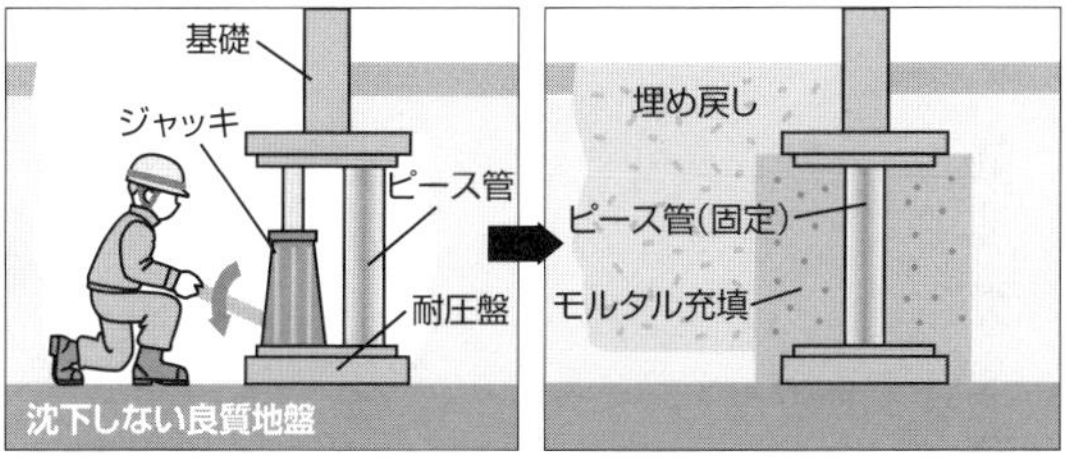

ポイント
軟弱地盤が浅い場所で、沈下が終息していればできる。

〈土台上げ工法〉

沈下により傾いた基礎から土台を切り離して、ジャッキアップする工法。建物の沈下が終了している場合に可能。

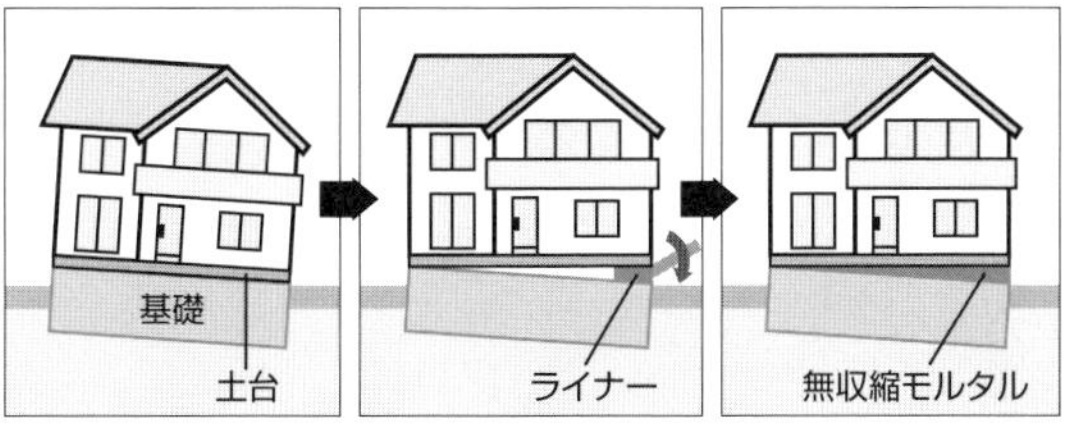

ポイント
基礎は傾いたままで地盤の修正効果はない。余震で再沈下の危険性も。

浸水を防ぎ、速やかに排水する

雨水桝・汚水桝の詰まりに注意

浸水の被害を防ぐには、水が浸入してきたとしても速やかに排水することが求められます。そのため、戸建てにしても、マンションにしても、排水口や雨どいが詰まらないように、日頃の清掃は必須です。

さらに戸建てでは、敷地内の地中に埋まっている雨水桝や汚水桝の詰まりにも注意しましょう。雨水桝や汚水桝とは、雨どいを伝ってくる雨水やキッチンやトイレなどの汚水を一時的に貯蔵する設備で、一緒に流れてきた泥や混入物を沈殿させて、上澄みを公共下水道に流す働きをします。

ここが沈殿物でいっぱいになってしまったり、排水ポンプが機能していなかったりすると、敷地内に水があふれ出し冠水する危険性が出てきます。

マンションも同様のしくみになっていて、定期的なメンテナンスが必要ですが、こちらは管理組合の役割となります。

排水ポンプの状態を確認

特に地下や半地下に駐車場やドライエリア（112ページ）を設置している戸建てでは、排水ポンプの機能に問題がないか確認しましょう。一般に排水ポンプ自体の寿命は約10年といわれています。また、1台当たりの費用は、作業費も含めて7万～15万円程度のところが多くなっています。

排水ポンプの設置や維持・管理に、補助金を出している自治体もあります。見方を変えれば、それだけ排水ポンプは住まいを水害から守るうえで有効だということです。

Check! 浸水を防ぐための設備　雨水桝と汚水桝

■雨水桝と汚水桝のしくみ

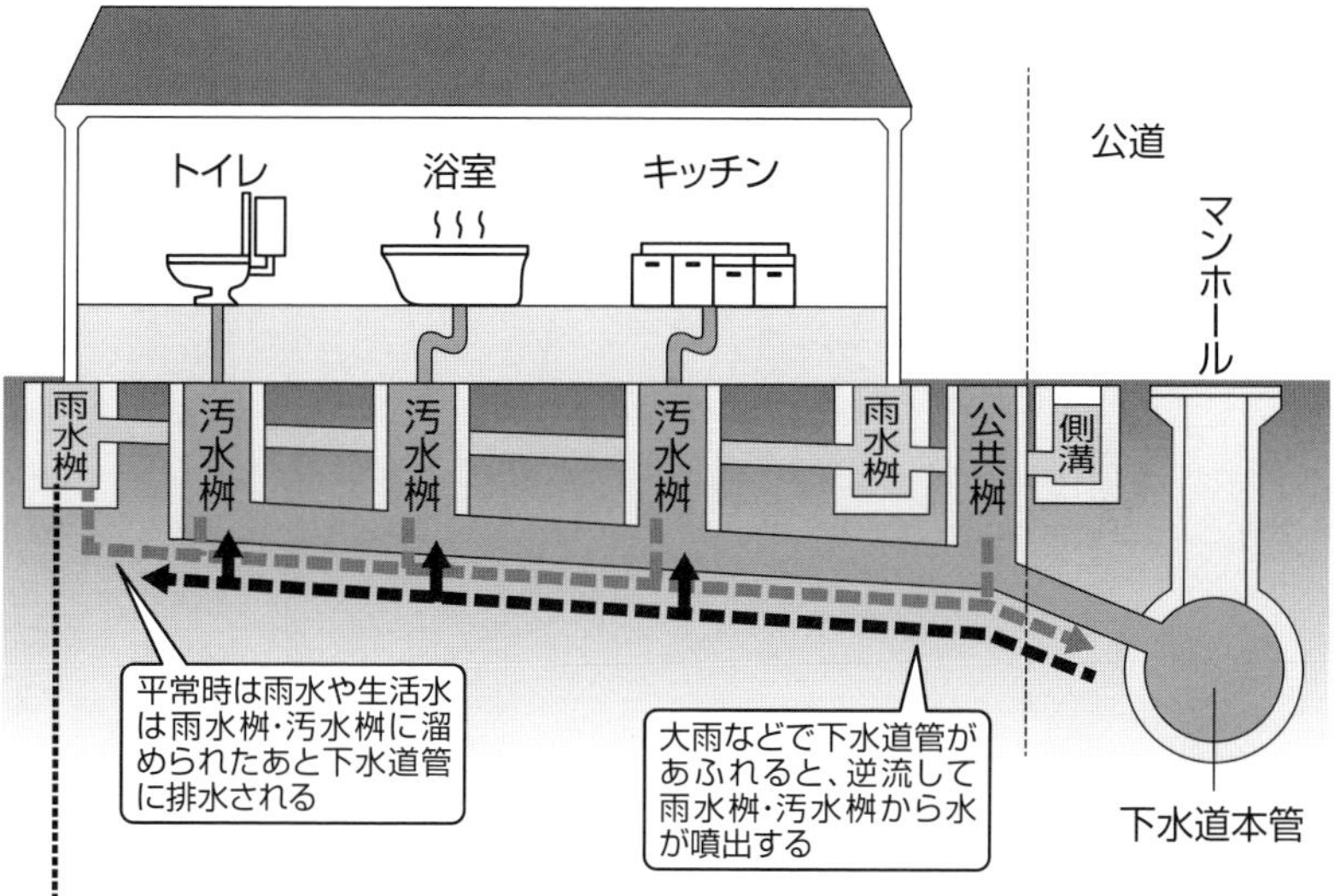

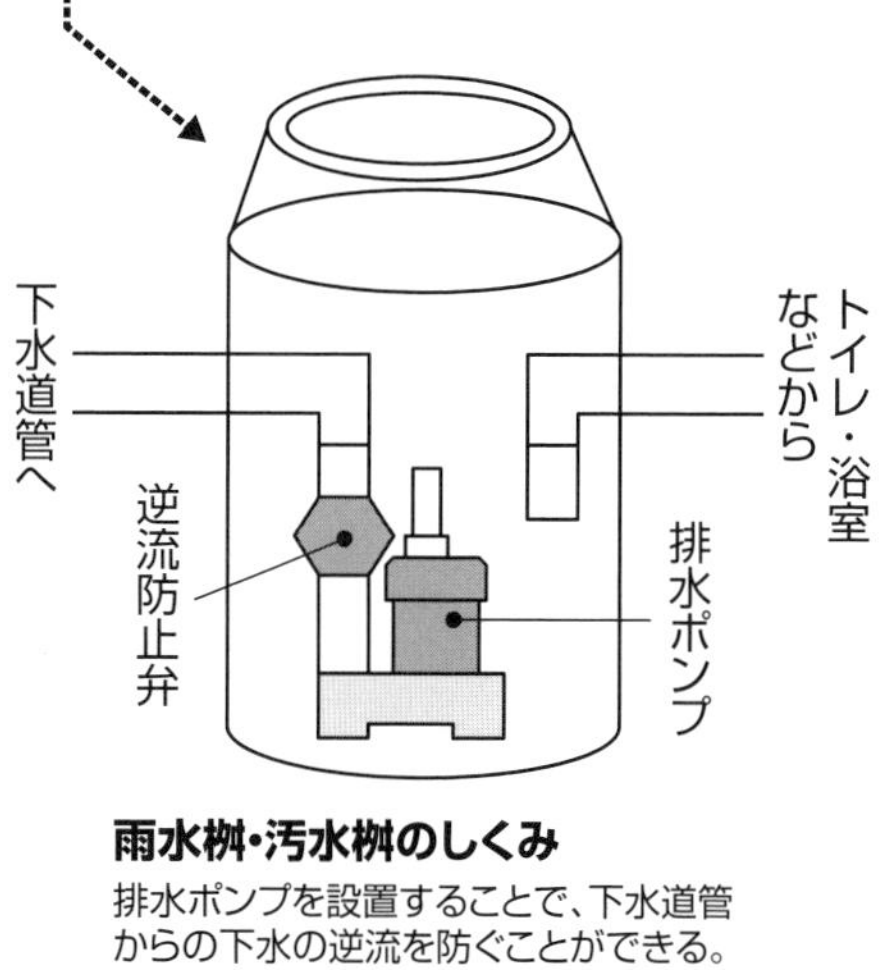

雨水桝・汚水桝のしくみ

排水ポンプを設置することで、下水道管からの下水の逆流を防ぐことができる。

ポイント

- 雨水桝や汚水桝が沈殿物でいっぱいになると、敷地内に水があふれ出し冠水する恐れがあるので、定期的な清掃が必要!
- 一般に排水ポンプ自体の寿命は約10年。排水ポンプの機能に問題がないか、定期的に確認しよう!

水害対策

浸水リスクの高い土地では、地盤と建物のかさ上げをする

対策①「盛土でかさ上げ」

ゼロメートル地帯などもともと地盤が低い地域や河川が近く浸水が想定されている地域では、盛土によって予想される浸水深以上に土地をかさ上げして、浸水リスクを避ける方法があります。

すでに建築済みの建物のかさ上げも可能ですが、できれば建築前に行うのがベストです。建築後になると、盛土と基礎を構築するために、建物自体をジャッキアップする必要が出てくるなど、かなり大がかりな工事となります。開発申請が必要になる場合もあるので、時間もかかります。

盛土用の土が必要になるだけでなく、道路など地表との高さのギャップがあるため、出入り口に階段やスロープを設けるなどの工夫も必要になります。そのため、費用負担が膨らみやすいのがデメリットです。もう一点、考慮しなければならないのは、盛土は地震に弱いことです（60ページ）。立地のリスクをよく確認して、判断する必要があります。

対策②「高床式で基礎・床の高さを上げる」

建物の基礎を高くする方法としては、基礎そのものの高さを高くする方法もあります。通常、基礎の高さは40センチ以上が目安ですが（110ページ）、基礎の高さを、ハザードマップなどで予想されている浸水深まで上げ、1階の床自体を高い位置に設定します。

それをさらに進めたものが、いわゆるピロティ構造です。1階に居住スペースを設けず、浸水しても、被害を最小限にとどめるという考え方です。東日本

■盛土や高床式にして屋内への浸水を防ぐ

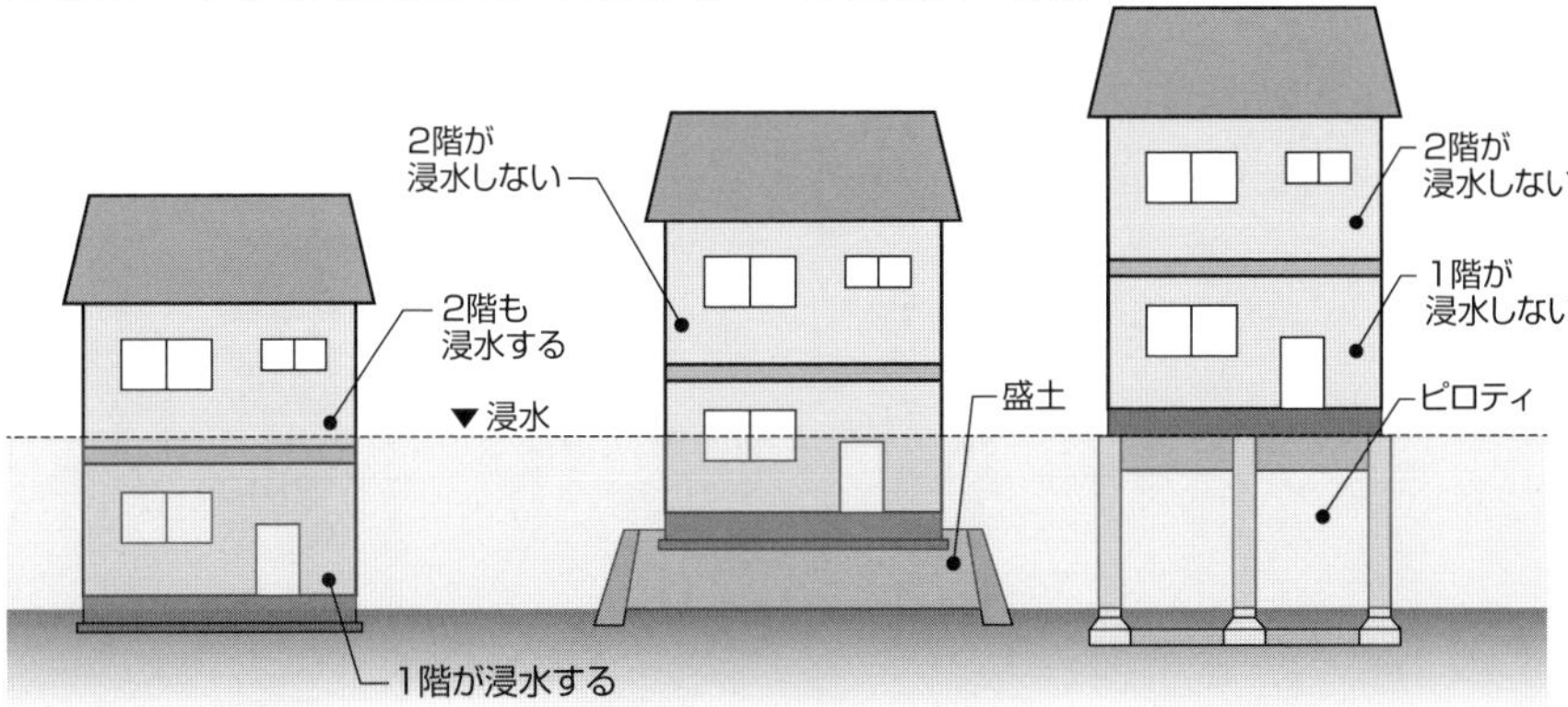

【対策】していない家

【対策①】盛土でかさ上げ
土を盛って敷地全体を高くする。自宅の敷地が周囲の道路などより低いところにある場合は対策としてやっておきたい。

【対策②】高床式
家の基礎自体を高くする方法。床を地面と離すことで浸水を防ぐ。また、1階をピロティ状の空間にする方法もある。

大震災でも、ピロティを採用した住宅の多くが津波の被害から免れました。

　すでに建っている家を高床にする場合、家の土台の下に鋼材を設置してジャッキアップし、その下に鉄筋コンクリートで1階分の基礎をつくり上げます。3メートル程度のかさ上げが可能で、居住したままでも工事は可能です。

　ただし、水害には強いものの、重心が高く、耐力壁も少ないため、地震に対しては強くありません。少し費用がかかっても、基礎や脚となる部分を、しっかりと補強してもらうようにしましょう。

　また、盛土でかさ上げした場合もそうですが、基礎を高くした分、玄関の出入りは不便になります。また、バリアフリー化しにくいのもデメリットです。たとえば、車椅子が必要になったときに、どのような対応が可能か、事前に業者と相談しておくことをお勧めします。

　なお、鉄筋コンクリート造のほうが水害にも強いので、1階は鉄筋コンクリート造、2階以降を木造でつくるハイブリッド形式の建築もあります。建物全体を鉄筋コンクリート造にするよりコストが安く、木造の調湿効果も得られます。

防災リフォーム
水害対策

1階玄関、半地下の駐車場などには止水板を設置する

塀や外壁で建物を守る

地盤が特に低い土地でなくても、家の周りを防水性の塀で囲んでおくと、都市型水害などが発生した際も安心できます（ただし、塀の内側＝敷地内の排水が機能していることが前提です）。

また、外壁に耐水性のある建材を用い、防水性の高い塗料で塗装するのも有効です。防水性の高い塗料の塗膜は伸縮性があるため、外壁に小さなクラックができても、塗膜自体は裂け目ができにくい（＝雨水の浸入を防ぐ）というメリットもあります。

止水板を堤防にして水を堰き止める

塀で囲んでも、どうしても開口部として残ってしまう、1階の玄関や駐車場については、流れ込む水を食い止める方法として、止水板を設置するといいでしょう。地下鉄や地下街の出入り口に設置されているのを見たことがあるかもしれませんが、入り口を板で塞ぎ水の浸入を防ぎます。機能的には、土嚢を積み上げるのと同じで、相当な水圧に耐えなければならないため、金属板などを使うことが多いのですが、最近は一人でも持ち上げられる軽量のものも販売されています。板状のため、保管も土嚢よりスペースをとりません。

設置費用は、商品代金と工事費込みで60万～100万円前後といったところです。工期は1日で済みます。自治体によっては、止水板の設置に補助金を出しているところもありますので、問い合わせてみましょう。工事費用の3分の1～2分の1（上限30万～50万円）を補助するところが多いようです。

Check! 1階、半地下への水の流入を防ぐには？

■防水性の塀と防水性の外壁

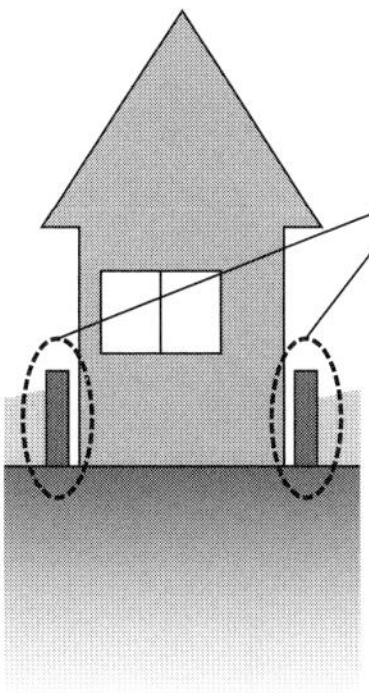

塀で囲む

防水性の塀で家を囲む方法。開閉可能な門扉を設けたり、止水板を設置したりして浸水を防ぐ。

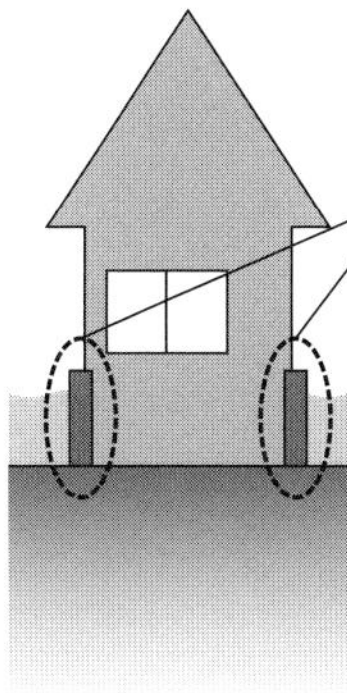

外壁を設ける

防水性の外壁を設ける方法。外壁自体を耐水性のある建材にし、防水性のある外壁塗装を施すことで浸水を防ぐ。

■止水板を設置する

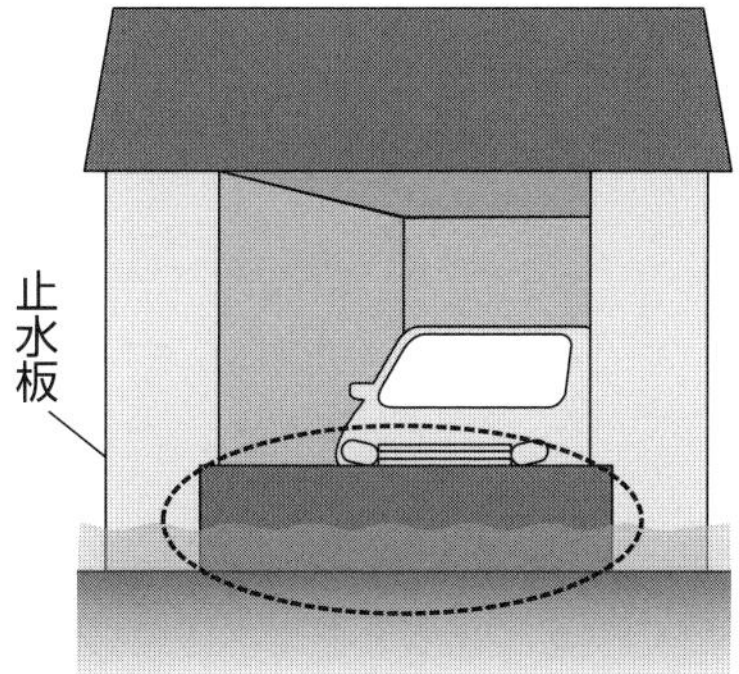

①塀や外壁を設けることができない開口部である１階の玄関には、止水板を設置する。土嚢と同じような役割だが、土嚢よりも扱いが楽。

②駐車場にも止水板を設置して浸水を防ぐ。特に半地下の駐車場は浸水被害の可能性が高まるので、止水板はなるべく設置しておきたい。

防災リフォーム

水害対策

ベランダやバルコニーには、オーバーフロー管を設置する

排水口とダブルで排水する「オーバーフロー管」

ベランダの壁面にあいている穴。これが「オーバーフロー管」です。オーバーフロー管は排水口が詰まったり、排水能力を超える量の雨水が溜まったりしたときに、サッシの高さを越えて室内に浸入するのを防ぐ目的で設置されています。

そのためオーバーフロー管はサッシの高さ（窓の底辺）よりも少し低い位置に設置されています。排水管に接続していないのも、排水管が詰まって使えなくなったときでも排水ができるよう、排水系統を分けるためにあえてつないでいないのです。

浸水というと床上・床下浸水や屋根からの雨漏りをイメージしがちですが、実際にはベランダから浸水してしまうケースは珍しくありません。

オーバーフロー管は最後の砦

オーバーフロー管は設置義務があるわけではないので、すべての住宅に設置されているわけではありません。しかし、年々、集中豪雨などが増えている現状では、できるなら設置をお勧めします。

ただし、すでに完成している建物に後からオーバーフロー管を設置するとなると、ベランダに施してある防水層に穴をあけなければなりません。防水層を傷つけてしまう恐れがあるので、きちんとした業者選びが大切です。

また、せっかくオーバーフロー管があっても、ベランダの床にすのこやジョイントタイルなどを敷いてかさ上げする際に、オーバーフロー管を塞いでしまっているケースがあります。注意しましょう。

Check! ベランダやバルコニーに施されている浸水対策

■排水口とオーバーフロー管

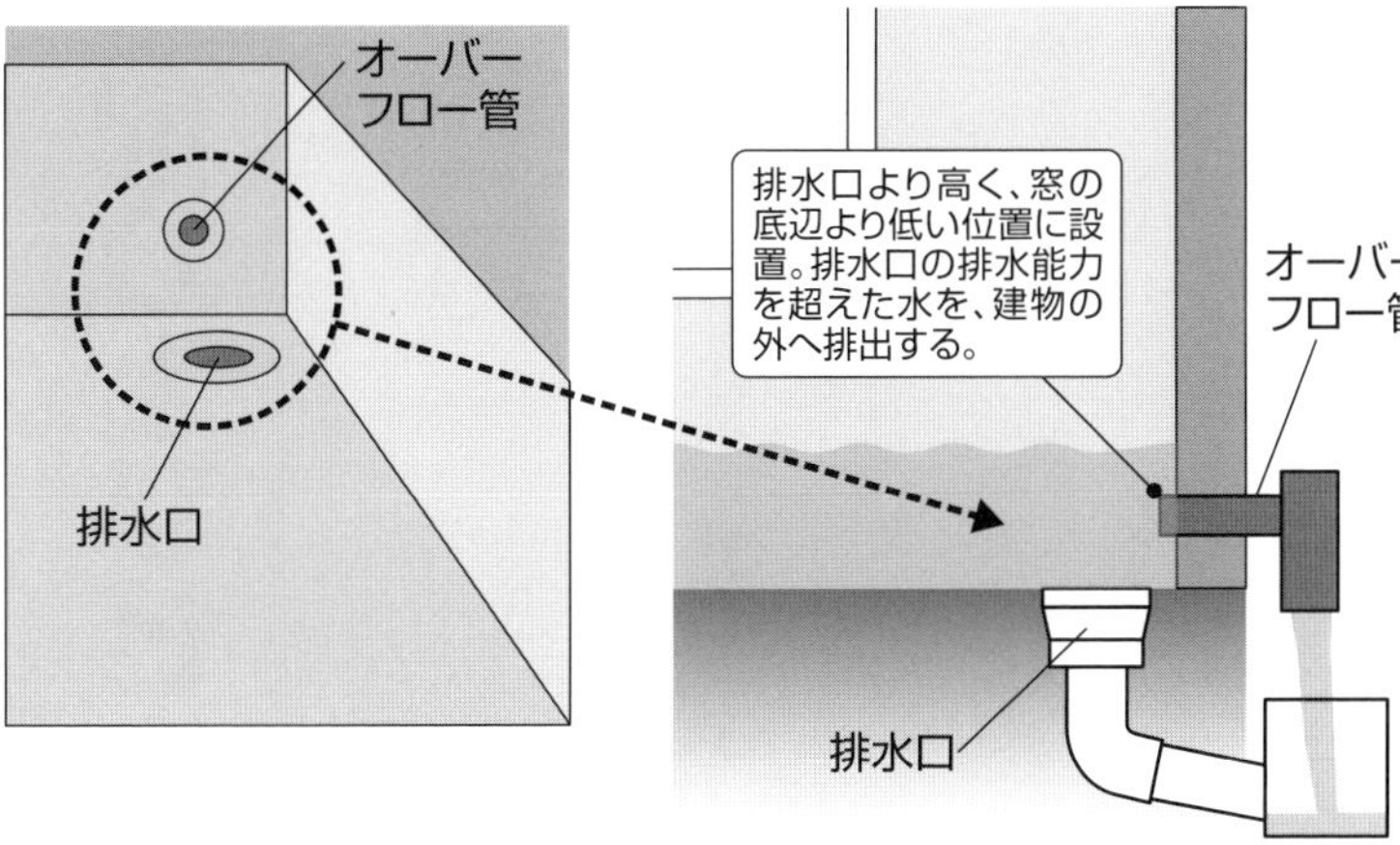

■窓の底辺より柵の位置が高いベランダは要注意

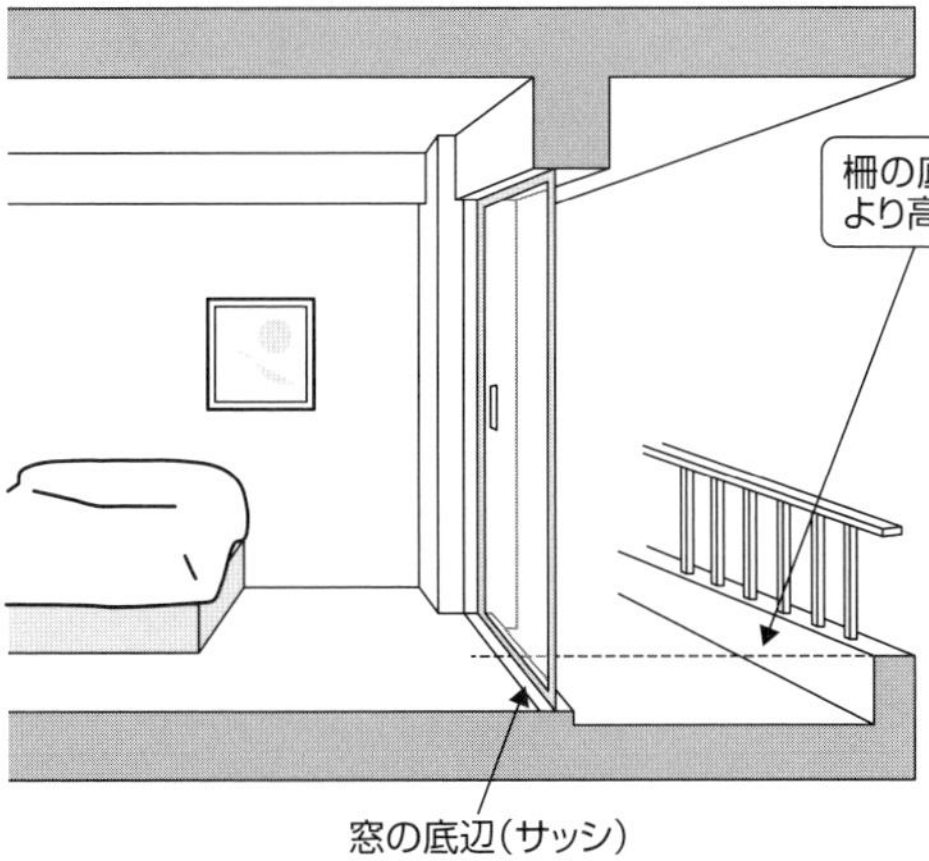

ベランダの柵の底辺が窓の底辺より高く、下に隙間がないと、ベランダに水が溜まった場合、水の逃げ場がなくなり、窓の隙間から建物内に浸水してしまう恐れがある。

防災リフォーム

水害対策

ブレーカーは階ごとに分け、水回りとリビングを2階にする

ブレーカーを分けて漏電を防ぐ

河川のそば、またはゼロメートル地帯など、あらゆる手を尽くしても浸水被害の可能性が高い地域の場合は浸水を前提として、被害を最小化する策を講じておきましょう。

まず、ブレーカーを1階と2階で分けておきましょう。1階にまとめてあると、浸水してショートした場合、2階の電気も使えなくなってしまいます。1階と2階のブレーカーを分けておけば、1階が水に浸かっても、2階は停電から免れます。

また、エアコンの室外機や給湯器が浸水すると故障の原因になります。予想される浸水深より高い位置に設置しましょう。

同様に1階のコンセントも床の近くではなく、ある程度高い場所に設置しておくと、漏電のリスクを下げることができます。

2階で自宅避難ができるようにする

またキッチンやバスルーム、トイレなどの水回りを、1階ではなく、2階に設置（または移設）することも検討してみましょう。

1階が浸水したときでも、水回りを利用できるかどうかは、自宅避難ができるかどうかの分かれ目になります。1階が納戸や寝室、2階が水回りとリビングであれば、暮らしの主要な機能は維持される可能性が高まります。

加えてリビングより寝室が被害に遭うほうが、家具や家電の買い替えも少なくて済みます。貴重品類だけ、寝室に置かないように注意するだけです。

Check! 建物内に浸水することを前提に対策をとる

■浸水したときのための対策

対策①
ブレーカーを1階にまとめない

対策②
エアコンの室外機は高い位置に設置

対策③
コンセントは床の近くに設置しない

対策④
キッチンなど水回りは2階に設置

■2階をリビングにしたときのメリット・デメリット

メリット

1 浸水の被害が少ない
食料品や家電・家具が2階に集まるので、浸水被害が少なくて済む可能性が高い。

2 プライバシーの確保
1階より2階にリビングがあったほうが外から見られにくくなる。

3 日差しを取り入れやすい
物理的に1階より2階のほうが日光が入り、明るい中で生活できる。

デメリット

1 移動が大変
出かけたり、宅配便が来たりするたびに階段で上り下りしなければならない。

2 夏場は暑い
日差しを取り入れやすくなるため、日差しの影響で夏場は室内が暑くなる。

3 家具の大きさに制限
廊下や階段が狭いと、大型の家具や家電を運び込めない。

COLUMN

停電に備えて
太陽光発電機の設置も

災害時、ライフラインがストップしても比較的早期に復旧するのが電気です。ただ、それでも生活のほとんどを電力に頼っている現在、数日でも停電してしまうとかなり厳しい生活を送らなければなりません。そんな停電に備えて、検討したいのは太陽光発電機の設置です。

東日本大震災に伴う停電で、太陽光発電への関心が一気に高まりました。停電時に明かりがつくだけでも安全確保につながるだけでなく、テレビやラジオ、インターネットへの接続によって、災害時の情報収集も行えます。設置費用も100万円程度まで下がったことで、一般家庭にも普及が進んでいます。

発電した電気を夜間にも使えるようにするため、蓄電池も用意したいところです。10kW以上の大容量タイプのものであれば、夜間3日程度しのぐことが可能です。難点は蓄電池の導入には、設置費用も含めて、80万～200万円程度かかることです。ただし、夜間の電気代を削減できますし、地方自治体の中には補助金を出しているところもあります（2021年時点で国の補助金制度はありません）。

また、最近は蓄えた電力を家庭用電源としても使用できる給電機能付きの電気自動車も登場しています。こうした機能を利用して、電気自動車を蓄電池代わりに利用する手もあります。昼間に太陽光発電で生み出した電力を電気自動車に蓄電すれば、車の運転も電気代がかからずに済みます。

なお、発電量は入射する光エネルギーに比例します。新築で発電機を設置する場合は効率よく発電できる屋根の角度や形状を検討しましょう。

第6章

火災・地震保険のしくみを知っておこう

火災・地震保険

保険のキホン

住まいや暮らしの再建には、火災保険・地震保険が不可欠

火災保険と地震保険で自然災害は網羅

国の「被災者生活再建支援制度」によって各世帯へ支給される支援金は最大でも３００万円（14ページ）。対象も、①住宅の全壊１００世帯以上の都道府県、②被害が10世帯以上の市町村、③「②」と同じ都道府県内で全壊5世帯以上の人口10万未満の市町村、などの持ち家世帯に限られています。

こうした条件に適合しない世帯のために、独自に支援金制度を設けている自治体もあります（２０２1年は39都道府県）。国の支援制度と併用はできず、支援金額は最大３００万円程度のところが多くなっています。住まいの再建にはまったく足りません。

そこで、自然災害のリスク管理として、加入が必須なのが、火災保険と地震保険です。火災保険は火災だけでなく、水災（水害）や風災もカバーします。地震については、別途、地震保険に加入する必要があり、火災保険とセットでないと加入できません。

生命保険より高コストパフォーマンス

火災保険では、たとえば、全壊では、建物の再建や家財の再取得にかかる費用が最大全額保険金として支払われます。また、地震保険では、セットで契約する火災保険の保険金額（支払限度額）の30～50％範囲内で保険金額を設定できます（上限あり）。

ところで、生命保険の一世帯当たりの年間保険料（掛け金）は平均約38万円です（２０１８年）。一方、火災保険と地震保険の年間保険料は、合計で6万～10万円程度でしょう。リスクとのバランスを考えると、火災保険・地震保険は極めてお得です。

Check! 建物・生活の再建には、火災保険・地震保険が必要

■被災者生活再建支援制度

災害により住宅が全壊するなど、生活基盤に著しい被害を受けた世帯に対して支援金を給付。給付額は、下記の2つの支援金の合計額となる。

※世帯人数が1人の場合は、各該当欄の金額の4分の3を給付。

住宅の被害程度	基礎支援金（住宅の被害程度に応じて給付）		加算支援金（住宅の再建方法に応じて給付）		
全壊・解体・長期避難 	100万円	＋	新たに建設・購入した場合 200万円 ‖ 支援金合計額 300万円	補修した場合 100万円 ‖ 支援金合計額 200万円	賃借した場合（公営住宅を除く） 50万円 ‖ 支援金合計額 150万円
大規模半壊 	50万円	＋	新たに建設・購入した場合 200万円 ‖ 支援金合計額 250万円	補修した場合 100万円 ‖ 支援金合計額 150万円	賃借した場合（公営住宅を除く） 50万円 ‖ 支援金合計額 100万円
中規模半壊 	－	＋	新たに建設・購入した場合 100万円 ‖ 支援金合計額 100万円	補修した場合 50万円 ‖ 支援金合計額 50万円	賃借した場合（公営住宅を除く） 25万円 ‖ 支援金合計額 25万円

火災保険は火災だけでなく、水害も補償範囲にできる

水害の補償を付けているかチェック

住まいの購入に当たって住宅ローンを利用した人が多いと思いますが、そのときの契約条件の一つが、火災保険への加入であったことを覚えているでしょうか。

住宅ローンを契約する際、銀行は住まいを担保に設定します。もし万が一、その担保（住まい）が火災で損害を受けてしまうと、担保価値が下がってしまいます。最悪、建物が焼失してしまえば、建物の担保価値はゼロです。

しかも、失火責任法という法律により、たとえもらい火（類焼）であっても、原因が失火元の故意や重過失でない限り、原状回復の費用は自分持ちとなります。

こうしたことから、住宅ローンの契約では、火災保険への加入が必須になっているのです。

そのため、持ち家のある人の約8割が火災保険（共済を含む）に加入していますが、水害に対する補償は自らが希望しないと付かないオプションのため、加入者のうち、水害の補償を付けている割合は67・8％にとどまっています（２０１９年「損害保険料率算出機構」調べ）。10軒中3軒は水害に対して補償を付けていないということです。

しかし、繰り返しになりますが、近年、豪雨による水害が頻発しているのに加え、戸建てはおろか、都心のタワーマンションでさえ、水害リスクとは無縁でいられなくなっています。

すでに火災保険に加入済みの人はぜひ一度、補償内容を確認してみましょう。

■火災保険の補償範囲

補償の範囲		補償対象となる損害例
標準	①火災、落雷、破裂・爆発	失火や落雷での火事（含む類焼）、ガス漏れによる爆発
標準	②風災、雪災、ひょう災	台風や暴風などによる窓ガラスの損壊
オプション	③水漏れ	給排水設備などの破損による、自室や上階からの水漏れ損害
オプション	④水災	台風や豪雨などによる洪水や土砂崩れによる壊害
オプション	⑤建物外部からの物体の落下、飛来、衝突	車が飛び込んでくるなどで発生した、建物の損壊
オプション	⑥盗難	窓ガラスを割られるなど、盗難に伴う鍵や建物の損傷
オプション	⑦突発的な事故による破損・汚損	家具や家電の移動中に起きた、壁や扉、窓ガラスの損傷
オプション	⑧騒じょう・集団行動・労働争議に伴う、暴力・破壊行動	デモなど集団行動による暴力や破壊行為で受けた損害

なお、火災保険がカバーする範囲は広く、商品にもよりますが、水害のほかにも上表のようにさまざまな補償をオプションで選択することができます。補償範囲を広げれば、その分、保険料は上がりますが、多くは一つのオプション当たり、年間数百円から数千円程度です。

保険金はダブルでもらえない

なお、火災保険の加入中に、新たな補償を追加したい場合は、加入中の火災保険を解約して、新規に契約を結び直すことになります。

その際、注意が必要なのは解約と契約のタイミングです。火災保険の空白期間が生まれないように、新しい火災保険の契約後に、これまでの火災保険を解約してください。

一方で、解約の手続きを無駄に放置しておくのは損です。解約すると解約返戻金として、未経過分の保険料がほぼ全額戻ってくるからです。ただし、満期まで1カ月を切っている場合は戻りません。さらに、火災保険にダブルで加入していても、受け取れる保険金額は損害に応じた分だけです。生命保険と違って、トクすることはありません。

火災・地震保険

保険のキホン

補償対象は「建物」「家財」「両方」の3つがある

補償対象は3つのタイプから選ぶ

火災保険についてもう一つ理解しておきたいのは、補償対象が大きく「建物」「家財（家具・家電・衣類など）」「建物＋家財」の3つに分かれている点です。たとえば、補償対象を建物のみとしている場合は、家財の損害についての補償は受けられません。

なお、銀行が住宅ローンを組むうえで条件としているのは「建物」のみです。そのため、前項でもお話ししたとおり、すでに火災保険に加入している人は、家財に補償を付けているか確認しましょう。

もちろん、家財に補償を付けない選択肢もありますが、浸水によって水浸しになった場合はもちろんのこと、小さな火事でも、煙や消火活動によって多くの家財が使いものにならなくなる可能性があります。家族数人の世帯ですべて買い直すことになれば、数百万円はかかるはずです。保険金で建物は修復できても、家財なしでは暮らせません。

そして、もう一つ注意が必要なのは、地震保険に加入した場合に、火災保険におけるこの3つの補償対象の選択が地震保険の補償対象にもそのまま適用される点です。ですから、火災、水害、地震でトータルにリスクを考えると、建物と家財の両方とも補償対象にしておくことをお勧めします。

なお、家財には、現金や小切手などは含まれません。原則、補償の対象外です。また、貴金属や骨董品については、保険会社によって対応が異なり、時価30万円程度のものまでを対象とし、それ以上高額なものについては契約時に申告し、保険証券に明記することで補償するところが多いようです。

Check! 火災保険の補償対象を正しく理解しよう

■火災保険の補償対象

①建物のみ
- 建物本体
- 門や塀、車庫、物置など

②家財のみ
- 家具
- 家電製品
- 衣類

▶ **③建物＋家財の両方**

なお、マンションの「建物」部分については、共用部分（玄関ホール、廊下、柱、集会室など）は管理組合が加入するため、個人が加入するのは専用部分（各住戸の壁、天井、床の表面まで）となります。

■家財保険の対象になるもの・ならないもの

補償対象になるもの
（自宅内の生活用動産）

- ●家具（食器棚、タンス、チェスト、机、椅子など）
- ●家電製品（電子レンジ、パソコン、テレビ、冷蔵庫など）
- ●食器・調理器具
- ●身回品（カメラ、バッグ、腕時計、アクセサリー、靴など）
- ●学用品（教科書、文房具など）
- ●趣味・娯楽用品（ゲーム機、書籍、DVD、ゴルフ用品、園芸用品など）
- ●そのほか（自転車、総排気量125cc以下の原動機付自転車、仏壇など）

一般的に契約時に申請すれば、補償対象になるもの
（明記物件）

- ●高額な貴金属や宝石、絵画や骨董などの美術品*1

補償対象にならないもの

- ●自動車、バイク（総排気量125cc以下の原動機付自転車を除く）
- ●動物・植物などの生物
- ●現金、小切手、株券、手形その他の有価証券、印紙、切手、預貯金証書、クレジットカード、プリペイドカード、電子マネー、乗車券など*2
- ●証書、運転免許証、パスポート、帳簿、稿本、設計書、図案など
- ●建物に最初から付属のエアコン、浴槽など（後から自分で取り付けたエアコンは補償される）
- ●電子データやプログラム

*1 保険会社によって対象や保険金額は異なる
*2 現金や通貨、預貯金証書が盗難に遭った場合は一定額（保険会社による）を限度に補償

火災・地震保険

保険のキホン

地震保険は火災保険とセットでないと加入できない

地震保険でないと受けられない補償がある

すでに述べたとおり、地震保険は火災保険に付帯する形で加入するものです。そのため、火災保険に加入していないと、地震保険にも入れません。

ただし、住宅ローンを借りる際も、火災保険については加入が必須ですが（１９２ページ）、地震保険については加入が義務付けられているわけではないため、加入する・しないは自由です。そのため、居住用建物および家財を対象とした火災保険に対する地震保険の付帯率は全国平均で約67％となっています（２０１９年）。

さらに、そもそも火災保険に未加入の持ち家世帯が約2割弱あるため（２０１７年「防災白書」）、トータルでは、持ち家世帯の5割近くが地震保険に加入していないことになります。

火災保険に加入していても、地震保険に未加入であれば、地震による火災の損害はほとんど補償されません。火災保険では、地震が原因で延焼した損害は補償の対象外となっています。

一方、地震保険では、たとえば、地震後数日経過してから起こった火災についても、地震がきっかけで広がったり、発火したりしたものについても補償の対象となります。また、噴火や津波による損害も地震保険でなければカバーされません。特に津波については、火災保険の水害補償の対象外ですので、注意しましょう。

なお、次に東日本大震災級の地震があれば、損害保険会社が破綻して、保険金をもらいそびれる可能性があると誤解している人がいますが、地震保険の

Check! 地震保険はこんなときに保険金が支払われる

■地震保険で補償される被害の範囲

地震による火災で建物が焼失

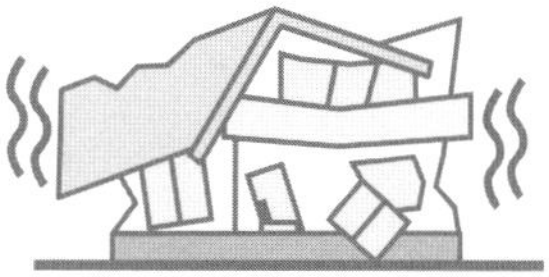

地震で建物が倒壊

津波で建物が流失

地震保険では、地震・噴火・津波を原因とする火災・損壊・埋没・流出によって建物または家財が損害を受けた場合に保険金が支払われる。

■地震保険と火災保険の適用範囲

火災の原因	火災保険	地震保険
地震	×	○
噴火	×	○
津波	×	○
上記以外	○	×

地震による火災は、火災保険では補償されない!!

保険料は、国の関与する半公的な保険のため、保険会社の経費を除いて、そのまま準備金として積み立てられます。２０２１年現在、国の積み立て分と合わせて約12兆円あり、そのうち国の予算が99・８％を占めています。

この12兆円は、関東大震災がいま起きたとしても、保険金の支払いまでまかなえる金額と試算されています。つまり、地震保険はもらいそびれの心配のまずない保険なのです。

保険会社によって保険料に差はない

このように地震保険は半公的な保険のため、各保険会社で保険料に差はありません（「地震補償保険」という単独で加入できる地震保険も登場していますが、こちらは民間の保険会社独自の商品で、一般の地震保険とは異なります）。

また、地震保険の保険金額は建物５０００万円、家財１０００万円を上限に、火災保険の保険金額の30〜50％の範囲内で設定します。

ただし、実際に支払われる保険金額は損害の程度によって決まり（左上表）、建物・家財とも、次のようになります。

- 全損：保険金額の１００％（時価額が限度）
- 大半損：保険金額の60％（時価額の60％が限度）
- 小半損：保険金額の30％（時価額の30％が限度）
- 一部損：保険金額の５％（時価額の５％が限度）

なお、前述のとおり、どの保険会社でも保険料率は一律ですが、地震のリスクによって、保険料に地域差があります（左下表）。

「解約＋新規契約」で早急に対応を

１９４ページでもお話ししましたが、地震保険の補償対象は火災保険の契約と同一になります。すなわち、火災保険で契約している「建物」「家財」「建物＋家財」の３つのいずれかが補償対象となります。

もしすでに火災保険に加入していて、いまから地震保険を付帯する場合や、前記３つの補償対象を見直したい場合は、契約応答日（契約期間中に毎年迎える契約日に対応する月日）を待っての契約となります。それより前に加入したい場合は、加入中の火災保険を解約して入り直す必要があります。

自然災害はいつ発生するかわかりません。手間でも、できるだけ早急に、「火災保険＋地震保険」「建物＋家財」にしておくことをお勧めします。

Check! 地震保険の保険料と支払われる保険金額

■震災における損害区分の認定基準
（2017年1月1日以降始期契約の場合）

損害の程度	建物の認定基準		家財の認定基準	支払われる保険金額（建物、家財それぞれに）
	主要構造部の損害額	焼失、流出した部分の床面積	損害額	
全損	建物の時価額の50%以上	建物の延床面積の70%以上	家財全体の時価額の80%以上	地震保険金額の100%（時価額が限度）
大半損	建物の時価額の40%以上50%未満	建物の延床面積の50%以上70%未満	家財全体の時価額の60%以上80%未満	地震保険金額の60%（時価額の60%が限度）
小半損	建物の時価額の20%以上40%未満	建物の延床面積の20%以上50%未満	家財全体の時価額の30%以上60%未満	地震保険金額の30%（時価額の30%が限度）
一部損	建物の時価額の3%以上20%未満	床上浸水または地盤面より45cm超	家財全体の時価額の10%以上30%未満	地震保険金額の5%（時価額の5%が限度）

出所：損害保険料率算出機構HPより作成

■地震保険1,000万円当たりの年間保険料

都道府県	保険料（一般の木造住宅）
岩手県、秋田県、山形県、栃木県、群馬県、富山県、石川県、福井県、長野県、滋賀県、鳥取県、島根県、岡山県、広島県、山口県、福岡県、佐賀県、長崎県、熊本県、鹿児島県	12,300円
北海道、青森県、新潟県、岐阜県、京都府、兵庫県、奈良県	12,300円
福島県	19,500円
宮城県、山梨県、香川県、大分県、宮崎県、沖縄県	21,200円
愛媛県	21,200円
大阪府	21,200円
愛知県、三重県、和歌山県	21,200円
茨城県	36,600円
徳島県、高知県	41,800円
埼玉県	36,600円
千葉県、東京都、神奈川県、静岡県	42,200円

出所：損害保険料率算出機構HPより作成（2021年1月現在）

保険金額はいくらに設定するのがいい？

建物の保険金額は「新価」と同額にする

火災保険では、建物も家財も、現在の評価額が設定できる保険金額の上限となります。たとえば、10年前に２０００万円で新築した家（建物）が、物価上昇により、同等のものを現在新築しようとすると２５００万円かかる場合、評価額すなわち設定できる保険金額の上限も２５００万円となります。

こうした評価法を「新価（再調達価額）」といいます。戸建てかマンションか、新築か中古かで、細かな算出方法は異なりますが、現在の火災保険のほとんどが採用しているものです。

万が一のときに、建物をいち早く原状回復するために入る保険ですから、評価額と同じ保険金額を目いっぱい設定するのが鉄則です。

家財は買い直しの必要性で判断

一方、家財の保険金額の設定については、前述の新価に基づき、自身で所有している家財と同等のものを、現在購入し直した場合にかかる費用を積算して、保険会社に申請します。

ただし、計算が大変な場合は、保険会社に概算で算定してもらうことも可能です。左表は実際に保険会社が出している家財の評価額の目安です。暮らしている世帯人数や、延床面積（建物各階の床面積の合計）を基準にする方法があります。

買い直す必要のない家財分を評価額から差し引いて保険金額にすれば、その分、支払う保険料は抑えられます。とはいえ、保険金額を減らし過ぎてしまうと、保険に入る本来の意味が薄まってしまいます。

Check! 家財の評価額の目安は家族構成や延床面積からわかる

■家族構成別の標準世帯における家財の評価額例（再調達価額）

世帯主の年齢	夫婦のみ	夫婦+子ども1人	夫婦+子ども2人
27歳以下	550万円	640万円*1	730万円*3
28～32歳以下	710万円	800万円*1	890万円*3
33～37歳以下	990万円	1,080万円*1	1,170万円*3
38～42歳以下	1,220万円	1,310万円*1	1,400万円*3
43～47歳以下	1,400万円	1,490万円*1	1,580万円*3
48歳以上	1,480万円	1,610万円*2	1,700万円*4

*1 夫婦と18歳未満の子ども1人　*2 夫婦と18歳以上の子ども1人　*3 夫婦と18歳未満の子ども2人　*4 夫婦と18歳未満の子ども1人、18歳以上の子ども1人

■延床面積から見た家財の評価額の目安

世帯主の年齢	50㎡以上 60㎡未満	60㎡以上 70㎡未満	70㎡以上 90㎡未満	90㎡以上 110㎡未満
29歳以下	560万円	630万円	640万円	660万円
30～34歳以下	740万円	830万円	840万円	860万円
35～39歳以下	1,020万円	1,140万円	1,150万円	1,170万円
40～44歳以下	1,230万円	1,370万円	1,380万円	1,400万円
45～49歳以下	1,390万円	1,550万円	1,560万円	1,580万円
50歳以上	1,470万円	1,640万円	1,650万円	1,670万円

世帯主の年齢	110㎡以上 130㎡未満	130㎡以上 150㎡未満	150㎡以上 170㎡未満
29歳以下	670万円	680万円	690万円
30～34歳以下	870万円	880万円	890万円
35～39歳以下	1,180万円	1,190万円	1,200万円
40～44歳以下	1,410万円	1,420万円	1,430万円
45～49歳以下	1,590万円	1,600万円	1,610万円
50歳以上	1,680万円	1,690万円	1,700万円

出所：AIG損害保険のデータより作成（2020年10月現在）

火災・地震保険

保険の入り方

マイカーや空き家の被災はどの保険でカバーする？

マイカーは自動車保険で補償

１階や地下の駐車場が浸水すれば、マイカーも損害を受けます。１９５ページのとおり、火災保険では自動車は補償の範囲外になっています。

そのため、マイカーには自動車保険の車両保険を利用します。台風、洪水、高潮、竜巻、大雪などの損害について補償を受けられます。一方、こちらも地震、噴火、津波の損害については補償されません。

ただし、自動車保険の中には、「車両全損時一時金特約」を付けられるものがあります。その場合は地震や噴火、津波で全損した場合に限り、補償を受けられます。保険金額は多くは50万円程度です。

空き家は住む予定があるかどうか

空き家については「転勤などで一時的に空き家になっている」「誰かが定期的に泊まりに行って管理している」「別荘的に季節利用している」などの場合には、通常の住居用の火災保険に加入できます。一方、住居として使用予定のない空き家は店舗などと同じ一般物件扱いとなり、保険料が高くなります。

注意が必要なのは、火災保険の契約中に契約者が他界して空き家になったケースです。名義変更前に損害に遭うと保険金は下りますが、相続財産となり、ほかの相続人とトラブルになる可能性があります。

地震保険については、住居用扱いの空き家なら加入できますが、一般物件の場合、加入できません。

隣家などへの事故が心配な場合は、火災保険や自動車保険に個人賠償責任保険（一般物件なら施設賠償責任保険）を付けておくといいでしょう。

Check! マイカーや空き家を保険で災害から守るには？

■自動車保険の車両保険でカバーできる範囲

〈補償されるもの〉

- 道路や駐車場が冠水して車が水没した。
- 強風で木が倒れてきて車に傷がついた。
- 豪雨による土砂崩れに巻き込まれた。
- 強風で車が横転した。
- 強風で家の屋根瓦が飛来して車に傷がついた。

〈補償されないもの〉

- 地震、噴火、津波が原因の車の被害。

■空き家で加入できる火災保険

空き家の種類	住宅物件	一般物件
空き家の状態	◎一時的に空き家になっているだけで、今後、居住する予定がある ◎誰かが定期的に泊まりに行くなど管理ができている ◎別荘的に季節で利用している	◎居住する予定はない
対応する保険	住宅火災保険 住宅総合保険	普通火災保険 店舗総合保険
地震保険への加入	○	×

保険金の請求手続きと支払いまでの期間を知っておこう

請求を速やかに済ませるポイント

保険金の請求手続きの大まかな流れは左図のとおりです。なかでも、次の3つがポイントです。

一つは、書類を不備なく作成すること。郵送のため、再提出は大幅な時間のロスになります。

また、できるだけ損害箇所のアップと全体の損傷状態が確認できる写真の双方を添付すること。被害状況の確認が早く済めば、保険金も早く下ります。

そして、避難の際に保険証券（もしくはコピー）を携帯すること。保険証券を紛失しても、契約の効力は失われませんが、契約先の代理店がわからないと、その特定に時間をとられます。

なお、例外的な措置がとられることもありますが、保険金の請求権利は原則3年間です。

悪徳業者のささやきに注意

火災保険の支払期限は、保険金の請求手続きが完了した日を含めて30日以内が原則ですが、ケースによります。たとえば、水害の被害が大きく、保険会社の調査員が現地にたどりつけないことがあります。また請求時に提出する、修繕・再建の見積もりも、業者が混み合い、簡単にとれるとは限りません。

一方、大規模な震災では損害の程度を個々の建物ではなく、エリアで判定することがあり、水害よりも速やかに保険金が下りることが多くなっています。

ところで、保険金が下りる前に強引に工事に着手したり、嘘の損害で保険金請求して工事を行う提案をする悪徳業者がいます。特に後者はバレて訴えられるのは、業者ではなく自分です。注意しましょう。

Check! 火災保険も、地震保険も請求手続きは同じ

■火災保険・地震保険の請求手続きの流れ

STEP 1

保険会社へ連絡

損害が起きたらなるべく時間を空けずに、保険会社に電話を入れる。被害日時など、わかっている情報を詳しく伝え、指示を仰ぐ。

STEP 2

必要書類の提出

被害状況と本人確認のため、下表のような書類を提出。印鑑証明書など公的機関の発行や、修理費用の見積もりなど業者に作成してもらう必要のあるものも。

STEP 3

保険会社による被害調査

保険会社から被害状況などについて問い合わせの電話が入る。損害の種類や内容によっては、保険会社の調査員による現地調査が行われる。虚偽の報告は厳禁。

STEP 4

保険金の支払い額の決定・支払い

保険金額の支払い額が決まると、保険会社から通知がある。金額などに異議がなく了承すると、指定した口座に保険金が振り込まれる。

●必要な書類

原則必要	
保険請求書	保険金請求を行うための書類。各保険会社から郵送される
事故内容報告書	損害が起きた日付や原因・状況などを記載する
被害状況写真	損害状況を判別できる写真を添付する
修理見積書	損害部分の修理費用の見積もり。各修理業者などに作成を依頼
損害明細書	家財の火災保険の加入者は、それらの損害状況を記載する
印鑑証明書	本人(印鑑)の確認用。管轄地域の市役所などで発行
不動産(建物)登記簿謄本	損害に遭った不動産の確認用。法務局で発行してもらう

そのほか	
罹災証明書	自然災害であることを市町村が証明する書類。管轄区域の消防署などで発行
商業登記簿謄本	被保険者が法人の場合。法務局で発行してもらう
委任状	被保険者ではなく、第三者が保険金の請求を行う場合に提出

本書の協力者一覧

監修者

NPO法人 日本耐震防災事業団

〒174-0076　東京都板橋区上板橋2-24-6
TEL 03-3559-7221
https://www.nittaibou.jp/

事業内容：全国での耐震診断の実施や耐震防災の地域安全化活動、講演会の開催、耐震プランナーの養成など

eパワーウォール取材協力

ケアンズ・イノベーション株式会社

0120-59-7339
https://dsg.gr.jp

【監修者紹介】
小口悦央（こぐち えつお）

NPO法人日本耐震防災事業団・理事長。板橋区防災懇談委員会委員、一級建築施工管理技士。総合建築業の現場監督などを経て、建設会社を設立。1995年、阪神・淡路大震災後には木造耐震住宅の専門家としてボランティア活動に従事。2001年、NPO法人日本耐震防災事業団を設立。全国での耐震診断実績は6,000棟に上り、耐震プランナーを延べ2,000名以上養成。また、耐震補強コンサルタントおよびアドバイス件数2,000棟の実績を誇る。全国の地方自治体などへの技術指導や講演活動、建物の耐震に関する不安や質問などの相談も受け付けている。監修書に『低コストの最新技術で地震に強い家に変える本』（洋泉社）、『10年後に絶対後悔しない中古一戸建ての選び方』（河出書房新社）がある。

STAFF／企画・編集：sumica（株式会社ノート／飯野実成）、三浦顕子、小野憲太朗
カバーデザイン：中野岳人　イラスト：佐藤隆志　DTP：D-Rise 椛澤重実
校正：ディクション株式会社
写真提供／防災科学技術研究所（E-ディフェンス）、土砂災害防止広報センター、PIXTA、photolibrary、photoAC、スナップマート、消防防災科学センター、ほか

本書の内容に関するお問い合わせは、お手紙かメール（jitsuyou@kawade.co.jp）にて承ります。
恐縮ですが、お電話でのお問い合わせはご遠慮くださいますようお願いいたします。

絶対後悔しない！　豪雨・地震に強い住まい選び

2021年10月20日　初版印刷
2021年10月30日　初版発行

監修　小口悦央

発行者　小野寺優
発行所　株式会社河出書房新社
〒151-0051 東京都渋谷区千駄ヶ谷2-32-2
電話　03-3404-1201（営業）
03-3404-8611（編集）
https://www.kawade.co.jp/

印刷・製本　図書印刷株式会社

Printed in Japan　ISBN978-4-309-28922-9